KB041327

다산 정약용 영정

奎章閣圖(김홍도 그림, 국립중앙박물관 소장)
규장각은 정조시대 학문과 개혁정치의 센터였다. 다산은 28세에 문과급제 후 곧 규
장각의 초계문신으로 선발되어 정조의 지도하에 4서 3경을 비롯한 폭넓은 학문을
연찬하였다.

정약용과 실천의 철학
─다산 철학의 근대성 탐구─

정약용과 실천의 철학

―다산 철학의 근대성 탐구―

장승구 지음

서광사

정약용과 실천의 철학
―다산 철학의 근대성 탐구―

장승구 지음

펴낸이 ‖ 김신혁
펴낸곳 ‖ 서광사
출판등록일 ‖ 1977. 6. 30
출판 등록 번호 ‖ 제5-34호

130-820 서울 동대문구 용두2동 119-46
대표전화 ‖ 924-6161   팩시밀리 ‖ 922-4993   전자우편 ‖ phil6161@chollian.net
http://www.seokwangsa.co.kr

제1판 제1쇄 펴낸날 ‖ 2001년 3월 30일
제1판 제2쇄 펴낸날 ‖ 2001년 8월 30일

ISBN 89-306-4007-9   93150

차 례

　필자가 다산 정약용에 대해 본격적으로 관심을 갖기 시작한 것은 대학원에서 실학강의를 들으면서부터였다. 다산의 지적 박학함은 물론이고 기성학문에 대한 용기있는 비판정신이 무엇보다 감동적이었다. 예나 지금이나 기성 학계의 철옹성같이 강고한 패러다임에 도전하는 일은 생각처럼 쉬운 일이 아니다. 그러나 다산은 기성 학계와 지식인 사회의 위선에 날카로운 메스를 가하면서 새로운 시대정신을 구현하고자 하였다. 다산은 철학적 문제의식을 지녔으되 철학의 세계에만 스스로를 가두지 않고, 사회현실의 개선을 위해 무엇을 어떻게 해야할지를 아주 구체적으로 고민하였다. 이러한 점들이 이 땅에서 철학하는 사람에게 하나의 피할 수 없는 표본처럼 느껴졌다. 또한 희대의 천재가 혼신의 정열을 다 바쳐 연구한 것의 결과가 무엇인지 그 실체에 대해서 필자로서는 호기심을 갖지 않을 수 없었다.

　우리 학계에서 실학과 다산에 대한 연구를 많이 해왔지만 다산 사상의 전모를 시원하게 보여주는 연구는 그리 흔하지 않았다. 그래서 필자는 다산에서부터 철학의 출발점을 삼고자 하였다. 이렇게 시

8

작한 다산과의 인연은 박사논문으로 이어졌다. 학위를 받고도 계속 관심을 기울였지만 다산의 학문세계는 넓고도 넓어서 연구를 하면 할수록 미지의 땅이 새로 나타났다. 다산 사상의 방대한 세계를 체계적으로 이해하기란 그리 쉬운 일이 아니었다. 그것을 관통하는 기본 원리를 어떻게 명확히 인식하느냐 하는 문제로 많은 고뇌를 하였다. 이제 대략 윤곽을 잡고 그간의 연구를 정리하여 일단의 마무리를 지을 수 있게 되었다.

오늘날 세계화와 정보화의 혁명이 온 사회를 전면적으로 뒤집어 놓고 있는 시점에서 인문학의 탐구에 몰두하기란 쉬운 일이 아니다. 이 시대에 인문학자는 마치 사회의 아웃사이더처럼 여겨지고 있다. 정보화 혁명이 삶의 양식을 온통 뒤바꾸어 놓았지만 그럼에도 인간에게 변치 않고 주어지는 철학적 의문을 우리는 완전히 떨쳐버릴 수 없다. 고전은 삶의 근본문제에 대한 철학적 통찰을 담고 있다. 그러나 고전은 시대와 문화의 장에 따라 서로 다르게 읽힐 수밖에 없다.

다산은 인문 고전을 당대의 시대정신에 비추어 새롭게 해석함으로써 새로운 가치의 기준을 제시하고자 하였다. 그것은 많은 점에 있어서 근대적인 것과 일치한다. 그가 추구했던 새로운 가치가 서구적 근대성과 어떻게 같고 다른가 하는 점은 매우 논쟁적인 주제이다. 같은 점 못지 않게 다른 점도 중요하다고 본다. 근대화의 병리를 반성하고 비판하면서 새로운 차원의 근대성을 모색하는 성찰적 근대성의 관점에서 보면 다산 철학은 더욱 깊은 의미를 지니고 있다. 그는 낡은 유교로부터 관념적인 것을 비판하고 실용적인 해석의 가능성을 발전시켰으며, 지배층의 유교로부터 민중의 유교로의 전환을 모색하였고, 도덕제일주의로부터 해방되어 도덕과 경제의 조화를 추구하였고, 학문의 유교를 생활의 유교로 끌어내리고자 하였다.

다산 철학의 내용 그 자체도 대단히 중요하지만 오늘날 우리가 절실히 배워야 할 것은 그의 철학하는 정신, 학문하는 자세이다. 이 점에서 필자는 다산 철학을 공부하면서 그의 정신과 자세를 제대로 배웠는지를 생각해보면 부끄러움이 앞선다. 앞으로 우리 시대에 맞는 새로운 실학을 하도록 더욱 노력할 것을 스스로 다짐해 본다. 내용에 약간의 중복이 있고, 또 필자의 주관이 앞서지나 않았나 하는 의구심이 없지는 않지만, 이 책의 출간을 계기로 필자의 학문적 반성의 기회로 삼고자 삼가 독자의 질정을 기다리며 부끄러움을 무릅쓰고 책을 내게 되었다.

다산 철학을 어떻게 이해할 것인가 하는 방법의 문제에 있어서 세심한 지도를 아끼지 않으신 김형효 선생님, 다산학에 처음 관심을 갖도록 해주시고 자상한 지도를 계속 해주신 금장태 선생님, 늘 면학을 격려해주신 정해창 선생님께 감사를 올린다. 그리고 필자가 연구에 전념할 수 있도록 도와준 가족에 대해 깊은 고마움을 표한다. 원고정리에 도움을 준 정갑임, 정용환 선생께도 감사한다. 끝으로 이 책의 출간을 흔쾌히 맡아 주신 서광사 사장님과 편집 교정에 힘써주신 직원께 감사의 뜻을 전한다.

2001년 2월
新月洞 연구실에서
張勝求 삼가 적음

들어가는 말
― 다산 철학의 특성과 그 사상사적 배경 ―

 다산 철학을 어떻게 이해할 것인가? 아무리 새롭고 독창적이고 위대한 사상이라고 할지라도 그것은 어느 한 천재의 지적 상상력의 산물이라고만 볼 수는 없다. 다산의 사상 역시 그 시대의 지적 지도와 사회적 현실과의 관계 속에서 그 의미를 바르게 이해할 수 있을 것이다. 다산이 살았던 18세기 후반부터 19세기 전반은 조선 후기 근세 사회의 모순이 심화되어 위기구조가 긴장을 더해 가던 시기였다. 상공업의 발달과 농업생산력의 향상으로 빈부의 격차가 심화되어 가는가 하면, 양란 이후 정치경제적 변동으로 신분질서가 급격히 붕괴되고 있었다. 이러한 사회질서의 대변화 속에서 정치는 사회현실에 적극적 역할은커녕 모순을 더욱 강화시키는 부정적 모습을 크게 벗어나지 못했다.

 이러한 현실의 위기에 대해 학계에서는 여러 가지 방식의 사상적 대응이 모색되었다. 우선 집권 노론 내부에서도 주자학에 대한 이해를 둘러싸고 호론(湖論)과 낙론(洛論)으로 나뉘어 대립하면서 팽팽한 이론적 논쟁이 지속되었다. 소론 가운데 일부는 강화학파를 중심으로 양명학을 받아들여 새로운 인간이해를 추구하였다. 한편 청대 고증학의 성과가 수입되면서 한학(漢學)을 숭상하는 기풍도 일부에서 발생하였다. 집권 노론 내부의 정통 성리학 그룹 내에서도 청을 통해 서구의 학문을 받아들이고 소화하여 새로운 우주론과 인간관, 나아가 진보적 경제사상을 모색하는 북학파가 정조시대에 흥기하였다.

남인 학자들 가운데는 사서(四書)를 뛰어넘어 육경(六經)의 본뜻을 탐구하면서 고학(古學)에 전념하는가 하면, 경세론 중심으로 유학을 발전시키기도 하였다. 1780년대에 일부 남인 학자들은 서학의 탐구에 몰두하여 서구의 과학은 물론, 종교 즉 천주교 신앙 체계까지 받아들임으로써 유교적 신념에 근본적으로 도전하는 과격한 유파까지 자생적으로 발전하기에 이른다. 이러한 사상계의 동향을 크게 나누어 보면 주자학의 체계 내에서 이론적 논쟁을 일삼는 그룹과, 주자학의 근본적 가정을 비판하는 그룹으로 대별할 수 있다. 반주자학파 가운데는 양명학처럼 주자학을 비판하면서도 그 가운데 주자학과 공통분모를 폭넓게 지니는 학파도 있었지만, 고학(古學) 또는 한학(漢學)파는 이보다 한 걸음 더 나아갔고, 특히 서학은 세계관 자체가 주자학 나아가 유학과 본질적으로 상충하는 관계로 인해 훨씬 더 강한 과격성을 내포하고 있었다.

다산은 이러한 복잡다기한 사상적 유파들의 영향을 배경으로 자신의 사상을 형성해 갔다. 특히 그가 몸담고 있던 (서학에 우호적인) 진보적 계열의 남인 지식인 그룹으로부터 많은 영향을 받았다. 뿐만 아니라 그는 동시대의 다양한 철학사조로부터 폭넓은 영향을 받아 주체적으로 수용하였다. 예컨대 양명학으로부터는 지행합일(知行合一)과 사상연마(事上鍊磨)의 정신을, 고학(古學)으로부터는 주희의 사서 주석에 대한 비판적 정신을, 고증학으로부터는 경전 탐구와 주자학 비판의 방법을, 서학으로부터는 과학기술에 대한 지식을, 서교(천주교)로부터는 세계관과 종교관을, 경세치용적 실학으로부터는 경세의 방법에 대한 인식을 이어받았다.

이러한 다양한 지적 세례를 받은 다산은 이미 20대 초반부터 주자학에 대해서 그것을 안에서 공감하고 이해하기보다는, 어느 정도 거리를 두고 밖에서 바라다보며 비판적으로 반성하기 시작하였다. 즉 그는 주자학의 패러다임에 자신의 사유를 가두지 않고, 그것과 긴장된 관계를 유지하며 새로운 철학을 모색하는 길을 택했던 것이다. 그 길은 누구도 일찍이 걸어본 적이 없는 미지의 길이었고, 새로운 길이었으며, 당시로서는 위험한 길이었다. 이 위험한 길을 걸은 대가를 그는 가혹하게 지불하면서도 결코 그 길을 중도에 포기하거나 좌절하지 않았다. 이 점에서 그는 용기 있는 철학자요 사상가임에 틀림이 없다.

다산 철학은 당대 주류 철학이었던 주자학에 대한 철저한 반성과 비판의식을 떠나서는 이해하기 어렵다. 따라서 다산 철학을 이해하기 위해서는 그의 주자학에 대한 인식을 검토하지 않으면 안 된다. 물론 그의 주자학에 대한 비판에 대해 주자학자들은 결코 그것을 수용하지 않을 것이다. 그들은 다산이 주자학 자체를 잘 이해하지 못하고 있거나, 또는 악의적으로 왜곡하거나, 또는 진정한 주자학의 본질적 문제가 아닌 사이비 주자학자들의 문제점, 또는 주자학의 지엽적·현상적 문제의 일부를 과장해서 비판하고 있다고 생각할 수 있다. 다산의 비판에도 불구하고 주자학은 여전히 영원의 철학으로서 보편적 가치를 지니고 있다고 생각할 수도 있다. 필자 역시 다산의 주자학 비판이 모두 타당하다고 보지는 않는다. 그러나 주자학과 관점을 달리해서 다른 각도에서 보면 주자학은 그 치밀하고 정교한 체계에도 불구하고 많은 논리적 모순과 현실적 문제점을 파생시킨 것도 부정할 수 없을 것이다. 문제는 다산의 주자학 비판 자체의 논리적 타당성 여부를 떠나서 왜 그가 그런 비판을 할 수밖에 없었고,

그가 어떤 관점에서 보았기에 그러한 비판이 가능하였으며, 그가 비판을 통해 현실에 대해 어떠한 철학적 대안을 제시하였는가를 이해하는 것이 보다 중요하다고 생각한다. 그러면 다산 철학과 주희 철학은 어떤 점에서 근본적 차이가 있는 것일까?

주희는 세계의 궁극적 근거로 태극이라는 형이상학적 이념을 제시한다. 태극은 곧 이(理)로서, 이 세계는 태극의 구체화이고, 만물은 태극의 본성을 공유한다는 것이다. 태극이라는 형이상학적 이념은 의지와 지성을 지닌 인격적 특성과는 거리가 멀다. 그러나 태극은 만물의 근본 원리를 설계도처럼 함축하고 있다. 이 태극은 시작도 끝도 따로 없는 영원한 존재이며, 가장 궁극적 절대자이다. 이념으로서의 태극은 영원한 존재인 동시에 구체적 사물 속에 내재한다. 그러나 다산은 존재의 궁극적 근원을 태극으로 보는 것을 받아들이지 않는다. 다산 철학에 있어서 최고 존재로서의 상제(上帝)는 인간과 교감할 수 있는 인격적 특성, 인간의 마음까지 들여다보고 알 수 있는 가지성(可知性), 그리고 인간의 선악을 심판할 수 있는 권능을 가지고 있으면서 또한 자연을 합법칙적으로 주재하는 존재이다. 즉 세계의 궁극적 근거를 '태극'이라는 비인격적 존재로 파악하느냐 아니면 '상제'라는 인격적 존재로 보느냐에 있어서 주희와 다산은 근본적으로 견해를 달리하였던 것이다.

다산 철학에서 보면 인격적 상제와 정신적으로 교감할 수 있는 인간은 그렇지 못한 동물에 비해 월등히 우월한 존재이다. 인간 이외의 자연은 인간을 위해 존재하는 것이다. 그렇다면 인간이 자신의 목적을 위해 자연을 이용하고 지배하는 것은 정당하다. 다산의 철학은 이 점에서 다분히 인간중심적이다. 그에게 있어서 유교의 도란 곧 인도(人道)를 말한다. 그러나 이 문제에 있어서 주희는 다르게 생각한다. 주희에게 있어서 인간과 동물은 같으면서 다르고 다르면서 같다. 즉 이중적이다. 같은 것은 이(理)이고, 다른 것은 기(氣)이다. 이의 측면에서 보면 동물은 인의예지신(仁義禮智信)의 오상(五常)을 공유한다. 그러나 기의 측면에서 보면 인간의 기는 바르고 통하나 동물의 기는 막히고 치우쳐 있다. 따라서 인간은 오상을 온전히 발현할 수 있지만, 동물은 오상을 제대로 발현할 수 없다. 그러나 동물에게도 오상의 원리 자체가 없다고 할 수는 없다. 다산에 비해서 주희는 훨씬 더 인간과 동물, 인간과 자연의 관계를 연속적으로 파악하고, 도를 논하되 인도만이 아닌 인(人)·물(物)을 겸해서 논한 것이 많다. 이처럼 두 사람은 사람과 자연, 또는 사람과 물의 관계에 대해 아주 다른 관점을 가지고 있는 것이다. 주희에게 있어서는 인(人)과 물(物)의 본질(性)은 같지만 기가 다를 뿐이고, 다산에게 있어서는 인과 물이 본질적으로는 서로 다르고 오히려 기의 측면에서는 같다. 다산에게 있어서 도덕적 가치는 이성과 자유의지를 지닌 인간에게만 적용될 뿐, 동물에게는 해당되지 않는다.

주희의 철학에서 고귀하고 훌륭한 것은 이미 선험적으로 내면의 본래의 성품 속에 내포되어 있다. 문제는 이 고귀한 내면세계의 존재와 가치를 얼마나 밖으로 온전히 드러나도록 하느냐이다. 즉 참된 것은 본래부터 있고 내면에 있다는 것이다. 그것의 실체는 인의예지의 덕으로 지칭된다. 다산은 이러한 철학을 불교의 〈여래장 사상〉영향이라고 본다. 다산에 있어서 인간이란 단지 선을 좋아하고 악을 부끄러워하는 마음의 경향성을 타고났을 뿐, 훌륭한 가치는 후천적으로 행동을 통해서 밖에서 생성되고 획득되는 것이다.

주희의 철학은 정신주의적 성향이 강하다. 참된 것은 내부의 정신에 있으며, 그것은 정신적 수양에 의해 깨달아지고 보존되고 발현될 수 있다. 따라서 주희 철학에서는 존재론적으로 정신적 관념과 내면세계가 우위이며, 가치론적으로 정신적 가치가 절대적이며, 수양의 방법에 있어서도 마음의 본체를 함양하는 것이 우선이다. 그런 다음에 확고하고 올바르게 정립된 내면의 체(體)로부터 행동의 용(用)이 외부세계에서 자연스럽고 바람직하게 발현될 수 있다고 본다. 그러나 다산의 철학은 행동주의적 경향이 강하다. 인간은 행동을 통해서 가치를 창조한다. 행동에 의해 실천되고 효과를 나타내지 못하는 것은 공허하며 별로 의미가 없다고 본다. 그는 행동에 의해 드러나고 이루어진 것을 높이 평가한다. 이론 자체보다 그것이 어떻게 행동으로 연결되고 얼마나 실용적 가치가 있는 것인가 하고 묻는다. 김형효 교수가 지적한 바와 같이 다산의 철학은 '존재의 철학'(philosophy of being)이기보다는 '행동의 철학'(philosophy of doing)에 가깝다.[1]

다산은 형이상학적 보편자로 눈을 돌려 이념의 순수함과 이론적 정합성의 아름다움 그리고 명상의 가치에 마음을 두는 이상주의를 추구하기보다는, 구체적이고 다양한 개체를 주시하면서 경험적인 것·현실적인 것을 토대로 사유하는 실사(實事)의 철학자, 행동의 철학자이다. 그러면서도 실사와 행동이 지나치게 세속화하거나 사적 욕망 충족의 수단으로 전락하여 허무주의에 빠지지 않도록 늘 상제라는 중심과 대화하기를 잊지 않는다. 그래서 가장 세속적인 것에 몰두하되 내면에서는 거룩한 존재에 대한 외경을 깊이 간직하고 있다. 다산의 철학에는 민중에 대한 사랑과 현실의 부조리에 대한 분노와 새로운 사회에 대한 정열이 깊이 배어 있다. 그는 더 이상 세계를 해석하고 자신을 수양하는 데만 안주할 수는 없었다. 그의 사상에는 자신의 부족함을 두려워하지 않고 세계를 변혁하기 위한 싸움에 뛰어들어 그러한 싸움 한 가운데서 자신을 단련해 가는 전투

---

1) 김형효, "茶山 實學의 독법과 양면성의 이해"(김형효 外,《茶山의 사상과 그 현대적 의미》, 한국정신문화연구원, 1998), 5면 참조.

적 의지와 현장의 생동감이 느껴진다.

인간을 보는 관점에 있어서도 다산은 제도와 법 속에 구속되어 살고 있는 사회현실적 인간의 모습과 조건에 대해 많은 관심을 기울인다. 그의 인간관은 철학적이면서도 다른 한편으로 매우 사회과학적이다. 다산의 철학은 영원의 이상을 추구하기보다는 대단히 역사지향적이고 정치지향적이다. 그는 관념적 이상을 설파하기보다는 구체적인 정책적 대안이 무엇인지를 고뇌했던 개혁관료적 마인드를 늘 간직하고 있었다. 이것이 그로 하여금 조선 후기 최고의 경세가로 될 수 있게 하였던 것이다.

분명 다산 철학의 형성에는 그기 20대에 한때 몰입하였던 서학의 영향이 중요한 하나의 계기가 되었음을 부정할 수 없다. 그러나 그는 무비판적으로 서학에 경도되지 않고 동아시아 경학의 전통과 연관시켜 음미함으로써 동서의 사상을 주체적으로 융화시키는 과업을 수행하였던 것이다. 주희가 12세기 송대 사상의 에센스를 종합하여 자기 시대의 학적 물음에 응답하였듯이 다산 역시 18세기 동아시아 사상의 진수를 나름대로 독특하게 종합하여 시대의 부름에 응답하였던 것이다. 지식사회학적으로 보면 다산의 철학과 사상은 18세기 후반의 남인 계열의 진보적 지식인 그룹의 사유를 대변하는 것으로 이해된다. 그리고 특히 그의 정치사상은 정조와 정조 측근의 남인 출신 개혁관료의 민본주의적 개혁정치사상과 깊은 연관성을 가진 것으로 생각된다. 비록 다산이 당대의 정치에서는 실패하였지만, 그의 철학과 사상은 그 자체만으로도 가치 있는 것으로서 오늘에도 새롭게 음미될 필요가 있다. 근대의 문턱에서 한국철학사상사의 큰 획을 그은 다산의 철학과 사상에 대한 온전한 이해를 토대로 우리는 21세기 한국철학의 새로운 가능성에 도전해야 할 것이다.

이 책의 내용을 간략히 소개하면 다음과 같다.

제1부(다산의 생애와 학문의 여정)에서는 다산의 철학과 사상의 특성 및 그 형성과정을 이해하기 위해 먼저 그의 삶의 역정 및 그 시대적 배경과 학문편력을 살펴보았다.

제2부(다산 실천 철학의 체계적 이해)에서는 다산 철학의 체계를 존재론, 진리관, 인간관, 윤리관, 역사관, 정치이념, 자연·경제관 등으로 나누어 종합적으로 탐구하였다.

제3부(다산의 향외적 철학과 퇴계의 향내적 철학의 비교)에서는 조선시대 성리학과 실학을 대표하는 퇴계와 다산의 철학을 향내성과 향외성의 관점에서 비교하고, 각 철학의 현대적 의미를 성찰하였다.

제4부(다산 경학의 세계)에서는 다산의 《상서》(尙書)와 《주역》(周易)에 대한 연구와 그 사상적 의미를 고찰하였다.

제5부(다산의 실천 철학과 한국 철학의 정립)에서는 다산 실학을 조선후기 실학의 전반적 특성과 관련하여 분석하고, 그것이 현대 한국철학의 정립이라는 과제에 던져주는 의미 및 근대성 문제와의 연관성을 탐색하였다.

이 책의 2부와 3부는 필자의 학위논문("退溪의 向內的 哲學과 茶山의 向外的 哲學의 比較")을 토대로 하였으며, 4부와 5부는 연구논문에 기초한 것으로서 필자의 다산 관련 연구논문의 목록은 참고 문헌에 제시되어 있음을 밝혀둔다.

제1부 다산의 생애와 학문의 여정

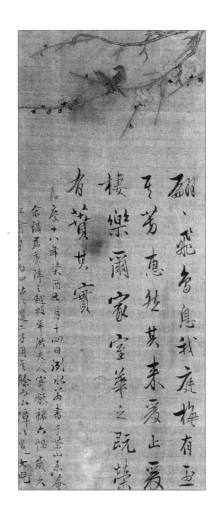

다산이 그린 花鳥圖(고려대 박물관 소장)
강진에서 유배생활 13년째 되던 여름에 그린 그림이다.
홍씨 부인이 보내온 헌 치마에 매화와 새를 그리고 시
를 써서 자식에게 준 것이다. 다산의 따뜻한 인간적 면
모와 애틋한 사연을 엿보게 한다.

제1장 영조·정조·순조 시대의 정치적 흐름과 다산의 위치

다산(1762~1836)이 태어난 영조시대는 탕평책의 실시로 노론과 소론 사이에 당쟁이 어느 정도 조정국면에 들어갔지만, 여전히 왕권은 신권의 강력함으로부터 자유롭지 못하였다. 영조는 서민지향적인 여러 정책을 실시하고 탕평책으로 정국을 안정시킴으로써 조선후기

정조(正祖) 영정(1752~1800, 선원보감)
정조는 왕권강화를 통한 개혁적 민본정치를 추구하던 계몽군주로서. 다산에게는 정치적 후견자이자 학문적 스승이기도 하였다.

문화의 르네상스를 열었다. 그러나 그는 노론의 계략에 말려들어 아들인 사도세자를 뒤주에 가두어 죽이는 미증유의 실책을 범하였다. 이 사건은 두고두고 다산의 시대에 중요한 문제의 배경이 된다. 사도세자의 아들로서 세손으로 책봉된 훗날의 정조는 노론 세력의 온갖 방해 책동에도 불구하고 영조 사후 왕으로 즉위하여 왕권의 강화를 도모하였다.[1]

즉위 초 정조는 홍국영을 내세워 노론 벽파 세력을 견제하는 한편 점진적으로 개혁을 시도한다. 그는 당파에 물들지 않고 자기의 왕권강화와 개혁을 실행할 친위세력을 양성하는 작업에 힘썼다. 정조는 자신의 개혁 이념에 합당한 인재를 양성하고 개혁 정책을 이념적으로 뒷받침하기 위해 규장각을 설립하는가 하면, 노론 세력의 영향을 벗어나 왕권을 강력히 수호해 줄 수 있는 친위 무력의 확보를 위해 장용영을 설치하는 등 본격적 개혁을 위한 기반을 조성하였다. 또한 사도세자의 능을 화산으로 옮기고, 능 주변에 그의 정치적 이상을 상징하는 새로운 신도시 즉 화성(오늘의 수원성)을 건설함으로써 개혁정치의 성과를 가시적으로 표출하였다.

영조가 온건한 당론을 지닌 자들을 중심으로 하는 이른바 완론(緩論) 탕평 정책을 실시한 것과 달리, 정조는 선명한 당론을 지닌 사람을 중용하는 이른바 준론(峻論) 탕평 정책을 실시하였다. 그는 자기의 생부 사도세자를 죽음으로 이끈 노론 벽파를 점차 제거하면서, 사도세자를 옹호하였던 시파와 남인들을 차츰 중용하여 그들을 통해 노론을 견제하면서 왕권을 강화하고 민본적 개혁정치를 이끌고자 하였다. 다산은 정치적으로 보면 남인 시파에 속하므로 정조에게

---

1) 다산의 시대적 배경에 대해서는, 박광용의 《영조와 정조의 나라》(푸른역사, 1998), 김성윤의 《조선 후기 탕평 정치 연구》(지식산업사, 1997) 참고.

는 우호적인 세력의 일원으로 파악될 수 있었다. 정조는 다산을 자신의 왕권강화와 개혁을 뒷받침할 신진 개혁관료로 양성하고자 하였고, 이 점에서 다산과 정조의 이해관계는 일치하였다. 따라서 다산은 정조 재위 중에 각별한 신임을 받을 수 있었다. 그러나 정조의 다산에 대한 각별한 신임은 다산에 대한 노론의 견제를 필연적으로 불러일으켰다.

정조 재위 기간 중에 천주교가 전래되어 보급되면서 이 문제는 점차 새로운 정치적·사회적 쟁점으로 부각되어 갔다. 그런데 천주교를 믿거나 가까이한 사람들 중에는 노론의 장기집권으로 권력에서부터 멀어진 남인에 속하는 사대부들이 많이 있었다. 따라서 정조로서는 자기 권력의 우호적 기반이 되는 사람들이 많이 연루된 천주교에 대해 적극적으로 탄압하기보다는 가급적 온건한 대책으로 문제를 축소하려고 하였다. 반대로 노론 벽파 세력으로서는 천주교 문제가 반대파의 정치적 기반을 송두리째 제거할 수 있는 좋은 호재였다. 정조가 급서하고 어린 순조가 즉위하면서 실권은 수렴청정하는 정순대비에게로 넘어갔다. 정순대비는 영조의 계비로서 친정은 노론 벽파에 속했다. 노론 벽파들이 다시 권력의 주도권을 잡자 신유옥사[2]를 통해 대대적인 천주교 탄압을 일으켰다. 그 목적은 말할 나위 없이 정조 재위 기간에 다소 부상하기 시작한 남인 시파 세력의 축출에 있었다. 다산은 이러한 정치적 음모의 소용돌이 속에서 한때 천주교에 관계했던 것이 빌미가 되어 18년간 유배를 살게 되었다.

순조가 장성하여 직접 정치를 맡게 되자, 순조의 장인인 안동 김

---

2) 일반적으로 '신유사옥'(辛酉邪獄)이라고 하나, '신유사옥'이라는 말은 당시 집권층의 시각에서 본 부정적 평가가 함축되어 있다. 천주교 측에서는 '신유박해'라고 한다. 따라서 신유옥사(辛酉獄事)라는 표현이 보다 가치중립적이라고 할 수 있다.

씨 김조순이 실질적으로 권력을 좌우하게 되었고, 이후 조선 왕조는
세도정치 시대를 맞게 되어 왕권은 유명무실하게 되고 말았다. 세도
정치 하에서 관직은 세도가의 손에 의해 좌우되고, 따라서 관직을
얻고 유지하기 위한 부정부패가 갈수록 확대되어 갔다. 이러한 모순
은 농민에게 전이되어, 많은 농민들이 관의 수탈로 유랑하거나 민란
을 일으켜 저항할 수밖에 없는 광범위한 사회경제적 파탄이 발생하
였다. 이처럼 다산은 근세사회의 체제 위기가 극으로 치닫게 되는
시대 속에서 중년과 말년을 살았다. 그는 재야에서 직접 사회적 모
순을 체험하면서 이러한 문제를 학문과 사상의 화두로 삼게 된다.

제2장 다산의 가문과 탄생

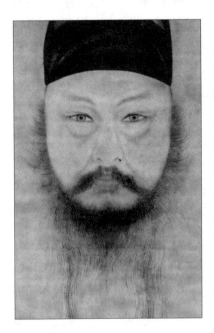

조선조 유교사회에서 한 인간
의 삶은 그가 태어난 가문에 의
해 좌우된다고 해도 과언은 아
닐 것이다. 그가 태어난 가문에
의해 당색이 결정되고, 학맥과
혼맥과 교유의 범위와 정치적
성장의 한계가 정해지게 되는
것이다. 다산도 예외는 아니다.
그의 학문 성향과 정치 성향 특
히 서학과의 만남은 그의 출신

공재(恭齋) 윤두서(尹斗緖)의 초상
윤두서는 다산의 외증조부로서, 詩書畵 三絶로
유명하며 실학적 학풍을 지니고 있었다.

가문에 의해 운명지어진 측면이 많다.

　다산의 가문은 본관이 압해(押海)로서 고려조에는 武官이 9世를 연이어 내려왔다. 조선조에 들어와서는 8代를 연달아 부제학·병조판서·좌찬성·대사헌 등의 벼슬을 하였고 모두 옥당(玉堂)에 들어갔으니, 명문 중에서도 흔하지 않은 진기록이다. 다만 고조부에서 조부까지 三代 동안은 정치적 소용돌이 때문에 과거에 급제하지 않았다. 그러다가 다산의 부친인 載遠은 음직으로 벼슬길에 올라 화순현감·예천군수·漢城庶尹·진주목사를 지냈다. 다산은 이처럼 화려하고도 유서 깊은 가문에서 태어났다. 그는 가문에 대한 큰 자부심을 안고, 당쟁에 패배한 남인이라는 이유로 권력으로부터 밀려난 가문을 중흥시키려는 꿈을 가지고 있었다.

　다산은 자기 가문의 특징을 네 가지 덕목으로 요약한다. 첫째는 삼가는 것(謹)이다. 나라가 어지러울 때 목숨을 바쳐 순국한 열렬한 충절은 없었지만, 그렇다고 힘있는 사람을 추종하여 나쁜 일에 가담하지도 않았다. 낌새를 보아 미리 떠나 그 禍難에 어울리지 아니하는 한편, 임금을 보필하는 어진 신하가 되는 데에는 손색이 없었다. 둘째는 범상함(拙)이다. 목숨을 걸고 권력투쟁에 앞장서지 않음으로써 큰 승리도 없었지만 큰 패배도 없었다. 그래서 출세하더라도 큰 벼슬은 없었고, 治産만 하더라도 큰 부자는 없었다. 셋째는 선량함(善)이다. 대체로 丁氏 姓을 가진 사람은 마음이 선량하여 독기가 없다고 한다. 그래서 남에게 원망을 품거나 악에 대한 보복을 하지 않았다는 것이다. 넷째는 믿음직함(諒)이다. 허황된 말로써 남에게 낭패를 당한 적이 없다. 이러한 가풍은 다산의 인격 형성에 그대로 영향을 미친다.

　친가뿐만 아니라 외가쪽 역시 대단한 명문이었다. 그의 어머니는 해남 윤씨 고산 윤선도의 후손으로서 恭齋 尹斗緖의 손녀이다. 윤선도는 1차 예송에서 송시열의 입장을 신랄하게 비난하는 상소를 올림으로써 서인 특히 노론이 가장 기피하는 인물 중 하나이다. 그래서 그의 후손들 역시 노론 집권기에는 출세길이 막힐 수밖에 없었다. 다산 역시 윤선도의 외손으로서 노론으로부터 좋은 평판을 얻기는 어려웠을 것이다. 윤두서는 詩書畵 三絶로 유명할 뿐만 아니라, 다방면으로 박학다식하였으며 실학적 기풍을 지니고 있기도 하였다. 다산은 외가쪽 사람들과 많이 교유하게 되며 훗날 유배지에서도 많은 도움을 받는다.

다산의 부친 정재원(1730~1792)은 처음에 의령 남씨와 결혼하여 약현(若鉉)을 낳았고, 상처하여 해남 윤씨를 얻어 약전(若銓)·약종(若鍾)·약용(若鏞)의 아들 삼형제와 딸 하나를 낳았다. 다시 해남 윤씨를 잃고 나서는 김씨 측실을 얻어서 다섯째 아들인 약황을 낳았다. 다산의 형제들은 다산만이 아니라 둘째형도 과거에 급제하였고 맏형도 진사가 되어서 주위의 부러움을 샀다.

다산은 이처럼 명문의 가정에서 정재원의 넷째 아들로 경기도 廣州 草阜面 마재(馬峴)에서 1762년(영조 38년) 6월 16일(음력)에 태어났다. 다산이 태어난 때는 사도세자가 뒤주에 갇혀 죽은 비극적 사건이 있은 직후였다. 그래서 그의 부친은 귀향의 뜻이 있어서 다산의 어릴적 字를 歸農이라 지어주었다. 그러나 후에 다산은 아버지의 뜻을 지키지 못하고 정치의 한가운데로 진출하여 비장한 운명을 맞게 된다. 그의 이름은 약용(若鏞)이고, 자는 미용(美庸) 또는 송보(頌甫)이다. 호는 사암(俟菴), 다산(茶山), 열초(洌樵), 철마산초부(鐵馬山樵夫) 등이 있지만 스스로가 쓴 묘지명에서는 사암이라고 하였다. 당호(堂號)는 여유당(與猶堂)으로서, 《老子》 15장에서 따온 말인데 겨울에 내를 건너듯 신중하고 사방에서 엿보는 것을 두려워하듯 경계하라는 뜻을 담고 있다.

어려서부터 총명하고 재주가 남달랐던 다산은 4살에 천자문을 배우고 7살에는 五言詩를 짓기 시작하였다. "작은 산이 큰 산을 가렸으니 멀고 가까움에 따라 크기가 다르게 보임이라."(小山蔽大山, 遠近地不同)와 같은 시구는 왕양명이 유년기에 지은 '폐월산방'(蔽月山房)시와 매우 유사한 풍격이 있다. 10세 전후에 지은 글을 모아《三眉集》이라 하였다.

9세에 어머니를 여의고 형수와 서모 김씨의 보살핌을 받는다. 그리고 10살이 될 무렵에는 사도세자가 죽음을 당한 이후 정국이 어렵게 되어 부친이 벼슬을 그만두고 집에 있을 때라 부친에게 나아가 經書와 史書를 수학하였다.

제3장 청년 정약용 — 화려한 교유(交遊)와 배움의 길

다산은 15세에 풍산 홍씨와 결혼하였다. 장인 洪和輔(1726~1791)는 병마절도사와 승지를 역임하였다. 다산은 홍씨와의 사이에 6남 3녀를 두었지만, 모두 일찍 죽고 2남(學淵·學游) 1녀만 장성하였다. 결혼 직후 정조가 새로 즉위하였다. 부친이 정조의 부름으로 호조좌랑 벼슬을 하게 되어 다산도 가족과 함께 서울로 상경하였다.

성호 이익의 성호사설(星湖僿說)
다산은 10대 후반부터 성호 이익(李瀷: 1682~1763)의 문인과 교유하면서 새로운 실학의 세계에 눈을 떴다.

다산의 상경은 그를 새로운 세계로 인도한다.

> "내 나이 스무 살 때에 우주 사이의 일을 모두 취해다가 일제히 벌여
> 고 일제히 정리하고 싶었는데, 30세가 되어서도 40세가 되어서도 그러
> 한 뜻이 변하지 않았다."(《茶山詩文集》18권, 〈贐學游家誡〉)

우주 사이의 모든 일을 알고 싶고 정리하고 싶은 파우스트적 욕
망을 지닌 다산의 청년기는 그 어떤 젊은이에게도 뒤지지 않는 질
풍노도의 시기였다. 새로운 앎에 대한 열망을 가진 그는 서울에서
성호 이익의 직계문인들 그리고 자질(子姪)들과 교유하면서 새로운
학문의 분위기에 탐닉하였다. 성호학파 가운데서도 특히 학문이 높
은 이가환·이벽·이승훈 등과 많이 어울리면서 다산은 한없는 지
식에의 갈증을 조금씩 풀어갔다. 그리고 형 약전이 권철신(權哲身)
의 문하에서 공부를 하게 되면서 다산 역시 성호학파의 대표자격인
권철신으로부터도 많은 영향을 받게 된다.

다산을 일정한 학파에 예속시키기는 어렵지만 굳이 학통을 따진
다면 성호학파와 가장 가깝다. 다산이 성호의 문집간행에 깊은 관심
을 보이고 실무를 맡은 것으로 보아서 성호에 대한 존중은 각별한
것으로 보인다. 주문모 신부 사건이 발생하면서 금정찰방으로 좌천
되어 가 있으면서도 그는 그곳 주위에 있는 石巖寺(봉곡사)에서 성
호 이익의 종손 이삼환을 모시고 동학들과 강학을 하면서 학문의
즐거움을 누렸다. 이러한 전후 사정을 다산은 '서암강학기'(西巖講學
記)에 기록하였는데, 서암강학은 다산에게 좋은 기억으로 남아 있었
다.

> "1795년 10월 24일 나는 金井에서 禮山의 坎舍(재실)로 갔는데, 그때

성호의 종손 木齋 이삼환이 먼저 와 계셨다. … 온양 서암의 봉곡사로 갔다. 이때 가까운 고을에 사는 여러 士友들이 차례로 모여들어 師門의 遺書를 교정하였는데, 먼저 《家禮疾書》를 가지고 그 범례를 정하였다.
… 매일 새벽에 일어나서 여러 친구들과 함께 시냇가에 나가서 얼음을 깨고 샘물을 떠서 세수하고 양치질을 하였으며, 저녁에는 여러 친구들과 함께 산언덕에 올라가 逍遙하면서 풍경을 바라보았는데 연기와 구름이 섞여서 山氣가 더욱 아름다웠다.
낮에는 여러 친구들과 (성호의) 疾書를 정서하였는데, 목재가 직접 교정을 하셨다. 밤에는 여러 친구들과 학문과 도리를 강론하였는데, 때로는 목재께서 질문하셨고 여러 사람들이 대답하기도 하고, 때로는 여러 사람들이 질문하고 목재께서 변론을 하기도 하셨다. 이와 같이 하기를 10일이나 하였으니, 매우 즐거운 일이었다."(〈서암강학기〉)

다산은 성호학파 가운데서도 진보적인 권철신 계통(일명 성호좌파 또는 신서파)에서 많은 영향을 받았다. 다산은 〈鹿菴權哲身墓誌銘〉에서 권철신의 경학사상의 핵심을 간략히 소개하고 있다. 그런데 그곳에 소개된 권철신의 사상을 다산이 자신의 것으로 대체로 수용하는 것으로 보아 두 사람의 사상적 연관관계는 매우 긴밀한 것으로 볼 수 있다. 권철신은 성호 이익뿐만 아니라 백호 윤휴도 높이 평가하였다. 다산 역시 성호의 실학과 백호의 탈성리학적 경학으로부터 많은 지적 자극을 받았으며, 이것은 그의 철학사상 형성에도 큰 역할을 하게 된다. 실학자로서의 성호는 율곡 이이와 반계 유형원을 시무(時務)에 대한 인식이 깊은 자로 평가하였다. 다산은 성호학파의 사람들과 주로 교유하면서도 이기설에 대해서는 오히려 율곡의 입장을 취하였다. 그래서 23세 때 성균관에서 정조가 《중용》에 대해 문제를 내면서 4단 7정에 대한 퇴계와 율곡 학설의 차이를 물을 때 율곡설과 부합하는 답안을 작성하여 정조의 칭찬을 받았다. 이처럼 다산은 크게 보면 퇴계학파와 연결되는 전통 속에서 공부하면서도 퇴계의 학설에 무조건 동의하지 않는 주체적인 자세를 견지한다. 그가 34세에 봉곡사에서 강학할 때는 이미 퇴계와 율곡의 이기심성설의 차이에 대해 그 근본 원인을 잘 인식하고 있었다. 다산에 따르면 퇴계와 율곡이 사용하는 이기 개념의 맥락과 의미가 서로 다른 까닭에 학설의 차이가 대두되었으며, 따라서 어느 누구의 학설이 맞고 누구의 학설이 틀리다고 볼 수는 없다는 것이다. 즉 퇴계가 뜻하는 이기(理氣)는 인간 성정(性情)의 측면에서 설명한 것이고, 율곡의 이기는 천지의 만물을 총괄하여 논한 것이라는 말이다. 다산은 이미 이기철학에서 논쟁이 생길 수밖에 없는 이유를 명확하게 인식하고 있었다. 이러한 입장은 그 뒤에도 그대로 유지되어 40세에 지은 〈理發氣發辨〉에 잘 정리되어 있다.

다산은 10대 후반부터 20대를 거쳐 30대에 이르면서 성호학파 계열의 진보적 지식인으로서 새로운 진리를 추구하는 개방적 학풍 속에서 자신을 단련해 갔다. 그가 긴밀하게 교유하였던 이가환·이승훈·이벽·권철신·이기양 등은 모두 당대의 문단과 학계의 주목을 받던 최고 수준급의 학자였다. 다산은 이들로부터 경세학, 서학, 고학, 고증학 등에 대한 폭넓은 지식을 수용하고 발전시켜 갔다. 그 밖에도 벼슬을 하면서 규장각에서 실학자인 박제가·이덕무·이경무 등과 만나 청나라의 선진 문물에 대한 지식과 정보를 교류하였다.

다산은 경세학과 경학에 대한 탐구뿐만 아니라 시문을 짓고 문우들과 어울려 풍류를 즐기기도 하였다. 다산이 중심이 되어 만든 시 동인 모임은 죽란시사(竹欄詩社)라고 불린다. 죽란시사의 구성원은 이유수·홍시제·이석하·이치훈·이석주·한치응·류원명·심규로·윤지눌·신성모·한백원·이중련·정약전·채홍원 등이었는데 이들은 서로 어울려 시를 짓고 풍류를 즐기며 문학과 우정을 꽃피웠다. 이들 동인 15명 가운데 9명이 초계문신으로 발탁된 것으로 미루어 이 모임의 수준이 얼마나 대단하였는지를 알 수 있다. 이들 동인들은 인간적인 측면에서 끈끈한 인맥을 형성하여 앞으로 다산의 학문적 성숙과 정치적 성장에 중요한 밑바탕이 된다.

죽란시사의 회원들은 정기적으로 또는 비정기적으로 시회를 열었다. 정기적으로는 살구꽃이 처음 피면 한 번 모이고, 복숭아꽃이 처음 피면 한 번 모였다. 그리고 한여름 참외가 익을 때 초가을 서늘할 때 연못에 연꽃이 필 때 국화꽃이 필 때 겨울철 큰 눈이 내릴 때 세모에 화분의 매화가 필 때 모였다. 비정기적 시회는 득남한 자가 있을 때, 지방 수령으로 나가는 자가 있을 때, 품계가 승진한 자가 있을 때, 자제 중에 등과한 자가 있을 때 열렸다. 공사다망한 가운데도 이러한 시회를 통해 다산은 벗과 더불어 삶의 멋을 만끽하며 인격을 도야해 나갔다.

제4장 서학과의 만남

다산은 성호학파 문인들과 교류하면서 경세의식을 발전시킴은 물론 서학[3]에 대해서도 들은 바가 없지 않았을 것이다. 서학 속에 있는 서구의 과학 기술은 다산의 호기심을 자극하였을 것이다. 다산은 서학의

광암(曠菴) 이벽(李檗: 1754~1786)의 영정
(김태 그림, 명동 대성당 소장)
이벽은 다산을 서학의 세계로 안내하였다.

과학기술적 측면만이 아니라 종교적 측면에까지 관심을 확대해 나
간다.

 다산이 처음 종교로서의 서학에 본격적 관심을 갖게 된 것은 그
의 나이 23세 되던 해(갑진년 정조 8년, 1784년)였다. 이해 4월 15일
맏형수의 忌祭를 지내고 나서, 맏형수의 남동생인 李蘗과 더불어 다
산의 형제가 한 배를 타고 물길을 따라 내려올 적에 배 안에서 이
벽으로부터 天地造化의 시작과 육신과 영혼의 생사에 대한 이치를
비롯한 서교의 교리를 듣게 되었다. 다산은 유교와는 또 다른 서교
(천주교)라는 새로운 사상에 깊은 호기심을 갖게 되었다. 그래서 서
울에 와서 곧 이벽을 찾아가 《天主實義》와 《七克》 등 몇 권의 서교
관련 책을 직접 보게 된다. 마테오 리치가 지은 《천주실의》는, 서양
의 선교사가 중국의 선비와 문답식으로 대화하는 가운데 천주교 교
리를 유교사상과 비교하면서 천주교적 세계관을 설득하는 내용으로
이루어져 있다. 《천주실의》에는 유교적 관념에서 보면 매우 새롭고
도 진기한 논리가 많이 있다. 성균관에서 과거 공부에 바쁜 와중에
도 다산은 이 새로운 사상에 매혹되어 깊이 빠져들게 된다. 그는 서
교에 대해서 성균관의 친한 동학들에게 소개하기도 하고, 토론도 하
였던 것으로 보인다. 성리학에 식상하고 새로운 사상에 대한 갈증으
로 목말라 있던 20대 초반의 다산에게 서교는 전통적 성리학에 비
해 뭔가 근사하고 새로운 것처럼 보였으리라. 그가 서교를 소개한
친구 중에는 이기경이 있었다. 그런데 이기경이라는 벗은 후에 다산
의 서교에 대한 관련 사실을 폭로하여 그를 궁지에 몰아넣게 된다.
 같은 해(1784년) 여름에 다산은 정조가 《중용》(中庸)에 대해 내린

---

3) 서학(西學)은 서양에서 들어온 과학기술과 사상, 그리고 종교까지 포함하
  는 개념이다. 그리고 서학 가운데 종교적 측면 즉 천주교를 주로 지칭할
  때는 서교(西敎)라 한다.

70문항의 문제에 대해 답안을 작성하는 과정에서 당시 서교에 깊이
심취해 있으면서 한학에도 박학하였던 이벽과 많은 상의를 하게 된
다. 조선 천주교 전래사에서 중요한 역할을 하였던 이벽과의 대화를
통해 다산은 《중용》을 기존의 성리학자들과는 다른 관점에서 참신
하게 해석하였다. 따라서 다산이 작성한 중용에 대한 답안지는 여느
태학생의 그것과 다른 창의적 내용으로 가득 찼다. 정조는 이 색다
른 답안지를 대하고 처음으로 정약용이라는 젊은 태학생에게 주목
하고, 다음과 같은 높은 평가를 아끼지 않았다.

> "그가 진술한 강의는 일반 세속의 흐름을 벗어나 오직 마음으로부터 헤
> 아렸으므로 견해가 명확할 뿐 아니라 그 공변된 마음은 귀하게 여길 만
> 하다."

　다산이 그의 나이 23세에 이벽과 상의하여 작성한 《중용강의》에
는 《중용》이라는 유교의 전통적 텍스트와 서교적 통찰이 만나서 이
루어진 창의적 해석의 꽃이 곳곳에서 발견된다. 따라서 《중용강의》
는 청년 정약용의 사상과 철학을 이해하는 가장 중요한 자료가 된
다.
　다산의 서교에 대한 관심이 단순한 호기심의 발로인지, 아니면 학
문적인 관심의 연장인지, 아니면 어느 정도 신앙적 경지로까지 진전
되었는지 정확히는 알 수 없다. 신앙으로까지 나아갔을 가능성도 배
제할 수는 없다. 그러나 1791년에 발생한 진산사건(珍山事件)은 서
교에 대한 그의 태도에 결정적 전기가 된다. 진산 출신인 윤지충이
외사촌 권상연과 천주교를 신봉하였는데, 1791년 어머니 상을 당하
고도 윤지충은 천주교 의식에 따라 혼백(魂帛)과 위폐(位牌)를 폐지
하고 제사를 지내지 않았다. 권상연 역시 같은 교도로서 그 고모의

제사를 지내지 않았다. 이 사실을 안 조정에서는 진산군수 신사원에게 이들의 체포를 명하고 심문하였으나 이들은 배교를 거부하고 처형되었다. 윤지충은 다산의 외사촌이었으므로 이 사건은 다산에게 결코 강 건너 불이 아니었다. 조정에서는 이 사건을 계기로 서교를 적극적으로 금하게 되고, 다산 역시 사대부로서 제사를 거부하는 서교와 더 이상 관계를 맺기가 어려웠을 것이다.

진산사건을 계기로 洪樂安 등이 공모하여 다산을 비롯한 서교와 관련된 사대부들을 다 제거하려 하였다. 이들은 채제공에게 글을 올리기를 "聰明才智한 벼슬아치와 선비들이 열에 일고 여덟은 모두 서교에 젖어 장차 黃巾 白蓮의 난리가 있을 것입니다."라고 하였다. 이 보고에 과장이 있다고 하더라도 당시 일부 지식인 계층 사이에 천주교가 어느 정도 유행하였음은 사실인 듯하다.

이에 정조는 채제공을 시켜 목만중·홍낙안·이기경 등을 불러 그 허실을 조사하도록 하였다. 이 때 이기경이 진술하기를

"그 서적에 간혹 좋은 곳이 있으므로 신이 이승훈과 일찍이 성균관에서 그 서적을 같이 본 적이 있습니다. 만약 그 서적을 본 죄를 논한다면 신이 이승훈과 벌을 같이 받아야 합니다."라고 하였다. 그러나 이승훈은 "이기경이 사람을 모함했다."고 하여 마침내 무죄로 방면되었다. 그러자 이기경은 상소하여 대신이 일을 조사함이 공정하지 않았다고 비판하면서 성균관에서 서교 서적을 본 일을 더욱 자세하게 증명하였다. 정조는 이에 노하여 이기경을 경원에 유배 보냈다. 다산은 이 사건이 언젠가 자신에게 더 큰 올가미로 다가올 것임을 예감했다. 그래서 다산은 이기경을 무마하기 위해 그의 집에 가서 어린 자식을 다독거리고 그의 모친 상사에 무려 1천錢을 부조하기도 하였다. 1795년 봄 大赦令 때도 이기경은 석방되지 못했으나 정약용과 이익운이 노력하여 정조를 움직여 이기경을 석방시켰다.

이기경이 조정에 복귀하고 나서도 옛 친구들은 그를 외면하였으나 다산은 안부를 묻고 평소처럼 친하게 대했다. 그러나 훗날 신유옥사 때 이기경은 다산을 죽이려고 음모하게 된다.

1795년(정조 19년, 다산 34세) 4월에 중국의 蘇州 사람 周文謨가 변복 차림으로 몰래 입국해 北山 아래에 숨어서 서교를 널리 선전하였다. 이 때를 틈타 또 목만중 등이 선동질하여 서교와 관련된 사대부들을 다 함정에 빠뜨리려고 음모하였다. 그래서 몰래 박장설을 사주하여 소를 올려 이가환을 논하도록 하되, 모함하여 말하기를 "정약전의 경술년(정조 14년, 1790) 對策에 五行을 四行으로 하였으나, 이가환이 장원으로 뽑았습니다."라고 하였다. 정조가 그 대책을 보고 그것이 무고임을 살펴 알고는 박장설을 유배 보냈다. 그러나 유언비어는 날로 심해졌다. 그러자 정조는 고육지책으로 가을에 이가환을 내쳐 충주 목사에 보임하고, 다산은 금정역(충남 홍성군) 찰방에 보임하고, 이승훈은 예산현(禮山縣)으로 유배 보냈다. 금정역은 홍주 땅에 있는데 역의 吏屬이 서교를 많이 익혔다. 그래서 다산으로 하여금 그들을 깨우치고 타일러 그것을 금지하게 하고, 이를 기반으로 재기의 기회를 주고자 함이었다.

다산과 그의 둘째 형 약전은 모두 진산사건을 계기로 서교에 대한 신앙에서 벗어났지만, 셋째 형 약종은 계속적으로 신앙에 몰두하다가 후에 신유옥사때 극형을 받게 된다. 다산의 삶을 지배한 가장 중요한 만남 가운데 하나는 서학과의 만남이라고 해도 과언이 아니다. 조개 속의 상처가 진주를 가능하게 하듯이 다산에게 있어서 서학과의 만남은 그의 사상을 새롭게 해주었으나, 다른 한편 그것은 그의 일생에 지울 수 없는 깊은 상처를 주었다. 그가 정조에게 자신의 서교 관련 문제의 전말에 대해 스스로 진술한 내용을 들어보자.

36

"신이 이 책을 본 것은 대개 약관 초기였는데, 이 때에 원래 일종의 풍조가 있어서 능히 天文의 曆象家와 농정의 水利器와 측량의 推驗法을 말하는 자가 있으면, 세속에서 서로 전하면서 이를 가리켜 해박하다 하였는데, 신은 그때 어렸으므로 그윽이 혼자서 이것을 사모하였습니다. 그러나 성격이 거칠고 경솔하여 무릇 어렵고 깊고 교묘하고 세밀한 것에 속하는 글은 본래 세심하게 연구하지 못했습니다. 도리어 死生說에 얽히고, 克伐之誠에 귀를 기울이고, 離奇하고 辯博한 글에 현혹되어, 유문의 별파로 인식하고, 文垣의 기이한 감상으로 보아, 남들과 담론할 때는 꺼리는 바가 없었고, 남들이 배격하는 것을 보면 寡陋해서인가 의심하였으니, 그 본의를 따져보면 대체로 異聞을 넓히고자 해서였습니다. 그러나 신은 그 동안 뜻하고 종사한 것이 영달에만 있어서, 태학에 들어온 후로 오로지 뜻을 전일하게 한 것은 곧 功令學(科文)으로 月課와 旬試에 응시하기를 새매가 먹이를 잡으려듯이 정신을 쏟았으니, 이것은 진실로 이러한 氣味가 아닙니다. 더군다나 벼슬길에 나아간 후로 어찌 方外에 마음을 쓸 수 있었겠습니까. 虛名만 사모하다가 實禍를 받는다는 것은 신을 두고 이른 것입니다. 그 책 속에 倫常을 상하고 天理에 거슬리는 말은 진실로 이루 다 헤아릴 수 없이 많고, 또한 감히 전하의 귀를 더럽힐 수 없으나 祭祀를 폐하는 말에 이르러서는 신이 옛날 그 책에서 또한 본 적이 없습니다. 갈백이 다시 태어났으니 시달도 놀랄 것입니다. 진실로 조금이라도 사람의 도리가 미처 없어지지 않은 것이 있다면, 어찌 마음이 무너지고 뼈가 떨려서 亂萌을 배척하여 끊어버리지 않고, 홍수가 언덕을 넘고 烈火가 벌판을 태우듯 성하게 하겠습니까."(《茶山詩文集》 권9, 〈辨謗辭同副承旨疏〉)

제5장 신진 개혁 관료와 정조의 만남

다산은 22세 되던 1783년에 세자책봉을 경축하기 위한 增廣監試에서 經義 初試에 합격하고 이어 會試에 합격하여 生員이 되어 성균관에 들어갔다. 23세에는 御製 中庸疑問 70여 조항에 대해 답하는 《中庸講義》를 바쳤다. 마침내 28세에 殿試에서 甲科 2등으로 과거에 합격하여 禧陵直長에 제수되었다. 그리고 규장각 월과문신이 되었으며 한강에 배다리를 건설하는 역사에 참여하여 그 規制를 만들었다. 30세에는 사헌부 지평과 사간원 정언에 올랐다. 이듬해(1792년)에는 홍문관 修撰이 되었으며, 정조가 야심적으로 추진하던 화성 신도시 건설사업에 적극 참여한다. 정조의 명을 받아 화성의 城制를 설계하여 보고하고, 화성 건설을 효율적으로 추진하기 위해 起重架를 고안

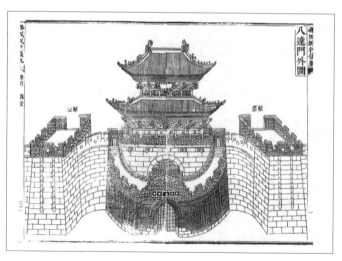

(수원의) 팔달문 외도(外圖)(규장각 소장, 《화성성역의궤》 중에서)
다산은 화성(오늘의 수원성)을 설계하고 공사하는 데 중요한 역할을 하였다.

38

하여 4만 냥의 경비를 절감하는 공을 세웠다.

사간원 정언(正言)과 사헌부 지평(持平)시절에는 과거의 폐단 개혁 문제에 대해 상소를 올렸다. 1794년 33세에는 경기 암행어사로 명을 받아 內醫 출신으로서 삭년군수가 된 강명길과 地師로서 연천 현감이 된 김양직이 왕의 총애를 믿고 불법을 자행하는 것을 탄핵하였다. 그리고 당시 고위직에 있던 서용보의 비리를 왕에게 상주하였다. 이 일로 인해서 서용보는 그 뒤 계속 다산에 대해 악감정을 갖고 사사건건 방해하게 된다. 즉 후에 서용보는 다산의 해배를 반대하였을 뿐만 아니라, 해배 이후에는 다시 재등용하는 것을 끝까지 반대한다. 다산은 암행어사 시절 정의감에 불타서 물불을 가리지 않고 비리를 찾아내어 탄핵하였지만, 그것은 결과적으로 일생을 두고 계속되는 악연을 만들게 되는 계기가 되었다.

34세(1795년)에는 병조참의로 제수되어 정조의 화성행차를 侍衛로서 수행하였다. 주문모 사건으로 서교 문제가 불거지자, 같은 해 7월에 금정역 찰방(역장)으로 좌천되었다. 정조는 그 지역에 서교를 믿는 사람이 많았으므로 그들로 하여금 서교를 믿지 않도록 계도하는 임무를 다산에게 맡겨서 다산으로 하여금 서교의 멍에를 풀 수 있는 기회를 부여한 것이었다. 36세(1797년)에는 곡산부사로 나아가 많은 치적을 쌓았다. 여기서 다산은 목민관으로서 유교의 민본사상을 실천할 수 있는 중요한 기회를 갖게 되었다. 관의 잘못된 행정에 대해 백성을 거느리고 관부에 들어와 항의하는 사람을 처벌하기는 커녕 오히려 "관이 밝지 못하게 되는 까닭은 백성이 자신을 위한 계책을 잘하고, 폐단을 들어 관에 대들지 않기 때문이다. 너 같은 사람은 관에서 천금으로 사들여야 할 것이다."라고 옹호하였다. 그리고 표준자를 만들어서 민간에서 사용되는 자와 비교하여 2寸이나 차이가 나는 것을 바로잡아 백성들의 경제활동을 편리하게 하였다.

도량형의 동일을 무엇보다 중시하는 평소의 생각을 실천한 것이다. 또한 포목이 귀해지자 관의 돈으로 포목이 싼 지역의 것을 사들여서 京納에 충당하고 나중에 백성들에게 그 대가를 거두어 갚음으로써 백성들에게 이익이 돌아가도록 하였다. 또한 관내 백성들의 토지와 재산 상태를 기록한 침기부(砧基簿)와 관내지도를 만들어서 관내의 사정을 정확히 파악함으로써 호적정리 기간에 아전들이 멋대로 호구를 늘리거나 뇌물을 챙겨서 백성의 원성을 사는 일이 없도록 하였다.

다산은 목민관으로서 현지의 경험을 토대로 농업기술을 발전시켜 농업에서 이익이 많이 나게 함으로써 농민의 지위를 향상시키기 위해 농업정책에 대해 상소를 올렸다. 곡산부사 시절 다산은 엄정하고 공정한 행정과 백성의 살림을 윤택하게 하는 경제정책으로 많은 선정을 쌓았다. 38세(1799년)때에는 형조참의가 되어 억울한 옥사를 시원하게 해결하여 민원을 풀어주기도 하였다.

약 10년간의 벼슬을 하는 동안 다산은 정조의 각별한 보살핌으로 출세가도를 달렸다. 당시 채제공이 영의정을 맡는 등 남인 시파가 정조의 강력한 후원 하에 권력의 중심에 있었기 때문에 다산도 채제공·이가환·이기양 등과 함께 남인 시파의 핵심 멤버로서 중요한 일을 관장하였다. 다산은 정조와 주위 사람들에 의해 언젠가는 채제공의 뒤를 이을 남인의 차세대 정치 지도자로 주목받았으며, 재상의 반열에까지 오르리라고 기대되기도 하였다. 정조의 총애가 깊어지고 그의 정치적 위상이 높아질수록 이에 맞서 견제하는 세력 또한 강력하게 나타나기 시작하였다. 여기서 그가 젊은 시절 가까이 했던 서교가 치명적 빌미로 작용했다. 정조는 다산을 반대파로부터 보호하기 위해 지방관으로 내보내기도 하였으나 다시 곧 중앙으로 불러들여 중용하였다. 다산의 강직한 업무처리 방식과 매끄럽지 못한 대인관계는 반대파를 더욱 자극하였다. 이리하여 다산은 공직생활을 하면서도 언제 불어닥칠지 모르는 위험스런 사태를 예감하면서 어두운 그림자를 가슴 한구석에서 떨쳐버릴 수 없었다.

공직생활을 통해 다산은 유교경전의 사상을 현실 속에서 검증하고 실천하면서 학문과 현실이 분리될 수 없음을 확인하였다. 또한 초계문신으로 발탁되어 정조로부터 체계적인 학문수련의 기회를 얻는 행운을 누렸다. 그는 규장각에서 청으로부터 수입된 최신의 수많은 서적을 열람하면서 경학과 경세의 방책을 탐구하였다. 이러한 경험은 후에 그가 유배를 가서 왕성한 저술을 하는 데 귀중한 밑거름이 되었다.

제6장 신유옥사 전후

1799년(정조 23년, 다산 38세) 겨울에 서얼 조화진이 "이가환과

신유옥사의 전말을 서술한 황사영 백서
황사영은 다산의 조카사위였다.

정약용 등이 음으로 서교를 주장하여 모반을 도모하는데 한영익이 그의 심복입니다."라고 고하였다. 그러나 이 일은 무고로 처리되었다. 1800년(정조 24년, 다산 39세) 경신년 봄 다산은 이미 자신을 참소하고 시기하는 자가 많음을 알고 칼날을 피하고자 처자를 거느리고 마재의 고향 마을로 돌아갔다. 서교를 빌미로 다산을 비롯한 남인 개혁파를 집요하게 공격하던 세력들로부터 이들을 지켜준 정조라는 버팀목이 1800년 6월에 갑자기 급서하였다. 이로써 다산을 비롯한 서교와 관련되었던 남인 개혁파들은 이제 풍전등화의 운명을 맞게 된다. 정조가 승하하고 5개월 만에 장례를 마치고 졸곡한 후 점차 다산의 반대파들은 유언비어와 위태로운 말을 지어내어 듣는 자들을 의혹시켰다. 심지어는 "이가환 등이 장차 난을 일으켜 4흉 8적을 제거하려 한다."라고까지 하였다.

이에 다산은 禍色이 날로 급해짐을 헤아리고 곧 처자를 마재로 돌려보내고 홀로 서울에 머무르면서 시국의 변화를 살피고 있었다. 겨울에 졸곡을 마친 뒤에 한강가 소내로 아주 돌아오고 삭망에만 哭班에 나아갔다. 그리고 겨울에 냇물을 건너듯 사방의 이웃을 두려워하듯 삼가면서 살겠다는 뜻으로 여유당(與猶堂)이라는 당호를 지어서 서재에 붙였다.

1801년 순조 원년 1월 11일 마침내 邪學禁令이 내려져 천주교도에 대한 일제 검거령이 발동되었다. 이른바 신유옥사가 막을 올린 것이다. 정월 그믐날에 책롱(冊籠)사건으로 2월 8일 兩司가 發啓하여 이가환·정약용·이승훈을 국문하기를 청하니 모두 하옥하고, 다산의 형 약전·약종 및 이기양·권철신·오석충·홍낙민·김건순·김백순 등이 모두 차례로 옥에 들어갔다. 이 때 문서 더미 가운데 다산의 누명을 밝게 벗길 만한 증거가 많았으므로 무죄 방면하자는 주장이 많았으나 유독 서용보만이 불가하다고 고집하였다. 그래서 다산은 경상도 장기(長鬐)로 定配되고 약전은 薪智島로 정배되었으나 약종 및 나머지는 모두 중형을 면하지 못하였다. 오직 이기양은 단천으로 귀양을 갔고 오석충은 임자도로 귀양을 갔다.

겨울이 되자 다시 황사영 백서사건이 발생하였다. 홍희운(홍낙안의 별명)과 이기경 등이 온갖 계책으로 조정을 위협하여 스스로 臺官의 자리에 들어가기를 요구하고, 發啓해서 다산 등을 다시 국문하기를 청하여 반드시 죽이고자 하였다. 이에 다산을 비롯한 정약전·이치훈·이관기·이학규·신여권 등이 체포되어 옥에 들어갔다. 그러나 증거가 없었으므로 정순대비도 臺啓가 무고임을 살피고 6인을 아울러 참작하여 놓아주도록 명령하였다. 그러나 호남(湖南)에는 아직 남은 걱정거리가 있다 하여, 다산을 강진현에 정배하여 진정하게 하고, 약전은 흑산도에 정배하였으며, 나머지 사람도 모두 양남(호남과 영남)으로 정배하였다.

다산과 평소 가깝던 선후배와 동학은 물론 서교와 여러모로 밀접한 관계에 있던 그의 집안의 일가친척 중 다수가 극형을 당하거나 유배를 가게 됨으로써 다산의 집안은 말 그대로 풍비박산이 나고 정치적으로 완전히 거세되고 만다. 학문적으로나 정치적으로 화려했던 그의 30대는 정조의 급서와 함께 급전직하 나락으로 떨어지는 비장한 운명을 맞게 된 것이다.

제7장 유배생활과 초인적인 학문에의 열정

한반도의 서남단 바다 끝에 위치하고 있는 강진에서 다산은 유배생활에 들게 된다. 자기를 든든히 후원해주던 정조라는 울타리가 사라지고, 신유옥사를 계기로 정치적으로나 사상적으로 뜻을 같이 했던 동지들이 모두 죽거나 유배를 가거나 아니면 거세되어 버렸다. 어제 정계를 누볐던 화려한 동지들이 하루아침에 풍비박산되어 모두 목숨하나 부지하기에도 힘들었던 것이다. 신유옥사는 겉으로는 서교에 대한 금지를 표방하고 있지만 그 이면을 들여다보면 정치투쟁의 성격이 진하다. 정조 재임 중에 잠시 다시 부활하던 남인 시파 세력을 다시 정계에서 발본색원하고 노론이 완전히 권력을 석권하는 계기가 된 것이다.

신유옥사는 특히 다산 일가에는 치명적인 환난이었다. 다산은 물론 그의 둘째 형 약전이 흑산도로 유배 가고, 셋째 형 약종이 극형을 당하고, 다산의 자형 이승훈과 조카사위 황사영 역시 극형을 당함으로써 일가가 초토화되어 거의 재기의 여지를 남겨놓지 않았다. 유배지의 다산은 현실세계에서 모든 가능성이 뿌리 뽑힌 채로 외로운 바닷가에 내던져진 것이었다. 그러나 그는 좌절하지 않았다. 다산은 그 성격상 어떤 조건과 상황 속에서도 최선을 다하는 사람이었다. 그는 유배지에서 자기의 존재 의미를 생각하였다. 최악의 절망적 상황에서도 하나의 남은 가능성이 열려 있었다. 그것은 학문연

강진에 있는 다산 초당
강진의 다산 초당은 유배지이자 동시에 철학적 사색의 공간이었다.

구와 저술이었다.

그는 유교적 문치사회에서 저술이 갖는 힘이 얼마나 큰지를 누구보다 잘 알고 있었다. 유교사회는 문의 힘에 의해 지배되고, 문의 힘은 경전의 해석과 밀접한 관련을 맺고 있었다. 누가 성인의 말씀을 올바르게 해석하느냐 하는 문제는 현실정치에 중요한 준거가 되었다. 유교정치는 말의 힘에서 비롯되고, 말의 힘은 체계적 해석의 능력과 분리되지 않는다. 다산은 경전의 세계에 심취하였다. 행동이 제약받는 유배지는 역설적으로 공부하기에는 더없이 좋은 환경이기도 하였다. 다른 선택의 여지가 없는 가운데서 오직 경전탐구에만 몰두할 수 있게 된 것이다. 과거에 급제하기 이전에는 과거 공부에 급급하였고, 급제 이후에는 벼슬살이에 바빠 조용히 경전을 탐구할 기회가 별로 없었다. 이제 하늘은 그에게 최고의 공부 기회를 제공해 준 것이다. 다산은 주자의 해석을 통해 읽혀지던 유교의 철학에 대해 주자의 안경을 벗고 스스로의 힘으로 새로운 해석의 길을 찾아 나섰다.

우선 그는 절망적 조건 속에서 우환을 달랠 겸 《주역》을 탐독하였다. 주역의 숨은 논리를 하나씩 찾아나가는 즐거움은 다른 무엇으로도 대신할 수 없는 학문의 환희를 가져다 주었다. 그는 네차례나 고쳐쓰는 절차탁마의 공을 들인 끝에 주역의 비밀을 파헤친 《주역사전》(周易四箋)을 1808년에 완성하였다. 정조로부터 극찬을 받은 바 있는 《시경강의》를 다시 정리하고 보완하여 《시경강의보》(詩經講義補)를 지었다(1810). 또한 《춘추고징》(春秋考徵)을 완성했다(1812). 그리고 논어에 대한 고금의 훌륭한 주를 모으고 자기 생각을 덧보태 《논어고금주》(論語古今注)를 완성한다(1813). 또한 맹자의 주요 대목을 취하여 자기 생각을 정리한 《맹자요의》(孟子要義)를 지었다(1814). 그리고 대학과 중용에 대해서 독창적인 해석을 하여 《대학공의》(大學公議), 《중용자잠》(中庸自箴), 《중용강의보》(中庸講義補)를 각각 완성하였다(1814). 그리고 심경과 소학에 대해 《심경밀험》(心經密驗)과 《소학지언》(小學枝言)을 썼다. 이로써 경학에 대한 연구가 어느 정도 마무리되자 다시 경세학으로 나아가 《경세유표》(經世遺表)를 써서 국정개혁의 청사진과 방향을 제시하고(1817), 이어서 《목민심서》(牧民心書)를 써서 도탄에 빠진 민중을 구원할 대증요법을 제시하였다(1818).

다산은 유배지에서 경전을 연구하면서 새로운 학설이 떠오르거나 저술이 완성되면 흑산도에 있는 중형(仲兄) 약전에게 보내어 평가를 받았다. 유배 기간 중 다산이 자유롭게 마음속의 생각을 터놓고 함께 나눌 수 있었던 유일한 사람은 형 약전이었다. 틈틈이 자식들이 중간에 내왕하면서 고향의 소식을 전해주었고, 다산은 자식들에게 편지를 통해 자포자기하지 말고 학문에 힘쓰며 어려운 집안을 잘 이끌어 주기를 간곡히 당부하였다. 그리고 강진과 해남 인근에서 온 몇몇 제자들에게 강학을 하며 교육의 보람을 찾았다. 또한 산너머 만덕사를 오가며 스님들과 교유하기도 하였다. 때로는 국정의 파탄과 기근으로 인한 농민들의 참상을 보면서 느낀 연민과 분노를 시로 토로하기도 하였다. 그리고 주위의 산과 바다를 바라보면서 대자연이 주는 선물을 달게 여겨 전원의 자유를 만끽하기도 하였다. 다산은 18년간의 긴 유배 기간 동안 한편으로는 화려한 과거의 기억을 되내이며, 다른 한편으로는 현실의 참담함을 감내하면서 어두운 현실을 타개할 비책을 찾아 한층 경전연구에 정열을 불태웠던 것이다.

유배지에서 다산이 《맹자요의》 초고를 탈고한 후 1814년에 노론계 문인 文山 李載毅(1772~1839)가 다산을 방문하였다. 사덕(四德)의 선험적 존재 여부, 사단(四端)에서 단의 의미, 성(性)의 의미 등 철학적 주제를 놓고 정통 주자학적 입장에 서 있는 이재의와 탈주자학적 입장에 서 있는 다산 사이에는 치열한 논쟁이 벌어졌다. 다산이 53세 되던 1814년부터 시작된 논쟁은 1817년까지 10차례나 서한을 주고받으면서 열띤 논쟁으로 발전하였다. 다산으로서는 자신이 유배지에서 외부세계와 거의 단절되다시피 한 상태에서 창안한 학설을 처음으로 외부 학인에게 대화를 통해 이해시킴으로써 자기 이론의 객관성을 검증받으려고 하였다. 그러나 이재의로서는 다산의 집요한 설득에도 불구하고 주자 철학의 패러다임으로부터 스스로를 해방시키기는 힘든 일이었다. 두 사람의 《맹자》 해석을 둘러싼 해석학적 논쟁은 경전 해석이 철학적 입장에 따라 얼마나 현격하게 달라질 수 있는지를 극명하게 보여준 사건이었다.

제8장 해배(解配) 이후

다산이 그린 山水圖(동아대 박물관 소장)

1818년 가을, 57세가 된 다산은 비로소 장장 18년의 유배 생활을 마치고 고향 마재로 귀환하였다. 고향으로 돌아온 다산은 이듬해 봄에 배를 타고 충주에 있는 선산을 참배하고, 가을에는 용문산에 가서 노닐었다. 다시 1820년 봄에는 배를 타고 산수(汕水)를 거슬러 올라가 춘천의 청평산을 가는가 하면, 가을에는 다시 용문산을 찾아 노닐면서 아픈 기억을 씻고자 하였다.

해배 이후에도 다산은 《흠흠신서》(欽欽新書)를 쓰고(1819), 상서연구를 정리하여 《상서고훈》(尙書古訓)을 지었다(1834). 그리고 그 동안 만나지 못했던 친척과 친지를 만나고 학자들과도 교유하였다. 다산은 유배지에서 이룩한 연구의 결과를 학계로부터 인정받고 싶었지만 그의 학문이 정통 주자학에 비추어 보면 새롭고 과격한 내용이 많아서 함부로 보여줄 수는 없었다. 그래서 인간적으로 신뢰할 수 있는 몇몇 학자에게 자기 학설을 보여주면서 그 내용에 대해 상호 토론을 전개하였다. 그 대표적인 학자가 신작과 홍석주 그리고 김매순이다.

석천(石泉) 신작(申綽, 1760~1828)은 하곡 정제두에서 비롯된 강화학(江華學)을 계승한 학자로서 경학을 전공한 학자이다. 같은 경학을 연구해도 다산은 경세를 지향하는 經世家였음에 비해 신작은 학문적 객관성을 무엇보다 중시하는 經師였다. 신작은 다산의 고향에서 그리 멀지 않은 마을인 경기도 廣州 사마루(社村)에서 直日閣이라는 서고에 4천권의 장서를 구비하고, 직접 농사를 짓기도 하면서 도가적 무위사상에 따라 세속의 영욕을 초월하며 조용히 경학연구에 몰두하고 있었다.

다산은 해배되어 고향으로 귀환한 다음 해에 이웃에 있는 신작을 방문하여 《喪禮四箋》을 보여주고, 신작은 《詩次故》를 보여 주었다. 다산의 《喪禮四箋》에 대해 신작은 "根據的確, 分數綜明, 而文亦出於魏晉間

禮說及注疏, 多可觀"(근거가 정확하고 분류를 잘 하였으며, 문장도 魏晉간의 예설과 주소에서 따와 볼 만한 데가 많습니다.)이라고 호평하면서도 "기존의 권위자를 함부로 비판하고 스스로 자기 견해를 세우려는 병"(輕非先達, 自立己見之病)이 있다고 지적하였다.

이후 다산은 신작이 1828년 죽기 전까지 서로 같이 시를 주고받으며 노년의 삶의 고락을 함께 나누고, 또한 학문적 관심사를 교환하였다. 두 사람은 특히 상서연구에 관심사가 일치하였으나 그것을 이해하는 방식은 서로 달랐다. 그래서 六鄕의 위치가 王城 안이냐 아니면 郊外냐를 놓고, 왕성 안이라고 주장하는 다산과, 鄭玄의 설에 따라 교외라고 하는 신작 사이에 첨예한 논쟁이 벌어지기도 하였다. '篤信好古之操'를 귀히 여기며 窮經에만 심취하는 신작과, 경세를 위해 '自立己見'을 꺼리지 않는 다산의 학문적 기질은 서로 대조적이었다. 그러나 이들은 비록 학문하는 태도와 학설이 달라서 서로 논쟁하면서도 학자로서 서로의 인격에 대한 존중을 토대로 끈끈한 우의를 지속하였다.

다산이 만년에 교분을 쌓은 또 하나의 중요한 인물은 臺山 金邁淳(1776~1840)이었다. 김매순은 金昌翕의 玄孫으로서 문과에 급제하여 초계문신으로 선발되고 예조참판 등을 역임하였다. 명문대가의 후예로서 문장가로도 이름이 높아 麗韓十家 중의 한 사람이기도 하다. 옛날 성균관에서 같이 근무하던 인연이 있었는데 근 30년의 세월이 흘러서 다시 만난 것이다. 다산은 특히 1821년과 1822년 사이에 김매순과 활발하게 서한을 주고받았다. 김매순은 다산의 《梅氏書平》을 보고서 다음과 같은 찬사를 서한에 실어 보냈다.

"은미한 부분을 밝힌 것은 유명한 사수 飛衛가 이(虱)를 쏘아 맞춘 것과 같고, 정리하고 분석한 것은 유명한 소잡이 庖丁이 소를 잡아 뼈를

추리는 것 같고, 毒手로 간사함을 파헤친 것은 法家의 商君이 渭水에서
죄인을 다스리는 것 같고, 맺힌 정성으로 올바름을 지킨 것은 유명한
玉工 卞和가 荊山에서 울부짖은 것과 같았습니다. 한편으로는 孔壁을
위하여 어지러움을 바로잡은 元勳이요 한편으로는 주자를 위하여 업신
여기는 자를 막아낸 勁臣이니, 유림의 큰 업적이 이보다 더 클 수 없습
니다. 아득히 먼 천년 뒤 거친 구이(九夷)에서 이렇게 탁월하고 기이한
일이 있을 줄은 생각하지도 못했습니다."

　다산은 유배지에서 신명을 다 바쳐 연구한 결과가 비록 소수의
사람이지만 뜻 있는 학자들에게 이처럼 호평을 받게되자 자신의 노
력이 헛되지 않았음을 확인하였다. 한편 다산은 회갑을 전후하여 신
유옥사때 억울하게 죽음을 당한 주위의 선배·동학·가형 등에 대
해 묘지명을 써서 그들의 업적을 기리고 그들이 억울하게 죽은 사
실을 역사에 남기고자 하였다. 그리고 회갑을 맞이하여 자신의 자서
전격인 자찬묘지명(自撰墓誌銘)을 지어 자기의 삶과 공적 그리고 저
술한 책의 목록과 그 요지를 스스로 기록하였다. 또한 자신을 그토
록 처참한 운명으로 만든 정적들의 이름을 기록하여 역사의 심판에
맡기고자 하였다.
　유배지에서의 다산은 해배되는 것이 일차적 목표였지만, 해배 후
에는 조정에서 자신을 정치적으로 복권시키고 다시 등용하기를 기
다리는 마음도 없지 않았을 것이다. 실제로 다산은 58세 되던 해인
1819년 9월에 비변사 量田事로 천거되었으나 서용보의 반대로 저지
되었다. 그리고 69세 되던 1830년 5월 5일에는 藥院에서 湯劑의 일
로 副護軍에 천거되었다. 그러나 불행하게도 익종은 湯劑를 올리기
도 전에 죽었으니 다산은 애통하게도 그날로 귀향하게 되었다. 73세
되던 해(1834년) 11월에도 순조의 환후로 召命이 있어 서울에 올라

갔으나 이미 때는 늦어서 왕의 초상 소식을 듣고 다음날 다시 고향에 돌아왔다. 당대 최고의 학자이면서 경세가인 다산이 만년에는 의술로서만 겨우 조정의 부름을 받게 되었다. 그러나 그것마저 불운하여 미처 왕을 만나보기도 전에 이미 왕이 세상을 떠나는 바람에 탁월한 의술을 발휘해 보지도 못하고 낙향해야 했다. 다산은 의술에 있어서도 당대 최고의 수준이었음을 짐작할 수 있다.

만년의 다산은 특히 《상서》에 대해서 계속적인 연구를 진행하였다. 그래서 유배지에서 쓴 《고훈수략》(古訓蒐略)과 《상서지원록》(尙書知遠錄)을 개수(改修)하고 합편하여 《尙書古訓》을 완성하였다. 《상서》 연구를 통한 역사 재조명은 그의 개혁사상과 연관이 매우 깊다. 만년에 쓴 시를 보면 다산의 가슴속에는 보기 드문 재주와 학식을 지니고서도 더 이상 이 세상에서 그 능력을 발휘할 수 있는 희망이 사라진 데서 오는 허무감과 적막감이 스치기도 하고, 지나간 젊은 시절에 범한 잘못에 대한 뉘우침이 밀려오기도 하고, 자연과 전원생활 속에서 자유와 초탈을 느끼고자 하는 마음이 교차하기도 한다.[4] 유배 시절 초인적 능력을 다해 연구에 매진한 다산이지만, 노년을 맞으면서 유한한 인간으로서 시간의 무상함 앞에서 느낄 수밖에 없는 인간적 고뇌를 완전히 지울 수는 없었던 것이다. 그럼에도 불구하고 다산은 생애의 마지막 순간까지 사회현실에 대한 관심과 구세의 열정을 간직하고 있었다.

75세 되던 1836년 2월 22일 다산은 고향에서 세상을 떠났다. 마침 그날은 부인 홍씨와의 결혼 60주년이 되는 回婚日이었다.

다산 사후 50년이 되는 1885년과 1886년 고종은 다산과 같은 인

---

4) 다산의 문학에 나타난 의식 세계에 대해서는, 심경호, "다산의 문학에 나타난 우환의식과 구세적 열정"(김형효 外, 《다산의 사상과 그 현대적 의미》, 한국정신문화연구원, 1998) 참조.

물과 시대를 같이 하지 못함을 안타깝게 여기고 《여유당집》을 轉寫
하여 바치라고 명하였다. 그리고 1902년에 《목민심서》가, 1907년에
《흠흠신서》가 간행되었다. 대한제국이 망하기 직전인 1910년(순종 4
년) 7월 18일에 다산은 正憲大夫 奎章閣提學으로 추증되고, "博學多聞
하고 制事合義하다" 하여 '文度'의 시호를 받았다. 낡고 병든 나라를
부강하고 민주적인 근대적 조국으로 개혁하려던 일세의 경세가이면
서, 동시에 주자학을 대신할 새로운 철학의 세계를 탐색하던 대학자
다산 정약용. 그가 그토록 염려했던 조국이 망하기 직전에 가서야
비로소 나라로부터 공식적인 명예회복을 하게 되었으니 실로 역사
의 아이러니라고 하지 않을 수 없다.

제2부 다산 실천 철학의 체계적 이해

다산 정약용

신유학의 완성자 朱子(1130~1200)의
화상
다산 철학의 화두는 주자학의 내재적 모순을
어떻게 근본적으로 극복할 것인가 하는 문제의
식에서 출발한다.

　서구에서 70년대와 80년대에 크게 유행했고 지금도 진행되고 있는 근대성(modernity)에 대한 담론이 근래 우리 학계에서도 중요한 쟁점으로 부각되고 있다. 우리 사회에서 근대성의 문제가 올바르게 논의되기 위해서는 먼저 우리 역사와 사상에서 근대성의 문제는 어떻게 나타나고 어떤 문제점이 있는지를 해명하는 작업이 선행되어야 할 것이다. 이 점에서 우리의 전통사상을 근대성의 문제와 관련하여 어떻게 이해해야 할 것인가 하는 과제를 보다 심도 있게 논의해야 할 것이다. 일반적으로 한국사상의 전통 속에서 근대적 사유의 실마리를 실학에서 찾고자 하는 시도는 그리 새삼스러운 것은 아니다. 그러나 실학이 철학적 차원에서는 성리학과 연속선 위에 있다는 주장이 있는가 하면, 설사 철학적 기반이 다르다는 주장을 하는 경우에도 철학적으로 어떻게 다른지에 대해서 전체적 이론의 측면에서나 구체적 각론의 수준에서 연구가 미흡한 실정이다. 실학자 중에서도 다양한 갈래의 실학적 학풍을 종합하고 한층 발전시켰다고 평가받는 다산 정약용의 철학사상은 근대성의 문제와 관련하여 현대적으로 매우 중요한 의미를 지닌다.

다산은 程朱學的 세계인식이 그 근본 관점 자체에 문제가 있다고 진단하고, 程朱學이 안고 있는 이론상의 근본 오류를 극복하지 못하면 시대적 모순을 해결할 수 없다고 보고 새로운 철학의 체계를 정립하기 위해서 신학풍을 폭넓게 수용하였다. 그리하여 유교 자체를 새로운 관점에서 볼 수 있는 안목을 발전시키게 된다. 2부에서 우리는 다산 철학의 고유한 특성을 가장 잘 보여주는 전형적인 내용을 토대로 하여 존재·진리·인간·윤리·역사·정치·자연·경제에 대한 문제를 중심으로 다산 철학의 체계와 그 실천적 특성을 종합적으로 고찰해 보기로 한다.

제1장 수평적 물심이원(水平的 物心二元)의 존재론

조선 성리학의 특성을 대표하는 퇴계의 존재론은 理氣 관계에 있어서 理를 절대화하고 氣를 理에 종속시키는 理 중심의 정신주의적 성격이 강하다. 실학자 중에서도 柳馨遠이나 李瀷의 경우에는 주희의 理氣 철학의 패러다임 자체를 부정하지는 않고, 주희의 사유체계 내부에서 경세 분야에 대한 관심과 강조점을 확장하는 정도였다. 그러나 다산은 주희의 이기철학의 기본틀 자체를 부정하는 과감한 철학적 모험을 단행한다. 유형원이나 이익과는 달리 다산은 주희 철학이 부분적 수정 정도로는 고쳐질 수 없는 철학이론의 구조 자체에 근본적 오류가 있다고 판단했기 때문이었다. 그래서 그는 주희나 퇴계가 사랑하는 철학범주인 이기·태극·음양오행의 개념 및 이들 개념 상호간의 관계를 전면적으로 뒤집어 버린다. 그리하여 주희나 퇴계가 천지만물의 궁극적 원리로 받드는 태극을 태초의 陰陽未分의 氣의 한 양상으로 격하한다. "태극이란 하늘과 땅이 나누어지기에 앞서 온통 한데 엉켜 있는 유형의 것의 시작이고, 음양을 잉태하고 있는 胚胎이며, 온갖 사물 존재의 근원적 시초(太初)이다."[1]

理氣關係論에 있어서도 퇴계와 정반대로 理의 존재는 氣에 의존하는 종속적인 것이라고 주장한다. 理의 원의미는 옥석(玉石)의 결과 같은 것이다.[2] 옥이 없이 옥의 결이 있을 수 없는 것과 같은 논리로 理는 스스로 존재하는 실체인 氣에 의존하여 존재하는 속성에 지나지 않는다고 본다. "氣란 독립적으로 존재하는 실체(自有之物)이고, 理는 다른 것에 의존해서 존재하는 속성(依附之品)이다. 그러므로 속성인 理는 실재성을 지닌 氣에 반드시 의존한다."[3]

정주학의 음양오행론에 대해서도 다산의 비판은 철저하다. 음양이란 햇빛과 그늘을 가리키는 하나의 상징일 뿐이지 그에 대응하는 실체가 있는 것이 아니고,[4] 오행이라는 것도 수많은 사물의 종류 가운데 다섯 가지에 불과할 따름이다.[5]

따라서 실체성이 없는 음양과 만물의 일부에 불과한 오행으로 삼라만상을 다 생성한다는 주회의 설명은 논리적 설득력이 없다고 본다. 다산에 있어서 실재는 질료적 氣이며, 이 氣의 원형이 태극이고,

1) 丁若鏞,《與猶堂全書》10, 여강출판사 영인, 1985. (이하 같은 대본이므로 구체적 書名만 밝히겠음)《易學緖言》권3, 1면: "太極者, 天地未分之先, 渾敦有形之始, 陰陽之胚胎, 萬物之太初也."
2)《孟子要義》권2, 26면: "鏞案：理字之義, 因可講也. 理字本是玉石之脈理, 治玉者察其脈理, 故遂復假借以治爲理." 참조.
3)《中庸講義》권1, 65면: "盖氣是自有之物, 理是依附之品, 而依附者必依於自有者."
4)《中庸講義》권1, 1~2면: "今案：陰陽之名, 起於日光之照掩. 日所隱, 曰陰. 日所映, 曰陽. 本無體質, 只有明闇. 原不可以爲萬物之父母." 참조.
5) 위의 책, 3면: "五行不過萬物中五物, 則同是物也, 而以五生萬不亦難乎!" 참조.

58

이 태극이 분화하여 천지를 형성하고, 水火를 만들어 낸다. 다시 天
과 火가 합해서 風과 雷가 생기고, 水와 土(地)가 서로 교착하여 山
과 澤이 이루어진다. 그리고 이 八物(天地水火雷風山澤)이 상호작용
하여 무궁하게 만물을 생성 변화시킨다.[6] 다산은 기존의 五行 가운
데 木과 金은 地의 일부로 보고, 새로 天을 포함시켜서 天·地(土)·
水·火의 네 요소가 우주의 근원적 질료라고 인식한다. 그리하여
天·地·水·火를 표상하는 건곤감리(乾坤坎離)를 사정괘(四正卦)라
고 높인다.

　여기서 우리는 다산이 성리학의 '理氣論'의 도식을 거부하고 존재
를 '自有之物'과 '依附之品'이라는 범주로 설명하는 것에 주목하지
않으면 안 된다. '自有之物'과 '依附之品'이라는 개념은 동아시아 철
학사에서 찾기 힘든 것이다. 《天主實義》에는 '自立者' 또는 '自立之
品'과 '依賴者' 또는 '依賴之品'이라는 개념이 理氣를 설명하기 위해
인용되고 있는데[7] 이것은 아리스토텔레스와 그의 철학을 이어받은
성 토마스 아퀴나스의 존재론에서 실체(substance)와 속성(attribute)
을 뜻하는 개념이다. 아리스토텔레스는 플라톤이 추상적 보편자로서
의 초월적인 이데아를 실재라고 주장하는 것을 비판하고, 구체적 개
별자가 참으로 존재하는 것이라고 반박한다. 그러나 아리스토텔레스
역시 개별성을 떠난 실체를 부정하면서도, 실체를 형성하는 질료와

6) 《易學緒言》권2, 39면: "今論太極剖判之理, 原來 一包兩, (太極包天地) 兩
　包四, (天地包天地水火) 四包八, (天地水火包天地水火雷風山澤) 則太極者
　八物之合, 八物者太極之分." 참조.
7) 마테오 리치, 《天主實義》제2편: "夫物之宗品有二, 有自立者, 有依賴者. 物
　之不恃別體以爲物, 而自能成立, 如天地鬼神人鳥獸草木金石四行等是也, 斯
　屬自立之品者. 物之不能立, 而託他體以爲其物, 如五常五色五音五味七情等
　是也, 斯屬依賴之品者."

형상의 계기 중에서 개별성의 원리인 질료보다는 보편적인 형상을
더 중시함으로써 보편자 우위의 플라톤의 영향을 완전히 떨쳐버리
지 못하였다. 그럼에도 불구하고 아리스토텔레스 철학은 적어도 플
라톤과 비교할 때 개별적 사물에 더 큰 중요성을 부여한 것은 부정
할 수 없다.

　다산이 理氣論을 '自有之物'과 '依附之品'이라는 전혀 상이한 논리
로 대체시킨 것을 우리는 간단히 보아 넘길 수 없다. 理氣論 특히 그
가운데서도 주희나 퇴계와 같은 주리론적 이기론에서는 보편성의
원리인 理가 개별성의 원리인 氣보다 존재론적으로나 가치론적으로
우위에 놓이게 된다. 물론 理와 氣가 현상적으로는 분리될 수 없는
것이라고는 하지만, 보편적 理가 우선시 되는 철학에서 구체적 사물
에 대한 개별적 연구는 보편자 인식을 위한 방편적 의미 이상을 크
게 지니지 못하고, 개별자는 보편자의 한 특수 양상으로서만 다루어
지기 쉽다. 그러나 '自有之物'과 '依附之品'의 관점에서 보면 참으로
존재하는 것은 구체적인 개별적 사물일 뿐이다. 그래서 실재성은
'自有之物'에 부여되고 '依附之品'은 말 그대로 '自有之物'의 실재성
에 의존하는 성질에 불과하다. 이런 논리에서 보면 '自有之物'인 氣
에 더 큰 실재성이 부여되고 理는 기에 부속되는 속성의 의미로 존
재론적 지위가 격하된다. 보편자의 실재성을 부정하고 개별자만을
인정하는 이론을 유명론(nominalism)이라고 하는데, 이러한 유명론
적 사유는 경험적 현실에 보다 큰 관심을 갖게 한다. 이것은 인식론
적으로도 보편적 원리에 대한 형이상학적 사유보다는 개별적 실재
에 대한 경험적·실증적 탐구를 촉진시킬 수 있는 것이다. 다산은
'理'와 '氣'의 논리를 '自有之物'과 '依附之品'의 도식으로 전환함으
로써 추상적 보편자를 우선시하는 정주학의 '관념적 존재론'으로부
터 구체적 개별성 우위의 '경험적 존재론'으로의 전환을 보여준다.

존재를 자립성이 있는 실체('自由之物')와 실체에 의존적인 속성('依附之品')으로 분석한 다산은, 실체를 다시 영명성(靈明性)을 지닌 정신적 존재와 영명성이 결여된 존재로 크게 대별한다. 上帝는 형체는 없고 영명하기만 할 뿐이다. 상제 이외에 상제를 보좌하는 여러 귀신들도 영명성을 지닌다. 인간은 태어날 때 상제로부터 영명성을 부여받아서 정신과 육체가 묘하게 합해서(神形妙合) 이루어진 존재이다. 다산에 따르면 정신과 육체는 살아 있는 인간에 있어서는 하나로 묘하게 합쳐져 있지만, 그러나 그 둘은 각각 하나의 실체로서 독립적인 존재이다.[8] 그래서 영명한 정신은 육체의 사후에도 여전히 소멸하지 않고서 혼으로 되어 독립적으로 존재한다.[9] 사람이 죽어서 육체는 흩어져도 혼은 남아서 귀신이 된다. 그 외의 다른 존재는 유형한 질료적 존재이다. 즉 존재는 기로써 이루어진 질료적 존재와 질료 없이 순수 영명만 지닌 신과 귀신, 그리고 그 두 가지 존재를 겸하고 있는 인간으로 나뉠 수 있다. 궁극적인 것은 有形 有質한 질료적 존재와 형체를 초월한 영명한 정신적 존재라는 두 가지 독립적 실체로 대별된다.

이러한 물심이원론(物心二元論)은 주희의 이기철학과는 성격을 달리한다. 주희에 있어서는 理-氣 관계가 반드시 정신-물질관계와 일치하지는 않지만 理는 氣에 논리적으로 선행하나, 다산에 있어서는 정신과 물질은 상호 독립적 존재이기 때문이다. 보다 중요한 것은 이러한 물심관계에 있어서 다산은 정신적 존재에만 우월한 가치를 부

---

8) 《孟子要義》권2, 29면: "蓋此靈明之體, 雖寓於形氣之中, 粹然不與形氣相雜." 참조.

9) 《孟子要義》권1, 32면: "鏞案：神形妙合, 乃成爲人. 神則無形, 亦尙無名, 以其無形 故借名曰神. 心爲血府, 爲妙合之樞紐, 故借名曰心. 死而離形, 乃名曰魂." 참조.

여하고 질료적 존재는 천시하는 수직적·종속적 물심관계가 아니라, 오히려 양자의 관계를 보다 수평적·보완적으로 인식한다는 데 다산 존재론의 새로움이 있다. 그렇다면 다산의 존재론을 어떻게 수평적 물심이원론이라고 할 수 있는가? 그는 모든 악이 물질(육체)적 기로부터 비롯된다는 정주학의 이론에 반대하고, 오히려 정신적 욕망에서부터 비롯되는 큰 악이 많음을 강조한다.[10] 이것은 악의 원천을 물질(육체)로만 보는 것에 대한 부정이며, 상대적으로 정신-육체(물질)의 관계를 보다 대등하게 객관적으로 사유하는 태도를 보여주는 것이다.

　다산은 형이상학적 정신세계만이 아니라 물질세계나 현실세계에 대해서도 그 자체의 가치를 인정하고 이에 대한 탐구를 중시한다. 우리는 다산이 학문체계를 어떻게 분류하는가 하는 것을 통해서 그

10) 성리학에서는 '本然之性'은 純善無惡하나 形氣 즉 육체로 인해 악이 비롯되는 것으로 인식한다. 그러나 다산은 여기에 대해서 반론을 제기한다. 대개의 경우 食과 色 그리고 安逸을 추구하는 욕심에서 죄악이 많이 범해지는 것은 사실이지만, 육체적 욕망과 관련 없이 범해지는 아주 큰 악도 있다는 것이다. 예컨대 梅賾이 尙書를 위조하고, 毛奇齡이 朱子를 시기하여 글을 함부로 쓰고 말을 멋대로 꾸며대거나, 金聖歎이 음란한 책을 써서 사람들의 마음을 좀먹게 하고 해독을 끼친 것 등은 단순히 육체적 욕망에서 비롯되는 것이 아니고 도리어 정신적 오만이나 교만 때문일 수 있다는 것이다. 또 살인을 범하는 이유 중에는 食·色·安·逸과 관계없이 사소한 말씨 때문에(필자주: 자존심이 상해서) 성을 내어서 사람을 죽이는 경우도 많다는 것이다. 그리고 무엇보다도 형태가 없는 존재로서는 귀신 만한 것이 없는데 귀신은 육체가 없음에도 불구하고 반드시 善하기만 한 것이 아니어서 귀신 가운데는 善神뿐만이 아니라 惡鬼가 있다. 이로써 판단해보면 無形의 이른바 '本然의 體'라고 하여 또한 악할 수 있는 이치가 없는 것이 아니므로 육체에만 악의 원인을 돌리는 것은 부당하다는 것이 다산의 논리이다. 《大學講義》권2, 27~28면 참조.

가 물질세계나 현실세계에 대해서 높은 의미를 부여하고 있음을 알
수 있다. 다산은 대체로 학문의 영역을 도덕적 영역과 사회적 영역,
그리고 자연적 영역으로 나누는 것으로 보인다. 도덕적 영역을 위해
서는 윤리학이, 사회적 영역의 경영을 위해서는 정치학·경제경영
학·군사학·법학 등 사회과학이, 자연적 영역의 지배를 위해서는
농학·의학·약학·천문학·수학·기계공학 등의 과학 기술적 지식
이 요구된다고 보았다.[11] 이러한 학문체계의 분류를 통해서 다산은
구체적 현실문제나 자연에 대한 과학기술적 관심의 비중을 정신적
도덕의 문제 이상으로 상당히 크게 두고 있음을 알 수 있다. 이러한
인식론적 관심의 변화는 추상적 보편성보다는 구체적 개별성을 중
시하고, 물-심관계를 수직적이기보다는 수평적으로 사유하는 그의
존재론의 틀과 밀접한 관련을 지닌 것으로 해석된다. 이 점에서 우
리는 그의 물심이원론은 주희나 퇴계와 달리 수직적이지 않고 수평
적이라고 할 수 있다. 보편적 존재와 정신적 가치를 절대시하는 퇴
계의 정신주의적 존재론과는 달리, 다산에 있어서는 물질과 정신이
독립적 실체로서 인정될 뿐만 아니라 양자는 서로 수평적 또는 보
완적 관계에 있다. 이것은 서구철학사에서 플라톤이 이데아라는 추
상적인 정신적 실재와 구체적인 물질적 존재의 관계를 상하의 수직
적 관계로 이해했음에 비해 데카르트에 와서 정신적 존재와 물질적

---

11) 다산은 학문체계를 분류하는 데 있어서 孝弟(윤리학)를 근본으로 하고,
禮(광의의 정치학), 財賦(경제경영학), 軍旅(군사학), 刑獄(법학)을 또한
영역으로 하고, 農圃(농학), 醫(의학), 藥(약학), 曆象(천문학), 算數(수학),
工作(기계공학)이라는 과학기술을 또 다른 한 영역으로 분류한다(《茶山
詩文集》 권20, 20면 〈上仲氏〉). 이는 대략 인문학, 사회과학, 자연과학에
준하는 것으로 해석될 수 있다. 〈기예론〉에서도 利用厚生과 百工技藝(과
학기술영역)를 孝弟(도덕영역)와 대립적으로 변별하고 있다.

존재 사이의 관계가 독립적 수평적 관계로 바뀐 것[12]과 유사한 패턴이라고 할 수 있다. 다산에 있어서는 존재론적으로는 物이 정신에 종속되지 않는 객관적 위치를 지니고 있지만, 인간과의 관계에서 보면 상대적으로 위계가 낮아서 인간의 이용 대상이 될 수 있다. 그러나 퇴계에 있어서는 존재론적으로는 物이 주관적 정신에 예속되어 수직적으로 그리고 주관적으로 이해되지만, 우주론적 관점에서는 '萬物一體'에서와 같이 존재의 가족으로 공감된다.

다음으로 우리는 다산의 존재론에서 최고 존재로 받들어지는 上帝의 철학적 의미를 검토할 필요가 있다. 理의 실재성과 주재성을 부정하고 그 대신 상제를 도입한 것은 철학적으로 어떤 의미가 있는가? 주희와 퇴계의 理에는 우주의 궁극적 존재원리로서의 형이상학적·신학적 성격과, 도덕적 당위규범으로서의 윤리학적 성격과, 자연세계의 객관 법칙으로서의 물리학적 성격이 애매하게 뒤섞여 있다. 이러한 개념상의 불명확성은 끊임없는 사변적 논쟁을 유발하여 주희가 본래 의도했던 道佛과는 다른 사회적 실천성 확보의 이론적 근거가 되지 못하게 된다. 전통적 유교철학에서 최고실재로 인식되어 온 天에 대해 성리학자들이 그것을 영명성이 없는 한갓 理로 해석하는 것을 다산이 반대하는 이유도 여기에 있다. 다산에 따르면 성리학이 범하는 가장 큰 철학적 오류는 바로 天을 영명성이 결여된 한갓 理로 인식한다는 점이다.[13]

---

12) 정해창, "20세기 철학, 그 반관념론의 전개"(《철학적 종합의 방향모색》, 한국정신문화연구원 1989년 제3회 학술세미나 발표논문집), 6면 참조.

13) 다산은 요즘 사람들이 聖人이 되려고 해도 될 수가 없는 것은 크게 3가지 이론적 과오가 있기 때문이라고 한다. 첫째가 天을 理라고 인식하는 것. 둘째, 仁을 生物之理라고 하는 것. 셋째는, 庸을 平常으로 인식하는 것. 대신에 다산은 愼獨으로 상제를 섬기고 强恕로 仁을 구하고 또한 그것을

다산 철학의 제일보는 天은 理가 아니고 上帝를 의미한다는 명제로부터 시작된다. 존재의 궁극원리인 天을 理로 보는 것과 上帝로 보는 것은 어떤 차이가 있어서 다산은 이 문제를 이처럼 중요하게 거론하는가? 우선 理에는 인격적 주체 개념이 내포되지 않아서 가치판단의 궁극 근거로서 행위를 강제하는 효력이 미약하다.

> "理는 본래 인식능력이 없고, 또한 위엄이나 권능도 없다. 그런데 무엇을 경계하고 삼가며 두려워하고 조심한다는 것인가!"[14]

즉 理는 하나의 도덕적 당위규범(所當然之則)으로서 당위적 요청일 뿐이지 그 이상의 강제력을 행사할 수 없다. 그러나 천을 상제로 인식할 경우 영명한 상제는 인간의 마음과 행동을 꿰뚫어 보고 심판할 수 있는 능력과 힘을 가지고 있으므로 무엇 하나 아무리 작고 은밀한 일도 속일 수 없다. 따라서 道心을 통해 자각하는 상제의 뜻은 至上命令으로서 실천되지 않으면 안 되는 절대적 구속력을 지닌다. 또한 천을 理로 보는 경우, 인간을 포함한 만물은 적어도 이념적으로는 동등한 理를 分有하므로 理의 측면에서 만물은 본래 나와 일체이다. 그래서 인간을 비롯한 뭇짐승과 초목 등 일체만물은 존재의 형제로서 평등하다. 단지 현실적으로 기질의 차이에 따라 본질실현 가능성에 차이가 있을 따름이다. 즉 성리학의 天人一元論的 철학은 인간과 만물(자연)을 존재론적 연속성에서 사유한다. 그러나 다산은 이러한 사고를 도저히 용납할 수 없었다.[15] 왜냐하면 만물은 동등한

변함없이 오래 지속하면서 쉬지 않는다면 이는 곧 성인이라고 보았다 (《心經密驗》, 〈周子學聖說〉 참조).

14) 《中庸自箴》 권1, 5면: "理本無知, 亦無威能, 何所戒而愼之, 何所恐而懼之乎!"

본질을 공유하는 평등한 것이 아니라, 인간을 정점으로 하여 위계
서열의 질서를 이루고 있기 때문이다.

> 무릇 천하의 모든 죽고 사는 생명을 가진 만물은 3가지 등급이 있을 뿐
> 이다. 초목은 생명은 있으나 지각이 없고, 금수란 지각이야 있지만 영명
> 성을 갖지 못한다. 사람의 大體는 생명과 지각과 또 거기에 靈明神妙의
> 用을 지니고 있으므로 만물을 포함하여 빠뜨림이 없고, 萬理를 미루어
> 모두 깨달을 수 있으며, 良知로 인해 덕을 좋아하고 악을 부끄럽게 여
> 기니 이것이 금수와 근본적으로 구별되는 까닭이다.[16]

 특히 인간은 영명성을 지님으로 해서 다른 존재자와는 현상적으
로가 아니라 본질적으로 다르다. 그래서 인간은 피조물 가운데 최고
존재로서 상제를 대리하여 다른 만물을 관장하고 자연을 지배할 권
리를 확보하는 것이다. 인간 이외의 만물, 즉 동물과 식물 그리고 무
생물 사이에도 단절이 있다. 그러나 궁극적으로 자연 만물은 人間을
위해서 존재하는 것이고 인간은 그것들을 지배하고 이용하는 주인
으로서의 지위를 점한다. 이는 천인합일 사상을 정통으로 하는 동양
사상사에서 찾아보기 드문 대단히 인간중심적이며 자연지배적인 태
도의 표출이다.

---

15) 《中庸講義》권1, 8~9면: "朱子曰: 天地萬物本吾一體 … 今案: 萬物一體,
 其在古經絶無此語. 子夏曰: 四海之內皆兄弟, 則有之矣. 草木禽獸安得與吾
 爲一體乎!" 참조.

16) 《論語古今注》권9, 11면: "凡天下有生有死之物, 止有三等. 草木有生而無
 知; 禽獸有知而無靈; 人之大體, 旣生旣知, 復有靈明神妙之用. 故含萬物而
 不漏, 推萬理而盡悟, 好德恥惡, 出於良知, 此其迥別於禽獸者也."

66

아! 하늘을 우러러 살펴보니 日月星辰이 빽빽히 저기에 있고 땅을 굽어 살펴보니 초목과 금수가 질서 있게 여기에 있는데, 이 모두가 사람을 비춰주고 사람을 따뜻하게 해주고 사람을 길러주고 사람을 섬기지 않음이 없다. 이 세계를 주관하는 자는 인간이 아니고 누구이겠는가. 하늘은 이 세계를 한집으로 생각하여 사람으로 하여금 善을 실행하게 하고, 일월성신과 초목금수는 이 집을 받들어 주는 만물들이다. 그런데 오늘날 초목 금수와 번갈아 가면서 주인이 되려고 하니 이 어찌 이치에 타당한 말이겠는가! 좌우를 헤아려 보아도 人物性이 동일하다는 점에 대해서는 감히 그 말을 따를 수 없다.[17]

　　이처럼 다산 철학에서 상제의 도입은, 자연을 인간과의 조화라는 관점에서만 고려하는 전통적 천인합일사상으로부터 해방되어 荀子가 그러했듯이 天人分離의 관점에서 인간중심적으로 자연을 대상화하여 인식하고 지배할 수 있는 이론적 근거를 제시한다. 상제는 세계를 초월해 있으면서 천지만물을 造化하고 主宰하며 安養하는 자이다.[18] 그래서 상제는 초목금수와 같은 만물에게 生生의 理를 처음에 부여하였고 따라서 만물은 상제가 부여한 생명의 법칙에 따라서 활동하고 유전을 통해 그러한 법칙을 전수하게 된다.[19] 상제는 우주만

---

17) 《論語古今注》권9, 14면: "嗟呼! 仰觀乎天, 則日月星辰森然在彼. 俯察乎地, 則草木禽獸秩然在此. 無非所以照人煖人養人事人者, 主此世者非人而誰. 天以世爲家, 令人行善, 而日月星辰, 草木鳥獸爲是家之供奉. 今欲與草木鳥獸, 遞作主人, 豈中於理乎! 左右商度, 人物之同此性, 不敢聞命."
18) 《春秋考徵》권4, 24면: "上帝者何? 是於天地神人之外, 造化天地神人萬物之類, 而宰制安養之者也." 참조.
19) 《中庸講義》권1, 2면: "草木禽獸, 天於化生之初, 賦以生生之理, 以種傳種, 各全性命而已." 참조.

물을 창조함에 있어서 일정한 수학적 법칙(구조)에 의해 창조하였으므로 우주만물은 질서정연한 법칙에 따라 운행될 수밖에 없다. "별의 운행에는 모두 일정한 도수의 법칙이 있어서 결코 서로 어지럽힐 수가 없다."[20] "인체의 골절 및 금수의 골절에도 그 팔, 팔꿈치, 어깨, 겨드랑이의 크고 작음과, 길고 짧음에 모두 '比例'가 있은 즉(인용자: 上帝의) '造化의 理'가 본디 그러한 것이다."[21] 그러므로 인간은 사물 속에서 일정한 법칙을 발견하고 그것을 이용할 수 있다고 다산은 주장한다. "모든 기술자들의 기술은 모두 '數理'에 근본을 둔다."[22]

여기서 우리는 다산이 왜 태극 또는 理 대신에 그 자리에 上帝天을 도입하였는지를 알 수 있다. 상제천은 인간의 도덕 행위를 가능하게 하고 심판하는 윤리적 요청이며, 또한 상제와 유사한 영명성을 지닌 인간이 상제를 대신하여 우주자연을 관리하고 지배할 수 있게 하는 '자연의 지배자로서의 우월한 위치의 보증자'이며, 또한 상제에 의해서 창조되고 주재되는 '자연질서에 법칙성이 존재함을 보증'하고, 인간에게 영명성을 부여하여 '자연을 인식하고 지배하고 이용할 수 있도록 하는 능력의 부여자' 등의 복합적 의미를 함유한다. 일반적으로 다산의 근대지향적 사상과 상제에 대한 믿음이 상호 모순되는 것으로 생각하는 경우가 많다. 그러나 앞에서 고찰한 바와 같이 다산 철학에 있어서 상제는 근대적인 향외적 사유의 전개에 있어서 이론적 근거를 제시하는 구심점의 역할을 하는 것으로 파악된다. 상제라는 강력한 구심점이 새로운 사상의 전개에 굳건한 안전

---

20) 《茶山詩文集》권11, 23면 〈五學論五〉: "星行咸有定度, 不可相亂"
21) 《經世遺表》권14, 32면: "人身骨節及禽獸之骨節, 其臂臑髆胳之大小長短, 皆有比例, 則造化之理亦本然矣."
22) 《經世遺表》, 권2, 28면: "百工之巧, 皆本之於數理."

68

판이 될 수 있는 것이다. 다산은 상제를 도입함으로써 주회나 퇴계의 理의 철학에 내포되어 있는 신학적·형이상학적 의미와 윤리학적·사회학적 성격, 그리고 물리학적 의미의 분화를 촉진할 수 있었다. 그래서 당위규범과 존재법칙, 사회적 질서와 자연적 질서의 분화가능성을 확보할 수 있게 된 것이다.

다산의 존재론에서 중요한 위치를 차지하고 있는 上帝의 존재 문제를 논구할 필요가 있다. 다산에 있어서 上帝의 본질은 그 자체에 있어서는 유일성과 영명성(神性) 및 인격성을 들 수 있으며, 세계와의 관계에서는 造化者, 主宰者로서의 의미를 지닌다.[23] 그렇다면 이러한 본질을 지닌 상제의 존재 자체는 어떻게 증명될 수 있겠는가. 만일 상제의 존재가 논증될 수 없다면 그것에 기초한 다른 모든 이론들은 무의미하지 않겠는가. 사실 이 문제에 대해서는 서구철학에서도 오랜 논쟁이 되풀이되어 왔다. 서구철학사에서 신에 대한 논증방식은 우주론적·존재론적·목적론적·윤리학적 논증 등이 있어 왔다. 다산은 신의 존재증명 작업에 별도의 이론적 노력을 크게 기울이지는 않았다. 다만 경전의 새로운 해석을 통해서 옛날에는 聖人이 上帝의 존재를 분명히 인식하고 마음속에서 늘 받들었다는 사실을 환기시킨다. 다산에 따르면 《중용》의 '보이지 않는 것'(所不睹)과 '들리지 않는 것'(所不聞)이란 상제의 본체와 목소리라는 것이다.[24] 또한 성인이 '戒愼恐懼'를 말하는 것은 공연히 그러는 것이 아니고 삼가고 두려워하는 대상 즉 상제가 실재하기 때문에 그럴 것이라는 주장을 편다.[25] 군자가 어두운 방안에서도 조심하여 악을 범하지 않

23) 금장태, 《韓國實學思想硏究》(집문당, 1987), 130면.
24) 《中庸自箴》 권1, 4면: "箴曰: 所不睹者何也? 天之體也. 所不聞者何也? 天之聲也."
25) 위의 책, 5면: "聖人以空言垂法, 使天下之人, 無故戒愼, 無故恐懼, 豈迂且

는 깃도 상제가 존재해서 우리에게 임함을 알기 때문이라는 것이다.[26] 이는 성인과 경전의 권위에 의지해서 상제의 존재를 증명하려는 것이다. 이러한 경전과 성인의 권위를 통한 논증의 배후에는 진실한 윤리적 삶을 위해서는 선한 사람에게는 복을 내려주고 악한 사람에게는 화를 주는 (福善禍淫) 인격적 절대자로서의 上帝의 존재가 요청된다는 윤리학적 논증이 바탕이 되고 있다.

요컨대, 다산은 上帝의 존재를 적극 도입하여 전통적 성리학의 理氣와 태극음양의 존재론을 완전히 해체시킴으로써 성리학적 존재론에 깔린 보편자와 정신적 가치의 절대화, 물질의 천시, 그리고 천인일원론적 사상을 탈피할 수 있게 된다. 그래서 경험적 개별자에 실재성을 부여하고, 물-심의 관계를 보다 수평적·보완적으로 사고하며, 인간을 자연으로부터 존재론적으로 분리시킴으로써 상대적으로 인간에게는 우월한 지위와 자연에의 합리적 인식능력을 부여하고, 자연에 대해서는 기계적 법칙성을 갖도록 하는 효과를 가져왔다. 이러한 존재론의 혁신적 변화는 진리관, 인간관은 물론 그의 철학사상 전반에 걸쳐 본질적 영향을 미치게 된다.

제2장 장악(掌握)의 진리관

다산에 따르면 인간은 상제로부터 영명한 정신을 부여받음으로 해서 모든 사물의 원리를 탐구하여 깨달을 수 있는 능력(推萬理而盡

闇哉. … 聖人所言, 皆至眞至實, 必不作矯僞體面之話, 以自欺而欺人也." 참조.

26) 위의 책, 같은 면: "君子處暗室之中, 戰戰栗栗, 不敢爲惡, 知其有上帝臨女也."

悟)을 지니고 있다.[27] 그래서 천체의 운행과 자연의 변화, 공간적으로 요원한 곳과, 시간적으로 아득한 옛일까지 탐구할 수 있다.[28]

인간은 이러한 위대한 인식능력을 천으로부터 부여받았지만, 사물의 원리는 사물 자체에 있는 것이지 내 마음속에 다 있는 것이 아니므로[29] 사물을 연구할 때는 그 사물에 나아가서 연구하지 않으면 안 된다.

眞知는 올바른 실천을 위해서 존재한다. 다산에게 있어서 실천이란 내적으로는 愼獨에 의한 上帝에 대한 종교적 경외, 외적으로는 행위에 의한 윤리적 실천뿐만 아니라, 사회·정치·경제활동, 기술적 작업·노동 등을 포괄하는 것으로서 도학의 실천 개념보다 외연이 훨씬 더 넓다. 이 같은 실천 개념의 확대된 외연에 상응하여 다산은 지식의 체계를 윤리학(孝弟), 정치학(禮), 음악(樂), 인사관리(鑑衡), 경제·경영학(財賦), 군사학(軍旅), 법학(刑獄), 농학(農圃), 의학(醫), 약학(藥), 천문학(曆象), 수학(算數), 공학(工作) 등 13종으로 분류한다.[30]

이것을 주희와 여동래가 편찬하였고 성리학자들에게 널리 애용된 《近思錄》의 편집체계와 비교해보자. 《근사록》은 총 14권으로서 각 권

---

27) 《論語古今注》 권9, 11면: "人之大體, 旣生旣知, 復有靈明神妙之用. 故含萬物而不漏, 推萬理而盡悟."

28) 《大學講義》 권2, 37면: "案心之爲物, 活動神妙, 窮推物理. 卽日月星辰之運, 天地水火之變, 遠而萬里之外, 邈而千古之上, 可以放遣此心任其窮."

29) 《孟子要義》 권1, 39~40면: "天地萬物之理, 各在萬物身上, 安得皆備於我. 犬有犬之理, 牛有牛之理, 此明明我之所無者, 安得强爲大談曰: 皆備於我乎!"

30) 《茶山詩文集》 권20, 20면 〈上仲氏〉: "大抵此道本之以孝弟: 文之以禮樂: 兼之以鑑衡財賦軍旅刑獄: 緯之以農圃醫藥曆象算數工作之技, 庶乎其全德. 凡著書每考之此目, 有外於是者, 便不要著耳."

은 道體類, 爲學類, 致知類, 存養類, 克己類, 家道類, 出處類, 治體類, 治法類, 政事類, 教學類, 警戒類, 辨異端類, 觀聖賢類 등으로 구성된다. 이것을 오늘날의 학문분류 체계로 환원시키기는 어렵지만 다소 무리를 무릅쓴다면 대략 철학(사), 윤리학, 교육학, 정치학에 근접한다. 그중에 철학(사)에 해당하는 것으로는 道體類, 爲學類, 致知類, 辨異端類(이상 철학) 觀聖賢類(이상 哲學史); 倫理學에는 存養類, 克己類, 出處類, 警戒類가; 政治學에는 治體類, 治法類, 政事類가; 教育學에는 敎學類가 각각 속한다고 대강 말할 수 있다. 다산학과 성리학의 지식체계를 최소한 형식에 있어서 비교할 때 다산에 있어서는 철학과 관련된 것이 '孝弟' 하나 있는 데 비해서 성리학에서는 철학과 직접 관련되는 것이 14편 중 5편이다. 윤리학에 관한 것으로는 다산이 1편이라면 성리학에서는 4편이 이에 속한다. 그러나 성리학에서는 다산이 중시하는 경제·경영학, 군사학, 법학, 농학, 의학, 약학, 천문학, 수학, 기계공학 등 사회과학과 자연과학이 결여되어 있다. 여기서 우리는 성리학이 추구하는 진리가 철학이나 윤리학과 같은 형이상학적 문제와 자기수양의 과제에 초점이 맞추어지는 데 비해서, 다산의 그것은 현실사회의 경영에 직접적 도움이 될 수 있는 도구적 성격의 실용적 지식에 있음을 확인할 수 있다.

다산은 윤리적·종교적 실천을 위해서는 주자학적인 격물치지와 같은 복잡한 주지주의적 과정이 필요 없고, 상제가 부여한 '선을 좋아하고 악을 부끄러워하는'(好善恥惡) 선천적인 靈明의 嗜好에 따라서 誠의 정신과 恕의 방법으로 실천하면 된다고 보았다. 다산 진리관에 있어서 보다 특징적인 것은 사회와 자연에 대한 지식의 강조이다. 다산에 따르면 사회란 단순히 도덕적 수양의 축적에 의해서 우러나는 德化에 의해서 저절로 통치되는 것이 아니고, 엄격한 계획과 치밀한 제도적 장치가 요구되며, 따라서 사회를 효율적으로 관리하고 경영하는 장악의 기술이 요구된다. '知'에는 본질적으로 그 의미의 기원상으로 보아도 사회경영 및 자연지배와 관련된 장악(掌握)의 뜻이 내포되어 있다고 다산은 주장한다.(以掌爲知)[31] 즉 知는 사회질서를 관리하고 자연을 지배하여 삶을 풍요하게 하는 장악의 기술을 본질로 한다. 장악을 위해서는 만물의 이치는 만물에 있으므로 만물에 나아가 경험적으로 연구를 해야 한다.[32] 구체적으로는 학문의 연구를 통해서 현실에 가장 적합한 국가경영의 제도적 방법을 온고지신 해야 하며,[33] 자연현상에 대해서는 경험적 관찰과 실험을 할 필요가 있다.

실험을 강조하는 것은 전통사회의 지식인에게서는 찾아보기 힘든 일이다. 다산이 관찰과 실험을 강조하는 예를 하나 들어본다. 배(船)를 만드는 데 있어서 甲의 배는 선체는 크나 짐을 무겁게 싣지 못하고, 乙의 것은 선체는 작으면서도 빨리 달리지 못하고, 丙의 배는 바람을 몹시 타서 일렁거림이 심하고, 丁의 배는 물에 빠져서 곧 침몰하게 된다. 그런데 어떤 사람이 요행으로 배가 무거운 짐을 싣고도 경쾌하게 달리며, 바람에도 견디면서 잘 뜨면 그것을 운 좋은 배(倖船)라고 부른다. 그것은 말 그대로 운이 좋아서 요행으로 잘 만들어

---

31) 《論語古今註》권8, 21~22면: "知者與知也. 春秋傳, 公孫揮曰: 子産其將知政矣. 魏了翁讀書雜抄謂, 後世官制上知字始此. 然其在周禮. 凡職事所掌本以知稱. 如大司徒知土宜之利害; 小司徒知人民之數; 職方氏知四夷八蠻之利害;司土知都家縣鄙之數; 小行人以五書知天下之故; 司稼知種稑之名; 廩人知穀用之足否; 誦訓知地俗; 司書知入出百物; 知器械之數, 知六畜之數, 知山林川澤之數, 皆以掌爲知." 참조.

32) 《孟子要義》권1, 40면: "天地萬物之理, 各在萬物身上, 安得皆備於我. 犬有犬之理. 牛有牛之理; 此明明我之所無者. 安得强爲大談曰:皆備於我乎!" 참조.

33) 《孟子要義》권2, 12면: "爲國家者, 通執諸文, 權其中, 而立制, 斯可矣." 참조.

진 것이므로 그 배를 만든 사람이 다른 곳에 가서 다시 배를 만들면 지난 번처럼 우수한 성능을 반드시 내는 것이 아니다. 그것은 계획적이고 체계적으로 배를 만드는 것이 아니라 어떻게 만들다 보니 우연히 그렇게 된 것이기 때문이다. 여기서 다산은 체계적인 관찰과 실험이 필요함을 역설한다. 왜 어떤 배는 성능이 우수하고 어떤 배는 그렇지 못한가에 대해 관찰과 실험을 통해서 그 이유를 밝혀 내야 한다는 것이다. 그러기 위해서는 성능이 좋은 배를 가져다가 그 배의 길고 짧음, 넓고 좁음, 높고 낮음을 자로 측정하고 배의 바닥과 뱃전, 고물과 이물이 혹 넉넉하고 혹 줄었으며 혹 배가 부르고 혹 좁은 것을 다 도수를 내고 비례를 구한 다음 이를 기록한다. 그리고 가장 우수한 성능을 지닌 배를 모델로 해서 그 배의 비례구조에 따라 계획적이고 체계적으로 다른 배를 만들면 천하의 모든 배가 다 운 좋은 배(倖船)가 될 수 있다고 다산은 강조한다.[34] 좋은 배를 만들기 위한 경험적 관찰과 실험의 방법은 다른 일반적 자연현상에 대한 탐구에도 적용될 수 있을 것이다. 이처럼 기술 발전을 우연에 맡기는 것이 아니라 체계적이고 조직적인 인위적 탐구방법에 의거함으로써 과학 기술의 혁신적 발전이 가능할 것이다. 다산 자신이 이러한 방법에 의해 기중기를 제작하여 활용하였음은 주지의 사실이다.

  다산에게 있어서 지식이란 단지 존재의 본질을 깨닫고 실존을 각성시키는 개인의 존재론적 차원의 문제로 한정되는 것이 아니다. 구체적 삶에 있어서 가시적인 효용성을 발휘해야 한다. 그렇지 못한 지식은 무익하고 공허하다.

---

[34] 《經世遺表》 권14, 33면 참조.

74

흉년에 도적이 일어나서 북치는 소리가 삼보(三輔: 서울을 뜻함)를 진
동시킬 적에, 賦를 잘 짓는 司馬相如를 시켜 이를 그치게 한다 해도 그
치게 할 수 있겠는가? 큰 獄事가 일어나서 죄수들이 옥에 가득하여 해
를 넘겨도 판결이 잘 안 될 적에, 頌을 잘 짓는 王子淵을 시켜 이를 판
결하게 한다면 판결할 수 있겠는가?[35]

사회를 잘 경영하고 자연을 합리적으로 지배하기 위한 실용적 지
식은 전문지식으로부터 나온다. 동양사상사에서는 '君子不器'라고
하여 특정 분야의 전문지식에 대한 몰두를 바람직하지 않게 여기는
풍토가 오랫동안 지배하였던 것이 사실이다. 다산은 '攻乎異端 斯害
也已'라는 명제의 해석을 통해 공자가 전문지식의 추구 그 자체를
부정한 것이 아님을 강력히 주장한다. 다산에 따르면 '攻乎異端'에서
'異端'이 뜻하는 것은 楊朱나 墨翟이 아니다.[36] 그것은 예컨대 병법

35) 《茶山詩文集》 권12, 10~11면 〈奸吏論〉
36) '攻乎異端 斯害也已'에 대한 해석에 있어서 주희는 '異端'을 聖人之道
가 아닌 별다른 한 일단으로서 揚朱나 墨翟 같은 것이라고 하였다. 그러
나 다산은 이에 대해 견해를 달리한다. 그 이유는 첫째로는, 孔子의 시대
에는 老莊과 楊墨의 사상이 아직 학파로 자립하지 못한 상태이므로, 맹자
가 말하였고 후대에 일반화되어 사용되는 異端과는 의미가 다르다는 것
이다. 둘째로, 만약 맹자적 의미의 異端이라면 어찌 이러한 학문을 專治한
이후에야 비로소 해롭다고 했겠는가. 그리고 또한 그러한 것을 專治한다
면 그것은 단순히 해로운 정도가 아니라 더욱 심각한 문제인데 어찌 공
자가 가볍게 '해롭다'라고만 했겠는가 하는 것이 주희의 해석을 반대하는
다산의 주장의 근거이다(《論語古今注》 권1, 31면 참조). 다산의 異端觀을
보면, (성인의 말씀 중) 하나의 특정한 어구만을 宗旨로 삼을 때 異端이
된다고 한다. 예컨대, 爲己之學은 君子之學이지만 그것만을 宗旨로 삼을
때는 楊朱와 같이 되고, 尊德性 역시 君子之學이나 그것만을 종지로 삼게
되면 陸象山처럼 이단이 되고, 致良知를 내세우는 陽明學도 마찬가지이다

이나 농사짓는 기술 같은 다양한 기술로서 대체로 性命의 학문과 경전의 가르침이 아닌 것을 지칭한다. 병법이나 농사에 관한 학술 같은 실용적 전문지식 또한 세상을 경영하는 데 있어서 꼭 필요한 실제적 업무이므로 군자로서 이를 알지 않을 수 없으나, 오로지 이런 것만을 전공한다면 그것은 身心性命의 학에 끝내 적은 해를 가져올 수 있다. 그래서 공자는 가볍게 그 폐단을 지적하여 그러한 것을 알아두되 (도덕을 망각하고) 그것에만 빠져서는 안 된다는 것을 말했을 뿐이라고 다산은 해석한다.[37] 즉 공자는 단지 특정한 한 분야에만 몰두하게 될 때 발생할 수 있는 부작용을 언급했을 따름이지 실용적 전문지식의 추구 자체를 부정한 것은 결코 아니라는 것이 다산의 해석이다. 공자 자신도 실제로는 국가 경영을 위한 실용적 지식을 중시했다는 것을 다산은 강조한다.

> (공자가) 제자들과 道를 논할 적에도 경제문제(田賦)와 군사문제(軍旅), 외교문제(使臣)를 많이 거론했다. 또 司寇가 되어서는 지체없이 소정묘의 목을 베었고, 협곡의 회맹에서는 군대의 위세를 성대히 진설하

《茶山詩文集》 권12, 18면 〈致良知辨〉 참조). 그러나 다산은 楊朱나 墨翟 그리고 陽明을 모두 賢人이라고 인정하고 있다. 다산은 '獨善其身'은 '爲我'와 '兼善天下'는 '兼愛'와 다를 바가 없다고 본다. 단지 楊朱와 墨翟은 때에 맞게 進退하지 못하고 언제나 한 가지 양식의 행동만을 고수한 것이 문제라고 보았다(《孟子要義》 권1, 48면 참조). 여기서 다산은 이른바 異端에 대하여 교조적으로 전면부정을 하기보다는, 그들이 한 가지 가치에만 편중하는 사실에 대해 단지 부분부정의 태도를 취하는 한층 유연한 자세를 보여주고 있다.

37) 《論語古今注》 권1, 31면: "夫兵農之學, 亦經世之實務, 君子不可以不知. 然學者專治此事, 其於身心性命之學, 終有些害. 此夫子所以輕輕說弊, 欲其旁通, 不欲其專治也. 所謂異端不過如斯." 참조.

였고, 진항에 대해서는 목욕한 다음 목베기를 청했다. 참된 지식인의 학문은 본디 나라를 다스리고 백성을 편안히 하고 오랑캐를 물리치고 財用을 넉넉하게 하고 文識과 武略 등을 갖추는 데 대해 필요하지 않음이 없다. 어찌 옛사람의 글귀를 따서 글이나 짓고, 벌레나 물고기 등에 대해 주석이나 달고, 소매 넓은 선비 옷을 입고서 禮貌만 익히는 것이 학문이겠는가?[38]

이와 같이 성인의 참된 학문은 경제를 풍요롭게 하고 국방을 튼튼히 하고 외교를 선양하여 국민의 생활을 편안히 하고 국가의 질서를 안정시키는 실용적 목적과 분리될 수 없음을 다산은 주장하는 것이다. 이러한 목적을 위해서는 전문지식을 연마하지 않으면 안됨에도 불구하고, 글이나 짓고 고증에만 몰두하거나 예절만 따지는 것은 성인의 참정신을 망각한 속된 선비의 비루한 견해에 불과하다고 다산은 비판해 마지않는 것이다. 이러한 관점에서 전문지식이 없고 실제적 실무를 맡지도 않으면서 비생산적인 당파적 언론으로 명예만을 독차지하는 이른바 '淸職'의 벼슬에 대해서도 다산은 다음과 같이 부정적으로 비판한다.

財賦의 남고 모자람을 분변할 줄 몰라도 그것이 淸職이 되기에는 해롭지 않고, 軍事와 訟獄에 관한 일을 몰라도 그것이 청직이 되기에는 해롭지 않으며, 아울러서 그 이른바 文學과 詞命을 일찍이 익히지 못했어도 그것이 청직이 되기에는 해롭지 않으며, 어둡고 庸劣하여 일찍이 시

---

[38] 《茶山詩文集》 권12, 8면 〈俗儒論〉: "其與弟子論道, 多田賦軍旅, 及使於隣國之事. 其爲司寇, 亟誅小正卯; 其於夾谷之會, 盛陳兵威; 其於陳恒, 沐浴而請討. 眞儒之學, 本欲治國安民, 攘夷狄, 裕財用, 能文能武, 無所不當. 豈尋章摘句, 注蟲釋魚, 衣逢掖習拜揖而已哉?"

비를 다투고 심정을 비로잡아 보좌하기에 모자라도 청직이 되기에는 해롭지 않다. 그리고 오직 무엄하게도 黨論을 날카롭고 과격하게 만들며, 오직 인재의 등용을 방해하고 막아서 그 순을 눌러버리고 그 움을 깎아버리며, 오직 남의 비밀을 폭로하여 각박하고 잔독한 논의를 하며, 오직 남의 과오를 탐지하여 시기를 타서 참소하고 이간질을 하는데, 이것이 곧 청직을 가진 자의 직책인 것이다.[39]

정치사회적 부조리의 많은 부분이 정치와 행정에 종사하는 사람들의 전문지식 결여에서 기인한다고 다산은 진단하고, 전문지식을 시험해서 관리를 선발해야 하며 情實이 아닌 엄격한 능력에 따른 합리적 인사제도를 주장한다.

대저 나라에서 公卿, 大夫, 士의 관직을 설치하고 공경, 대부, 사의 봉록을 제정하여 그들을 우대하는 것은 무엇 때문인가. 백성을 다스리기 위해서인 것이다. 그 직책이 이미 백성을 다스리는 것이라면 재주를 시험하고 전문지식과 기술을 가진 자를 선발하고, 治績을 조사하고 진급승진을 검토함에 있어서 당연히 백성 다스리는 것으로 기준을 삼아야 하는 것이다. 그런데 지금은 그렇게 하지 않고 있다. 詩賦로 시험하고 가문으로 선발하고 경력의 淸華로 고적하고 당론의 峻急으로 官秩을 승진시킨다. 백성을 다스리는 데 이르러서는, '이것은 비천한 일이다' 하면서, 아전에게 맡겨 그로 하여금 백성을 다스리게 한다. … 때문에 아

---

39) 《茶山詩文集》 권11, 8면 〈職官論〉: "財賦贏耗之不辨, 而不害其爲淸職也. 甲兵訟獄之不知, 而不害其爲淸職也. 並其所謂文學詞命之未嘗閑, 而不害其爲淸職也. 昏懦憒劣曾不足以爭是非補闕失, 而不害其爲淸職也. 唯黨論之能峻激無嚴也, 唯枳塞人材能, 壓其笋折其萌也, 唯發人陰私爲刻迫殘毒之論也, 唯探刺人過誤而乘時讒間也, 是乃淸職者之職耳."

전에게 간사한 짓을 못하게 하려면 조정에서 사람을 뽑을 적에 오로지 詩賦에만 의거하여 뽑지 말고 行政事務에 익숙한 사람을 顯官에 오르게 하여야 한다. 그리하여 군현이 피폐해지고, 매우 교활하여 다스리기 어려운 아전이 있을 적마다 이들을 시켜 다스리게 하고 나서 진실로 成績이 있으면 의심 없이 公卿으로 승진시켜 임명해야 한다. 그런즉 아전들의 간사함은 그치게 될 것이다.[40]

서구에서도 아리스토텔레스 이래로 참된 학문 또는 지식이란 그 자체를 위한 것으로서 실용적 목적과 결부되지 않았다. 철학이란 진리에 대한 순수하고 이론적인 직관이며 자족적인 것이지 공리적인 목적을 도모하는 것은 아니었다. 그리하여 진리의 관조는 인간의 진정한 자유의 징표이고 그 자체로서 사람을 무한히 행복하게 해주는 것이었다. 반면 실용성과 관계되는 기술(Techne), 경험(Emperia), 현명한 사려(Phronesis)는 덜 순수한 낮은 차원의 지식이었다. 이러한 관조로서의 또는 자기 목적으로서의 지식 개념은 근대로 오면서 인위적 목적을 위한 수단으로 전환된다. 프란시스 베이컨은 새로운 지식 개념의 형성에 계기를 마련하였다. 베이컨의 "아는 것이 힘이다"라는 명제는 근대에 있어서 지식의 본질을 잘 드러내는 말이다. 베이컨에 있어서 지식은 더 이상 그 자체로서의 고상한 자기 목적을

---

40) 《茶山詩文集》 권12, 10~11면 〈奸吏論〉: "夫國之所以建公卿大夫士之官, 而制公卿大夫士之祿, 以待夫公卿大夫士之人, 何爲也? 爲治民也. 其職旣治民也, 則凡試其才, 選其藝, 考其績, 進其秩, 宜亦壹以是治民也. 今也不然. 試之以詩賦, 選之以氏族, 考之以其踐歷之淸華, 進之以其黨論之峻急. 至於治民則, 曰是鄙事也. 委之吏使之治之. … 故欲吏無奸, 唯朝廷取人勿專用詩賦, 而習吏事者得翶翔顯路, 每郡國彫敝有巨猾難治者, 令往而臨之, 苟有成績, 授之公卿而不疑焉, 則吏奸其戢矣."

위해서가 아니라 현실생활의 목적에 이바지하는 노구요 힘으로서 공리성(utility)을 중시하게 된다. 이러한 지식관은 경험론의 전통 위에 서 있는 실용주의 철학에서 더욱 철저화된다. 그래서 실용주의에 따르면, 지식이란 합리주의자나 주지주의자들이 말하는 바처럼 절대적 실재와 관념의 일치여부가 아니라, 현실 생활에서 어떤 결과 또는 효과를 가져오느냐 하는 문제가 중요하다. 진리란 그 자체로서 절대적인 참이 되는 정태적인 것이 아니라, 현실생활에서 우리가 환경에 적응하고 생활을 성공적으로 영위하는 데 있어서 얼마나 유용하게 우리의 행동을 이끄느냐 하는 것이 진리 판단의 기준이 된다. 어떤 주제에 대한 대립적 이론이 경합하고 있는 경우에 그러한 서로 대립하는 이론들이 현실생활에서 어떤 서로 다른 결과를 가져오느냐 하는 것이 중요할 뿐이지, 그 자체로서의 진위는 별로 문제삼지 않는 것이다. 진리는 행동의 계획이요, 생활의 도구로서 현금가치가 중요한 것이다. 더 이상 진리 자체에 절대적이고 신성한 의미를 부여하지 않는 것이다.

앞에서 살펴본 바와 같이 다산 역시 진리의 기준을 실용성에서 파악한다는 점에서 실용주의적 진리관을 견지하고 있는 것으로 보인다. 다산은 〈五學論〉이라는 논문에서 性理學, 訓詁學, 文章學, 科擧學, 術數學에 대한 비판을 통해 이상적인 학문의 본질을 암시한다. 이 논문의 주장을 요약하면, 성리학은 개인적 수양과 이론적 탐구에만 빠져서 사회적 실천성이 없고, 훈고학은 문헌 실증에만 빠져서 학문을 위한 학문이 되어 실천성이 결여되어 있으며, 과거학과 문장학은 현실과 유리된 허구적 문학의 세계에 경도되어 현실성을 상실하고 있다고 한다. 끝으로 술수학은 합리적 근거가 결여된 것으로서 사람들을 미혹에 빠지게 한다는 것이다. 이러한 비판을 종합해보면, 다산이 들고 있는 학문의 요건은 합리성이 있으면서도 사회적 실천과 유리되지 않고 현실적 유용성이 담보되어야 하는 것으로 이해된다.

이러한 관점에서 어떤 이론적 쟁점은 그 자체로서는 별 의미가 없고, 그러한 쟁점의 차이가 현실생활과의 관련성에서 어떤 의미를 지니고 있느냐가 중요하다.

> 가: "지금의 태극에 대한 논쟁은 甲의 논리가 반드시 天下萬世의 福이 되는 것도 아니고, 乙의 논리가 반드시 天下萬世의 禍가 되는 것도 아닙니다."[41]

만약 어떤 이론이 현실적 생활과 연관이 없고 객관적 검증이 불가능한 형이상학적 쟁점이라면 다산은 그러한 문제에는 별로 관심을 보이지 않는다.

> 나: "理氣說은 이렇게 말할 수도 있고 저렇게 말할 수도 있으며, 희다고 할 수도 있고 검다고 할 수도 있어서, 왼쪽으로 당기면 왼쪽으로 기울고, 오른쪽으로 당기면 오른쪽으로 기울어, 평생 동안 서로 논쟁하고 자손에까지 전하며 논쟁하더라도 끝이 없는 것입니다. 인생에는 할 일이 많은데 형과 나는 한가하게 이런 (형이상학적) 문제를 따지고 있을 겨를이 없습니다."[42]

---

41) 《茶山詩文集》 권18, 27면 〈與金承旨〉: "今太極之論, 甲之未必爲天下萬世之福, 乙之未必爲天下萬世之禍."

42) 《茶山詩文集》 권19, 30면 〈答李汝弘〉: "理氣之說, 可東可西, 可白可黑, 左牽則左斜, 右挈則右斜. 畢世相爭, 傳之子孫, 亦無究竟. 人生多事, 兄與我不暇爲是也."

인용 '가'에서 다산은 태극에 대한 형이상학적 논쟁 그 자체가 아니라 그것이 현실에 초래하는 것이 天下萬世의 福이 되느냐 아니면 禍가 되느냐 하는 현실적 결과를 문제삼는다. '나'의 인용에서는 객관적으로 참과 거짓을 실증할 수 없는 형이상학적 논쟁은 무의미하다는 태도를 보여준다. 다산의 형이상학에 대한 회의적·부정적 태도는 그로 하여금 형이상학적 논쟁에 개입하지 않고, 그러한 논의의 기본 전제 자체를 보다 객관적 입장에서 바라다봄으로써 反형이상학적인 실증적 인식론으로 향하게 한다.

성리학자들이 존재에 대한 보편적 지식과 도덕 행위의 이론적 기초를 지식의 가장 중요한 것으로 보고 존재의 진리 내지 실천 이성적 지식을 추구하였다면, 다산은 자연을 이용하는 데 유용한 과학기술이나, 경제를 풍요롭게 하고 행정을 효율적으로 집행하는 것과 관련된 실용적 지식에 높은 의미를 부여하였다. 이는 '아는 것이 힘이다'라는 베이컨의 말처럼 지식의 본질을 인간이 주체가 되어 세계라는 대상을 능동적 인위적으로 지배하고 장악하는 도구 또는 힘으로 파악하는 근대적 장악의 진리관과 일치하는 견해이다.

제3장 향외적 인간관

"인간이란 무엇인가" 하는 물음은 철학사에서 지속적으로 문제가 되어 왔으나, 특히 과학 기술의 놀라운 발전의 결과로 현저한 '인간의 위기'를 경험한 20세기에 와서 철학의 핵심적 화두가 되었다. 우리가 너무나 잘 알고 있다고 생각하면서도 가장 객관적으로 이해하기 어려운 존재가 바로 인간일 것이다. 인간 존재의 본질에 대한 물음에 대해서는 철학적 맥락과 역사적 상황에 따라 동서양에서 다양한 대답이 주어졌다. 중국의 원시 유교에서 공자는 '仁'이라는 개념을 중심으로 인간에 대한 체계적인 이해의 지평을 열었고, 仁의 인간관을 토대로 맹자는 향내적 정신주의의 방향으로 순자는 향외적 사회학의 관점에서 서로 다른 방향으로 발전시켰다. 한대의 동중서는 음양오행사상에 입각해 공자의 인간이해를 우주론적으로 재해석하였고, 송대에는 이기론적인 인간관의 정립이 주희에 의해 완성되었다. 불교와 도가의 강력한 영향하에 이루어진 성리학의 인간관은 내면주의적이고 이상주의적 성격이 강하다. 조선 후기로 오면서 주자학의 학문적 본질에 대한 회의가 본격화되면서 성리학적 인간관도 큰 도전을 맞게 된다. 박지원 같은 실학자는 성리학적 인간관의 관념성과 허구성에 대해 문학적으로 풍자하기도 하였다. 철학사상적 측면에서 본격적으로 성리학적 인간 이해에 대해 문제를 제기하고, 이를 극복하고자 정면으로 도전한 것은 역시 다산이라고 할 수 있다.

다산의 인간관을 체계적으로 고찰하기 위해 다음의 순서로 접근하고자 한다. 인간의 본질은 신이나 동물, 자연 등 다른 존재와의 관계 속에서 파악될 수밖에 없다. 그러므로 존재의 거대한 질서 속에서 인간의 위상을 어떻게 인식하느냐 하는 문제부터 고찰할 필요가 있다. 다음은 인간 자체의 존재구조를 해명해 보아야 한다. 인간 존재는 어떻게 구성되어 있고, 인간에게 있어서 어떠한 존재가 본질적인 것인가? 또한 인간에게는 과연 고유한 보편적 본성이 존재하는가? 존재한다면 그러한 본성은 어떠한 성격을 지니고 있는가? 그리고 다산의 인간관에 있어서 종교적 실존성과 윤리적 실천성이 어떠한 관계를 지니는가? 인간의 욕망과 노동의 문제에 대한 인식은 어떠한가? 이러한 문제들에 대한 검토를 토대로 다산 인간관의 고유한 특성과 철학사적 의의가 무엇인지를 성찰해 보도록 한다.

제1절 존재의 질서와 인간의 위상

참된 존재란 무엇인가? 존재의 질서는 어떠한 구조를 지니고 있는가? 이러한 근본 물음을 벗어나서 철학을 하기란 어려울 것이다. 다산 역시 이러한 문제에 대해서 깊은 관심을 보여주고 있다. 대체로 성리학에서는 모든 존재가 동일한 태극을 分有하고 있다는 점에서 보편성을 지니며, 기질의 차이로 인해 태극의 본성이 발휘되는 데 있어 정도의 차이가·있음으로 해서 특수성이 생긴다고 설명한다. 즉 존재하는 모든 것은 공통된 理를 分有하고 있다는 점에서 존재의 동질성을 인정하고, 현실적으로는 기질의 차이에 따른 차별성도 인정한다. 인간과 동물은 모두 동일한 本然之性을 부여받았지만 기질의 통하고 막힘과 바르고 치우침의 정도에 따라서 본연지성의 실현가능성에 차이가 있을 뿐이라고 여긴다. 그래서 바르고 통한 기를 타고난 인간은 본연지성을 구현하는 것이 용이한 데 반해, 치우치고 막힌 기를 타고난 동물은 본연지성의 이념을 실현하는 것이 제한적이거나 어렵다고 여긴다. 성리학은 원리적 측면에서 볼 때 존재의 질서에 있어서 존재자들 상호간에 불연속성보다는 연속성을 우선시하는 사유체계라 할 수 있다.

그러나 다산은 이러한 성리학적 존재질서관에 대해서 매우 회의적이다. 다산에 따르면 성리학자들은 인간에게만 고유한 본성을 다른 사물에까지 부당하게 확대하는 오류를 범했다. 다산에 있어서 인간과 다른 동물은 기질상의 문제가 아니라 본질적으로 다른 존재이다. 오히려 기질의 측면에서는 인간이나 동물이 동일할 수 있지만 본질에 있어서는 근본적으로 다르다고 주장한다.[43]

---

43) 《孟子要義》 권2, 20면 참조.

다산은 순자를 따라 존재를 크게 네 등급으로 구분한다.[44]

첫째는 물과 불처럼 기는 있으나 생명이 없는 것이다. 둘째는 초목처럼 생명은 있으나 지각이 결여되어 있는 것이다. 셋째는 동물처럼 지각은 갖추고 있으나 이성과 도덕성을 갖지 못한 경우이다. 넷째로 인간은 생명과 지각은 물론 그 위에 이성과 도덕성까지 갖추고 있다. 사물의 본질은 그 종차(種差)에 있으므로 인간의 본질은 다른 사물이 갖지 못한 인간만의 고유한 능력 즉 이성과 도덕성에 있다.[45]

존재를 이렇게 네 계층으로 나누는 데 있어서 다산은 순자에 동의하지만, 그러나 두 사람의 견해가 완전히 일치하는 것은 결코 아니다. 왜냐하면 순자는 인간 이상의 존재를 인정하지 않지만, 다산은 인간을 포함한 일체의 만물을 주재하는 상제의 존재를 인정하기 때문이다. 뿐만 아니라 상제의 뜻을 받드는 귀신의 존재까지 긍정한다. 그러므로 다산에 있어서 존재의 질서는 크게 보면 절대자로서의 상제와 상제의 뜻을 받드는 귀신이 있고, 그 아래에 인간과 동물, 식물, 기타 무기적 자연물이 차례로 존재한다. 여기서 다산은 인간의 다른 자연에 대한 특권적 지위를 강조한다. 왜냐하면 인간만이 영명한 능력을 부여받아 이성과 도덕성을 지니고 있으므로, 이러한 능력

---

44) 《孟子要義》권2, 24면: "物之品有四等. 荀子曰: 水火有氣而無生, 艸木有生而無知, 禽獸有知而無義, 人有氣有生有知有義, 斯其所以爲尊品也. 今論艸木之身明有形質亦有生活, 然必以生活言之者生活貴於形質也. 又論禽獸之身明有生活亦有動覺, 然必以動覺言之者動覺貴於生活也. 人身雖有動覺, 乃於動覺之上又有道義之心爲之主宰, 則論人性者主於道義可乎? 兼言動覺可乎?"

45) 《論語古今注》권9, 11면: "人之大體, 旣生旣知, 復有靈明神妙之用. 故含萬物而不漏, 推萬理而盡悟, 好德恥惡, 出於良知, 此其逈別於禽獸者也."

을 나누어 갖지 못한 자연과 동식물은 인간을 위해서 봉사해야 하
는 도구적 존재로서 종속적 위치로 격하되기 때문이다. 자연을 숭배
하거나 동물을 인간과 동일한 본성을 가진 것으로 보는 것에 대해
다산은 철저히 반대한다. 사유능력을 갖지 못한 푸른 하늘을 신비하
게 숭배해야 할 이유가 전혀 없다. 하늘은 오직 흙이나 땅이나 물이
나 불과 같이 생명이 없는 무기적 자연물의 하나에 지나지 않기 때
문이다.[46]

그리고 오직 본능에 따라서만 움직이는 동물은 이성을 지닌 인간
과 같은 차원에서 논의될 수가 없다. 이러한 모든 것들은 상제가 인
간의 삶을 위해 마련한 것으로서 도구적인 성격밖에 지니지 못한다.

> "우리 인간은 만물 가운데 영명한 존재이다. 저 하늘, 땅, 해, 달, 별, 산
> 천, 초목 등 어느 것 하나 우리 인간을 위한 것이 아님이 없다. 하늘은
> 우리의 집이고, 땅은 우리를 먹이는 바이고, 해와 달과 별은 우리를 밝
> 게 해주는 것이고, 산천과 초목은 우리를 길러 주는 것이다. 그것들은
> 모두 기로 이루어져 형질이 있지만 감정과 영명성이 없다. 그러한 것을
> 어찌 우리가 섬길 수가 있겠는가?"[47]

다산은 이처럼 존재의 질서를 계층적으로 인식한다. 계층적 존재
질서에서 하위계층은 상위계층을 위해 봉사하는 도구적 역할을 맡
게 된다. 따라서 자연이라는 하위계층은 인간이라는 보다 상위계층

---

46) 《孟子要義》 권2, 38면: "彼蒼蒼有形之天, 在吾人不過爲屋宇帡幪, 其品級
不過與土地水火平爲一等, 豈吾人性道之本乎?" 참조.

47) 《春秋考徵》 권1, 37면: "吾人者萬物之靈. 彼穹天厚地日月星辰山川草木無
一而非吾人之物. 天吾屋也, 地吾食也, 日月星辰吾所明也, 山川草木吾所養
也. 彼皆有氣有質無情無靈, 豈吾人所能事哉?"

을 위해서 존재하는 것으로 파악하는 것이다. 자연은 일정한 규칙적 법칙에 따라 운동하는 물질의 체계이다. 인간은 자연의 법칙을 파악함으로써 그것을 이용할 수 있다. 자연은 더 이상 천인합일의 대상이 아니라, 인간의 삶과 복지를 위해서 객관적으로 인식되고 합목적적으로 이용되어야 하는 것이다. 그리고 인간은 자연을 인위적 목적을 위해서 이용할 수 있는 합법적 권리를 지닌 주체적 존재자이다. 그것은 상제가 부여한 이성과 도덕성이라는 우월한 능력에 의해 보증되는 것이다.

제2절 인간의 존재구조

정신과 육체의 관계 문제는 인간학에서 피할 수 없는 난제이다. 정신은 육체와 분리될 수 있는 이원론적인 것이냐, 아니면 정신과 육체는 서로 분리될 수 없는 일원론적인 것이냐 하는 문제는 플라톤, 아리스토텔레스, 아퀴나스, 데카르트, 칸트 등 거의 모든 철학자들의 주요한 관심사였다. 다산은 과연 이러한 문제를 어떻게 인식하고 있는가?

이미 앞에서 설명한 바와 같이 다산에 따르면 모든 존재는 스스로 독립적으로 존재할 수 있는 실체(自有之物)와 실체에 의존해서 존재하는 속성(依附之品)으로 구분된다. 예컨대 氣는 실체이고, 理는 기에 딸려 있는 속성이다. 실체는 영명성을 지닌 정신적 존재와 영명성이 결여된 질료적 존재로 대별된다. 상제는 형체는 없고 영명하기만 할 뿐이다. 상제 이외에 상제를 보좌하는 여러 귀신들도 영명성을 지닌다. 그러나 인간은 태어날 때 상제로부터 영명성을 부여받고 부모로부터 혈기로 이루어진 육체를 받아, 정신과 육체가 묘하게 합해져서 이루어진 존재이다. 살아 있는 인간에게 있어서 정신은 육

체를 떠나서 존재할 수 없고 묘하게 합해져 있어서 정신과 육체는
서로 영향을 주고받는다. 다산은 몇 가지 예를 든다.

"마음이 넓으면 몸도 넉넉하고, 욕심이 가득하면 눈동자가 맑지 못하고
흐릿하며, 내면에 아름다움이 차 있으면 그것이 밖으로 드러나 얼굴이
해맑고 등에 여유가 넘치며, 안에 부끄러움이 있으면 밖으로 땀이 나고
얼굴이 붉어진다. 이런 현상들은 모두 정신과 육체가 묘하게 합해져 있
다는 분명한 증거이다."48)

그리고 인간은 식물과 동물의 영혼은 물론 인간에게만 고유한 이
성적 영혼도 지니고 있지만, 이들 영혼은 서로 분리될 수 없는 하나
의 실체라고 본다.

"만일 그 체를 논하면 그것은 하나의 체일 뿐이다. 하나의 大體(정신
또는 영혼) 가운데 초목의 생명과 짐승의 지각과, 易象, 算數, 歷數 등
을 궁구할 수 있는 이성(神妙靈通)이 포함되어 있다고 해서, 하나의 체
가운데 세 가지 본성이 나란히 독립해 있다고 봐서는 안 된다. 만약 하
나의 체 가운데 세 가지 본성이 독립적으로 병립해 있다면 靈妙한 본
성이 이미 끊어져도 능히 촉각이 가능하고, 촉각이 끊겨도 살아 있을
수는 있을 것이다. 그러나 어느 때의 사람이라도 살면 다 살고 죽으면
다 죽는다. 이로써 이들이 묘하게 서로 결합해서 분리될 수 없음을 알
수 있다. 그렇다면 '본연지성'과 '기질지성'을 두부 자르듯 확연히 두
가지 체로 나누는 것은 아마도 역시 잘못이다."49)

---

48) 《孟子要義》권1, 19면: "心廣則體胖, 慾盛則眸眊, 美在中則睟面而盎背,
愧在內則汗出而色赧, 皆神形妙合之明驗也."

그러나 다른 한편으로 정신과 육체가 서로 밀접해서 분리될 수 없다고 해서 이들 사이의 본질적 차이를 무시해서는 안 된다. 정신은 사고와 의지 작용을 수행하는 것으로서 비록 육체라는 형기와 분리될 수는 없지만, 일정한 공간을 차지하고 기질로 구성된 육체와 결코 뒤섞일 수도 없다.[50]

존재론적으로 이 둘은 각각 하나의 실체로서 독립적이다. 그래서 영명한 정신은 육체의 사후에도 여전히 소멸하지 않고 혼으로 되어서 독립적으로 존재한다. 즉 인간이 죽으면 육체는 흩어져도 혼은 남는다는 것이다.[51]

우리는 다산의 정신(영혼)-육체의 관계에 대한 설명에서 모순을 발견하게 된다. 다산은 한편으로는 정신은 육체와의 관계 속에서만 존재할 수 있는 묘합적(妙合的) 존재임을 강조하고, 다른 한편으로는 기로써 이루어진 육체와 하늘로부터 부여받은 영명한 영혼의 존재는 그 각각의 기원이 다를 뿐만 아니라, 스스로 독립적이어서 육체의 사후에도 영혼이 존재할 수 있는 것처럼 진술하기도 하는 명백한 모순을 보여준다. 왜 이러한 모순되는 진술이 나오는 것일까? 그가 신의 존재를 인정하는 한 신으로부터 부여받은 영혼의 불멸성을 긍정하지 않을 수 없을 것이다. 그러나 다른 한편 경험적으로 보면 육체를 떠난 영혼의 존재는 합리적으로 받아들이기 어렵다. 종교적 관점과 경험적 관점 사이의 모순이 정신(영혼)-육체의 관계 문제

---

49) 《論語古今注》 권9, 11면.

50) 《孟子要義》 권2, 29면: "蓋此靈明之體, 雖寓於形氣之中, 粹然不與形氣相雜" 참조.

51) 《孟子要義》 권1, 32면: "神形妙合乃成爲人. 神則無形亦尙無名, 以其無形故借名曰神. 心爲血府爲妙合之樞紐, 故借名曰心. 死而離形, 乃名曰魂" 참조.

에 대한 인식에 그대로 반영된 것으로 보인다. 이 문제는 비단 다산 뿐만 아니라 토마스 아퀴나스의 영혼론에서도 동일하게 제기된다. 이런 모순은 합리적 종교인의 인간관에서 피할 수 없는 난제인가?

제3절 인간의 본성

인성론(人性論)은 유가철학에서 가장 전통이 오래되고 지속적으로 관심을 끌어 온 문제이다. 공자의 '性相近 習相遠'의 명제에서부터 시작해서 맹자의 性善說, 고자의 性無善無惡說, 순자의 性惡說, 揚雄의 善惡混在說, 韓愈의 性三品說, 張載의 天地之性과 氣質之性, 주희의 本 然之性과 氣質之性 등 인간 본성에 대한 다양한 학설들이 제기되었 다. 다산은 기존의 인간 본성론에 대해서 자신의 견해를 밝히며 이 를 비판적으로 종합하고 있다. 인간 본성에 대한 견해에서 다산이 특히 강조하는 것은 다음과 같다.

첫째, 본성이란 마음이 즐겨 좋아하는 기호를 의미한다(性嗜好說). 다산은 우선 본성에 대한 정의를 내리기를, 본성이란 인간의 마음이 즐겨 좋아하는 것(嗜好)이라고 하였다. 성을 사물의 보편적 본질로 보는 성리학의 형이상학적 본성론에 맞서, 다산은 성을 사물들이 각 각 지니고 있는 고유한 기호(嗜好)로 인식한다. 인간의 본성은 인간 이 지니고 있는 심리적 경향성이다. 그러면 인간은 무엇을 좋아하는 가? 인간이 좋아하는 바는 크게 두 종류로 대별할 수 있다. 하나는 육체가 좋아하는 바(形軀之嗜好)이고, 다른 하나는 정신이 좋아하는 바(靈知之嗜好)이다. 육체가 좋아하는 바는 먹는 것, 성적인 것, 편안 한 것 등이다. 정신이 좋아하는 것은 도덕적 선이다. 그런데 인간이 동물에 대해 갖는 변별성은 이성 또는 정신적 도덕성에 있으므로,

인간만이 갖는 고유한 본성은 결국 육체의 기호가 아니라 정신의 기호일 수밖에 없다.

둘째, 인간 본성은 善하다. 성이 곧 마음의 기호라면 인간의 본성은 선한가 악한가? 아니면 선하지도 악하지도 않은 것인가? 다산은 맹자를 따라 인간 본성은 선하다고 주장한다(好德恥惡). 그는 경전에 나오는 性字의 용례를 분석하여 자신의 주장을 뒷받침한다.[52] 마음이 좋아하는 바가 선임에도 불구하고 인간이 악을 행하는 적이 많은 것은 왜 그런가? 본성이 선하다면 악은 어디서 오는가? 그것은 성리학자의 주장처럼 기질 때문이 아니라 무엇에 빠지기(陷溺) 때문이라고 다산은 주장한다. 즉 육체의 사욕(形氣之私慾)과 습속의 오염(習俗之薰染)과 외적 대상의 유혹(外物之引誘)이 우리의 타고난 선한 본성을 악에 빠지도록 한다.[53] 그래서 실제 行事의 차원에서는 선은 행하기 어렵고 악은 행하기가 쉽다고 설명한다. 다른 한편으로는 자율적으로 행위가 이루어질 때만이 선은 행위자의 공이 될 수 있고 악도 행위자의 죄가 될 수 있기 때문에, 인간에게는 선과 악을 선택할 수 있는 자유의지(自主之權)가 하늘로부터 부여되었다고 다산은 주장한다. 그러나 상제는 우리의 자유의지에 의한 선악의 선택과 실천을 훤하게 알고 있으며 그것을 언젠가는 심판하므로 비록 선택이 자율적이라고 하더라도 더욱 조심하지 않을 수 없다는 결론이 나온다.[54]

---

52) 《中庸自箴》 권1, 2~3면 참조.
53) 《孟子要義》 권2, 25면 참조.
54) 《論語古今注》 권9, 12면 참조.

셋째, 인간 본성은 평등하며, 인간 본성과 지적인 賢愚는 별개의 문제다. 性三品說에 의하면 上知는 선천적으로 선하고, 下愚는 선천적으로 악하고, 中人은 선으로도 악으로도 될 수 있다. 氣質之性論에 따르면 타고난 기질에 따라 선악의 경향성이 어느 정도 결정된다고 본다. 이에 대해 다산은 만약 性三品說을 받아들이게 되면 上知는 자만하여 더 이상 노력을 하려고 하지 않을 것이고 下愚는 자포자기할 것이므로 이것은 나쁜 이론이라고 비판한다.[55]

氣質之性論 역시 도덕적 실천 가능성을 선천적 기질과 관련시킴으로써 도덕적 능력을 지적 능력과 혼동하는 오류를 범하는 것이라고 다음과 같이 비판한다.

> "先儒들은 기질의 맑고 흐림을 선악의 근본으로 여기나 아마도 잘못이 없지 않다. 진실로 기질에 따라 선악이 나누어진다면 堯舜은 스스로 그렇게 선하도록 정해졌으니 사모할 것도 없고, 桀紂는 스스로 악하도록 정해졌으니 우리가 따로 경계할 것도 없다. 오직 품부받은 기질의 행운과 불행에 달려 있다. 이로써 보건대 모든 사람의 성품은 본래 다같이 동등하다. 중등의 사람만이 성품이 서로 가까운 것이 아니다. … 품부받은 기질의 맑고 흐림이 선악을 결정한다는 주장은 실제의 경험적 사례와도 맞지 않는 경우가 많다. 맑은 기질을 타고나 上知가 된다면 이는 불가피하게 선한 것이니 어찌 선이 될 수 있는가? 그리고 흐린 기질을 타고나 下愚가 된다면 이는 부득이한 악이니 어찌 악이 될 수 있는가? 기질이 사람으로 하여금 지혜롭거나 둔하게 할 수는 있지만 선하게 하

---

55) 《孟子要義》 권2, 22면: "曰上智生而善下愚生而惡, 此其說有足以毒天下而禍萬世, 不但爲洪水猛獸而已. 生而聰慧者將自傲自聖, 不懼其陷於罪惡. 生而魯鈍者將自暴自棄, 不思其勉於遷改. 今之學者以聖爲天決意自畫, 皆此說禍之也." 참조.

거나 악하게 하는 것은 아니다.">[56]

　인간은 기질의 차이를 넘어서 선을 지향하는 의지를 누구나 평등하게 가지고 있을 뿐만 아니라, 무엇이 옳고 그른지를 판단할 수 있는 이성적 판단능력(思)을 우리의 마음에 지니고 있다. 그래서 심사숙고하게 되면 小體(육체)를 따르느라 大體(정신)를 어기거나 소체를 기르느라 대체를 해치는 일은 하지 않게 된다. 그러나 만일 심사숙고하지 않으면 마음을 외물에 빠뜨리는 데 이르러서 대체와 소체의 따르고 따르지 않아야 할 것을 바르게 하지 못하게 된다.[57]

　요컨대 타고난 지적 능력과 관계없이 선과 악의 선택과 실천에 있어서 모든 인간은 고유한 선의지와 이성적 숙고능력과 자유의지를 지니고 있으며, 따라서 행동의 결과에 대해서 책임이 있다고 다산은 주장한다. 이 점에서 다산은 決定論(determinism)을 반대하고 자유의지를 적극 옹호하는 입장(libertarianism)을 분명히 보여주고 있다. 다산이 '氣質之性'과 '性三品說'의 이론을 비판하는 것은 결과적으로 인간을 자유롭고 평등한 존재로 인식하고 있음을 보여주는 것으로 해석될 수 있다. 인간을 인간답게 해주는 것은 하늘로부터 부여받은 보편적 이성(영명성)인데, 모든 사람은 누구나 다 이러한 이성을 하늘로부터 부여받았다는 사실에서 '평등한 존재'이다. 그리고 우리 인간은 무엇이 좋은지를 이성에 의해 스스로 선택할 수 있는 자유로운 의지와 함께 그에 따른 책임을 떠맡아야 하는 '자유로운 존재'라고 할 수 있다.

---

56) 《論語古今注》 권9, 12면.
57) 《孟子要義》 권2, 29~30면: "苟一思之, 必不可從小而違大, 養小而害大. 苟
　　不思之, 必至陷溺其心, 而失其從違之正. 心之能思豈非幸歟! 於是乎讚美之,
　　曰此天之所以予我者." 참조.

제4절 종교적 실존성과 윤리적 실천

다산 인간관의 중요한 특징은 상제와 인간의 관계에 대한 강조이다. 성리학에서는 天을 인격적 주재자로보다는 형이상학적 근거로서 즉 太極이나 理로 파악한다. 따라서 성리학에서 인격적 주재자로서의 상제는 별다른 주목을 받지 못하고 있다. 다산은 이 점에 대해서 매우 비판적이다. 비인격적인 형이상학적 원리인 理를 존재의 궁극 근거로 받아들임으로써 발생하는 문제점을 다음과 같이 지적한다.

> "理는 본래 인식능력이 없고, 또한 위엄이나 권능도 없다. 그런데 무엇을 경계하고 삼가며 두려워하고 조심한다는 것인가!"58)

다산에 있어서 上帝란 천지와 귀신과 인간을 초월해 있으면서 천지와 귀신과 인간과 만물을 조화하고 주재하고 편안히 기르는 존재이다.59) 또한 인간의 화복을 주재하는 전지전능한 인격적 절대자이다. 다산은 고대의 성인들에게 자명하게 받아들여졌던 상제의 존재가 후세에 망각되었음을 개탄한다. 인간과의 관계에서, 상제는 인간에게 '靈明無形之體'를 부여하였다. 그래서 사람은 선을 즐기고 악을 미워하며 덕을 좋아하고 더러운 것을 부끄럽게 여긴다.60) 이를 일러 '性善'이라 부른다. 성이 발한 것이 '道心'이다. 도심은 항상 선을 행하고자 하고, 또 능히 선을 선택할 수 있다. 도심이 하고자 하는 바

---

58) 《中庸自箴》 권1, 5면: "理本無知, 亦無威能, 何所戒而愼之, 何所恐而懼之乎!"

59) 《春秋考徵》 권4, 24면: "上帝者何? 是於天地神人之外, 造化天地神人萬物之類, 而宰制安養之者也."

60) 《中庸自箴》 권1, 2면 참조.

94

를 한결같이 듣는 것을 '率性'이라 한다. 본성을 따름은 곧 天命을 따르는 것이기도 하다(率性者循天命也). 하늘이 직접 사람에게 말로 타이를 수는 없지만 명령하는 것이 불가능하지는 않다. 왜냐하면 하늘의 혀는 바로 사람의 도심에 붙어 있으므로 도심의 경고는 곧 하늘이 명령하는 훈계이기 때문이다.[61]

다른 사람들이 아무도 듣지 못하는 곳에서도 우리는 하늘의 소리를 홀로 똑똑히 들으니, 이는 더할 나위 없이 한편 자상하고 한편 엄하여 마치 타이르듯 하고 가르치는 듯하다. 일하는 것이 착하지 않으면 도심은 부끄러워하는데 부끄러워하는 마음이 발하는 것이 天命의 타이름이다. 행동함에 착하지 못한 바가 있으면 도심은 이를 뉘우치는데 뉘우치는 마음이 발하는 것이 곧 天命의 소리이다.[62] 이처럼 천명은 곧 도심에 내재해 있는 것이다.

우리 인간은 선을 좋아하고 선을 택할 수 있는 능력을 지니고 있는데, 그 근본은 천명에서 나온 것이다. 본성이 하늘로부터 부여된 것을 알면서 본성이 하고자 하는 바를 거스르고 오히려 부끄러워하는 것을 행한다면 이는 천명을 업신여김이요 천명을 거역함이니 죄가 하늘에 통한다.[63]

군자가 어두운 방 가운데서도 전전긍긍하며 감히 나쁜 짓을 하지 않는 것은 상제가 있어 굽어봄을 알기 때문이다. 상제와 나는 늘 은밀하게 도심을 통해 대화한다. 예컨대, 내가 잠시라도 사람을 상하게 하거나 사물을 해칠 뜻을 지니고 있으면 한편에서 따스한 말로 "허물은 다 너로부터 나왔으니 너는 어찌 그를 원망하랴. 네가 만일 마음을 풀면 어찌 너의 덕이 아니냐"라고 한다.[64] 주의해서 들으면

61)《中庸自箴》권1, 3면: "天之喉舌寄在道心, 道心之所儆告皇天之所命戒也."
62)《中庸自箴》권1, 3면 참조.
63)《中庸自箴》권1, 4면 참조.

회미하지 않고 뚜렷이 알 수 있다. 이 말이 빛나고 빛나는 천명임을 알고 따라서 순종하면 선이 되고 상서롭게 되며, 업수히 여겨 거스르면 악이 되고 재앙이 된다.[65] 하늘의 영명은 곧바로 사람의 마음에 통하므로 숨겨 있어도 알지 않음이 없고 미세하여도 밝지 않음이 없어, 거처하는 이 집을 굽어보며 날마다 감시함이 여기에 있음을 진실로 안다면 비록 대담한 사람이라고 하더라도 경계하고 삼가고 두려워하지 않을 수 없을 것이라고 다산은 말한다.[66]

이처럼 다산의 인간관에서는 상제의 존재를 믿고 상제와 대화하며 상제의 뜻을 따르는 종교적 실존으로서의 인간의 모습이 매우 강조된다. 상제의 존재에 대해 홀로를 심가고(愼獨), 심기고, 두려워하고 조심하는 것만이 인간 존재에게 올바른 삶의 길을 걷게 해주는 근거가 된다. 그러나 다산에 있어서 상제에 대한 신앙은 키에르케고르(S. Kierkegaard)의 신 앞에 선 단독자(das Einzelne)처럼 사회로부터 초탈한 것이 결코 아니다. 키에르케고르의 사상에서는 신에게 가까이 가기 위해서는 이 자연적 세계와 세속의 사회로부터 관심을 돌리지 않으면 안 된다. "파스칼과 비교해 보면, 키에르케고르의 인간은 자연적 세계를 완전히 배제하고 신 앞에 홀로 선 자아의 전체성만을 강조한 점에서 '고립된 개별존재'로서의 실존의 개념을 한층 완성시켰다고 볼 수 있다."[67]

키에르케고르에게는 자연적 세계질서도 다른 인간들과의 공동존재도 관심 밖이며, 오직 문제되는 것은 신 앞에 서 있는 단독자로서

---

64)《中庸自箴》권1, 5면 참조.

65)《中庸自箴》권1, 5면 참조.

66)《中庸自箴》권1, 5면: "天之靈明直通人心, 無隱不察, 無微不燭, 照臨此室, 日監在玆, 人苟知此, 雖有大膽者不能不戒愼恐懼矣." 참조

67) 曺街京,《實存哲學》(박영사, 1993), 39면.

96

신을 믿든가 믿지 않든가 하는 것일 뿐이다.[68] 그러나 같은 신에 대한 신앙이라고 하더라도 다산은 키에르케고르의 향내적 성격과는 전혀 방향을 달리한다. 다산에 있어서는 신앙의 결과가 내면성으로의 회귀나 단독자로서의 고독한 결단으로 향하는 것이 아니다. 오히려 사회적 관계의 무대와 구체적 실천의 현실로 나아간다. 그래서 역사현실에 참여하여 이웃공동체에 사랑을 베풀고 사회의 구조적 문제의 개혁과 개선에 앞장서게 한다. 다산에 있어서 상제에 대한 종교적 신앙은 사회적으로 대단히 적극적인 의미를 지닌다. 결코 상제에 대한 신앙이 내세의 구원에 대한 희망이나 영원한 삶에 대한 소망이나 신비주의적 신앙으로 귀결되지는 않는다. 다산에 있어서 종교적 실존은 사회적·윤리적 실천과 결코 분리되지 않는다. 상제가 인간을 판단하는 준거도 바로 사회에서의 인간의 도덕적 실천 여부에 달려 있다. "하늘이 사람의 선과 악을 살피는 방법은 항상 인륜에 있다. 인륜을 잘 행하면 이로써 하늘을 섬기는 것이 된다."[69]

이 점에서 다산에 있어서 상제의 존재는 종교적 의미보다는 도덕적 사회적 의미가 강한 것으로 보인다. 종교적 실존은 도덕적 실존과 크게 다르지 않다. 상제의 존재에 대한 믿음으로부터 다 같은 상제의 자녀로서의 다른 인간들의 삶의 현실에 대한 따스한 사랑(仁)의 실천이 무엇보다 중요한 의미를 지닌다. 다산은 주자학이 仁을 '心之德, 愛之理'라고 정의하는 것을 비롯해 四德을 선천적으로 타고난다고 주장하는 것에 대해서 철저히 반대한다. 天道의 元亨利貞의 원리가 인성에 품부되어 인의예지가 되므로 四德이 선험적으로 내재한다고 보는 四德本具論은 향내적 내면주의로 기울어서 사회적 실

---

68) 위의 책, 같은 곳 참조.
69) 《中庸自箴》 권1, 16면: "天之所以察人善惡恒在人倫, 善於人倫則可以事天矣."

천을 저해하는 이론이라고 다산은 비판한다. 왜냐하면 완전한 덕이 이미 마음에 내재한다고 보게 되면 행동을 통해서 덕을 성취하려는 것이 아니라, 心에서 덕을 찾으려고 노력하게 되며 이는 자칫 잘못하면 선불교의 병폐를 재현할 우려가 있다는 것이다.[70]

뿐만 아니라 인간은 인의예지라는 고정된 본질을 지니지 않는다. 성이란 단지 善을 좋아하고 惡을 싫어하는 마음의 기호일 뿐이다. 그리고 우리의 心 속에는 四端만이 아니라 무수히 많은 종류의 마음이 있는데[71] 이러한 마음을 행위로 발전시킴으로써, 즉 경험적 行事에 의해 비로소 仁義禮智 등등의 덕이 획득되는 것이라고 다산은 주장한다.

사회적 관계에서 실천을 통해 얻어질 수 있는 德을 성리학은 선험적으로 이미 마음에 구비되어 있다고 주장함으로써 향외적인 실천의 길을 막고 향내적 내면주의 내지 정숙주의로 오도한다는 것이 다산의 성리학적 인간관 내지 윤리관에 대한 비판의 핵심이라고 할 수 있겠다. 다산에게 있어서 인간이란 사회적 관계에서 행동을 통해 자신을 만들어 가는 존재이다. 산림에 은거하며 내면적으로 인격을 수양하고 자기를 위한 학문에 정진하는 도학자의 인간상은 비판의 대상이 된다. 현실의 한가운데서 지식과 행동으로써 책임 있는 역할을 수행하고 생산적인 효용가치를 창출하는 행동하는 인간, 창조적 인간을 다산의 인간관은 지향하고 있다. 신을 섬기는 방법도 타인과의 관계에서 선행을 통해 이루어지므로 다산에 있어서는 종교적인 향내적 실존성과 사회적 윤리적인 향외적 실천성이 결코 모순되는

---

70) 《孟子要義》 권1, 22면: "仁義禮智以爲本心之全德, 則人之職業但當向壁觀心回光反照, 使此心體虛明洞澈, 若見有仁義禮智四顆依俙髣髴受我之涵養而已. 斯豈先聖之所務乎?" 참조.
71) 《茶山詩文集》 권19, 31~32면 참조.

98

것이 아니라 오히려 상호 의존하는 관계이다.

제5절 욕망과 노동

관념적으로 이해된 추상적 인간보다는 생활세계에서의 구체적 체
험을 통한 인간 이해가 다산에게는 매우 중시된다. 현실의 인간들은
배고프면 먹고 목마르면 마셔야 하고, 더 많은 재산과 명예를 위해
다투는 욕망에 의해 지배된다. 또한 사회 속에서 다른 인간들과 다
양한 관계를 맺고 그 관계 속에서 삶을 이어간다. 이러한 현실적 인
간의 모습에 대해서 다산은 주목한다. 현실적 인간은 무엇보다 대개
의 경우 이익을 추구하기를 물이 아래로 내려가듯이 하고, 손해를
피하기를 마치 불이 습기를 피하는 것처럼 한다고 다산은 비유한
다.[72] 종교적·도덕적 차원에서는 인간이 선을 좋아하고 악을 미워
하지만, 현실사회적 관점에서 보면 인간은 철저하게 이해관계에 의
해 지배된다.

벤담이 모든 인간 행위의 동기를 쾌락의 원리로 분석한 것과 유
사하게 다산은 사회적 인간은 누구나 이해관계의 잣대에 의해 행동
하고 있음을 간파하고 있을 뿐만 아니라, 이러한 현실적 인간의 본
성에 근거해서 사회과학적 진단과 처방을 시도하였다. 다산에 따르
면 인간의 여러 가지 욕망 가운데 특히 기본적으로 중요한 것은 부
에 대한 경제적 욕망과 권력(貴)에 대한 정치적 욕망이다.[73] 대체로

---

72) 《茶山詩文集》 권11, 5면 〈田論 4〉: "民之趨利也, 由水之趨下也 … 民之
辟害也, 若火之違濕也."

73) 《尙書古訓》 권2, 32~33면: "原夫生民有欲其大欲有二, 一曰富, 二曰貴. 凡
君子之族仕於王朝者, 其所欲在貴. 小人之族耕於王野者, 其所欲在富. 官人
失其宜, 則怨詛興於貴族. 惠民有不周, 則怨詛興於小民. 二者皆足以失國. 默

일반 대중들은 부한 욕망이 그리고 엘리트들은 권력에 대한 욕망이
강하다. 다산은 인간의 원초적 욕망을 도덕으로 규제하려고 하기보
다는 그러한 욕망을 어떻게 합리적으로 만족시킬 것인가 하는 문제
에 주목하였다. 다산에 따르면 정치의 과제는 백성들의 부에 대한
경제적 욕망을 적극적으로 충족시키고, 엘리트들이 권력에 접근할
수 있는 공평한 기회를 보장함으로써 각자의 욕망을 합리적으로 만
족시킬 수 있도록 해주는 것이다. 만일 이러한 인간의 기본적 욕망
을 적절히 충족시켜 주지 못한다면 국가의 정치체제는 붕괴할 수밖
에 없다.[74]

　인간이란 누구나 욕망을 지니고 있지만 현실적으로는 그러한 욕
망의 충족 기회가 불공평하다. 소수의 특권계급은 업적과 관계없이
선천적으로 주어지는 막대한 부와 권력을 향유하고, 다수의 대중들
은 최소한의 부에 대한 욕망도 충족시킬 수가 없다. 성리학은 욕망
을 天理와 대립되는 부정적인 것으로 인식한다. 그러나 다산은 욕망
이 반드시 부정적인 것이 아니라, 행위를 추동하는 동력으로 매우
중요한 기능을 하고 있음을 주목한다.

　　"우리 인간의 영혼 속에는 본래 무엇을 하고자 하는 욕망의 단서가 있
　　다. 만약 이러한 하고자 하는 욕심이 없으면 천하의 모든 일이 모두 이
　　루어질 수 없다. … 나는 일찍이 어떤 사람을 보았는데 그 사람의 마음
　　은 담백하여 아무런 욕심이 없어서 착한 일도 할 수 없고 나쁜 일도 할
　　수 없으며 글을 짓지도 못하고 산업에 힘쓰지도 못하니 곧 천지 사이에
　　쓸데없는 물건이 되었다. 사람이 어찌 욕심을 없앨 수 있는가?"[75]

思人國之所以治亂興亡 人心之所以向背去就, 不出此二者之外." 참조.
74) 위의 책, 같은 곳 참조.
75) 《心經密驗》〈孟子曰良心莫善於寡欲〉주석 참고.

100

문제는 욕망 그 자체가 아니라, 욕망이 타인과 공존할 수 있고 타인의 삶에도 이바지할 수 있는 것이냐, 아니면 배타적이고 타인에게 해가 되는 것이냐이다. 인간은 神形妙合의 존재이므로 결코 욕망을 부정할 수는 없다. 다만 그것이 사회성과 크게 모순되지 않는다면.

여기서 우리는 다산의 인간관을 토마스 아퀴나스의 그것과 비교해보자.[76] 토마스 아퀴나스에 있어서도 인간의 실존이란 이성(reason)과 정념(passion) 사이의 갈등의 드라마이다. 그리고 정념이 이성을 이기는 경우가 많다. 그래서 "내가 좋아하는 善은 하지 않고, 내가 싫어하는 惡을 나는 한다. … 나는 내 정신의 법칙에 대항해서 싸우며 나를 사로잡는 또 다른 법칙을 본다."[77] 여기서 정신의 법칙은 이성의 지배이고 육체의 법칙은 정념의 지배이다. 토마스 아퀴나스는 이성의 지배를 개명된 왕의 지배에, 정념의 지배를 무자비한 독재자의 지배에 비유한다. 인간은 이성의 지배를 따를 때 인간으로서 행동하는 것이고, 정념의 지배를 따르면 동물같이 행동하는 것이다. 그러나 인간에게 정념이 아무런 소용이 없는 것은 아니다. 사실 정념이야말로 행동을 유발하는 최선의 보증자이다. 정념이 때때로 이성의 조언과 의지의 명령에 맞서기도 하지만, 우리의 더 높은 힘으로부터 커다란 노력이 필요할 때 튼튼한 협력자가 될 수도 있다. 그래서 정념의 불가피성을 토마스 아퀴나스는 인정하고 있다. "감각적 욕망 속에서 정념(情念)이 발동되지 않고서는 인간의 의지가 어떤 대상을 향하여 강하게 작동하는 것이 불가능하다."[78]

---

76) 토마스 아퀴나스의 심리학 또는 인간학에 대해서는 Brennan, R. E., *Thomistic Psychology* (New York: The Macmillan Company, 1948), 147~168면 참조.
77) 위의 책, 162면.
78) 위의 책, 162면.

다산이나 토마스 아퀴나스나 인간을 육체적 욕망과 정신적 이성 사이에서 갈등하는 존재로 파악하고 정신적 이성이 육체적 욕망을 통제해야 한다고 보면서도, 정념을 전적으로 부정하지 않고 행동의 추진력으로서의 그 적극적 의미를 인정하는 데서 공통성을 찾아볼 수 있다.

사회 속의 인간들은 욕구를 충족시키기 위해서는 노동을 하지 않으면 안 된다. 노동은 가치의 원천이다. 만일 노동을 하지 않고서도 먹고산다면 그것은 다른 누군가의 노동의 대가를 향유하는 것이다. 노동을 하는 사람은 적고 타인의 노동의 성과를 향유하기만 하는 사람이 많다면, 그 사회는 가난하고 부정의한 사회가 될 수밖에 없다. 다산은 당시 사회의 주요한 모순이 바로 이러한 잘못된 노동의 구조에 있다고 진단하고, 신분의 고하를 떠나서 누구나 노동을 해야 한다고 본다. 노동하는 인간, 노동해야만 하는 인간, 이것은 다산의 인간 이해에서 매우 중요한 내용이다. 다산이 전제개혁의 대안으로 제시한 여전제(閭田制)는 모든 사람이 다 노동을 해야 함을 전제로 하는 제도이다. 여전제에서는 오직 직접 농사를 짓는 사람만이 곡물을 분배받고, 그 외 상업이나 공업을 하는 사람은 교환에 의해 곡물을 얻고, 관리는 녹봉에 의해 생계를 잇도록 되어 있다. 만일 농사도 장사도 공업도 교육도 기술개발도 벼슬도 하지 않는 사람은 적법하게 분배를 받을 수 없도록 되어 있다.[79] 이 제도는 노동하지 않고 기식하는 양반계급을 겨냥한 것이다. 신분의 귀천과 지위의 고하를 막론하고 육체노동이든 정신노동이든 간에 인간이라면 보편적으로 노동하지 않으면 안 된다는 이념적 요청을 다산은 여전제를 통해 제도적으로 구현하고자 하였다.

---

79) 《茶山詩文集》 권11, 3~7면 〈田論〉 참조.

102

가난과 풍요는 자연에 의해 결정되는 것도 운명에 의해 정해진
것도 아니다. 가난은 애써 정신적으로 초탈하려 함으로써 진정으로
해결될 문제가 아니다. 그것은 기술을 발전시켜서 생산성을 향상시
키고 보다 열심히 노동하고 절약하며, 노동의 결과를 고르게 나눌
수 있는 사회제도를 정착시킴으로써 해결될 수 있다는 것이 다산의
진취적이고 낙관적인 신념이다. 열심히 일해서 부유하게 사는 것은
결코 상제에 대한 신앙과 모순되지 않는다. 상제가 부여한 인간의
삶은 고통이 아니라 축복이 되어야 하기 때문이다. 그리고 상제는
인간이 기술을 발전시켜 잘살 수 있도록 뛰어난 지능(知慮巧思)을
부여하였다.[80]

또한 사회적 존재로서의 인간은 사회적 갈등과 문제를 해결하기
위해 정치지도자를 추대하고 정치체제를 구성해 가며 지도자로 하
여금 民의 여론에 따라 법을 제정하여 공동의 사회적 이익을 증대
시켜 나가도록 하는 능동적 주체이다.[81] 만일 정치 지도자가 일반
민중의 이익과 의사를 충분히 반영하지 못하면 당연히 지도자를 교
체할 수 있다.[82]

요컨대 사회적 공동존재로서의 현실적 인간은, 욕망의 힘에 의해
지배되며, 노동과 기술에 의해 합리적으로 욕망을 충족시키고, 사회
구조를 이성적으로 만들어 나감으로써 욕망의 평등하고 합리적인
충족을 도모하는 것이다.

---

80) 《茶山詩文集》 권11, 10면 〈技藝論〉 참조.
81) 《茶山詩文集》 권10, 4~5면 〈原牧〉 참조.
82) 《茶山詩文集》 권11, 〈湯論〉 참조.

제6절 다산 인간관의 특성과 철학사적 의의

융(C.G. Jung)에 따르면, 향외적 인간형이란 리비도가 외적 객관 세계를 지향해서 외부 사람들이나 대상에 대한 관심이 높고, 따라서 사회적으로 타인들과 함께 어울리기를 좋아하고, 외적환경에 민감하게 반응하면서 새로운 사건을 벌이기를 좋아한다. 다산에 있어서도 이상적 인간이란, 사회적 관계 속에서 합리적으로 이해득실과 시비 선악을 따져보고 매 상황 속에서 최선의 합리적 대안을 모색하며, 노동을 통해서 경제적 가치를 생산하고, 사회적 실천을 통해서 이웃 사랑을 함께 나누며 자기 본질을 창조해 나가는 외면적 관계의 인간이요, 실천적으로 행동하는 인간이요, 새로운 가능성과 경험 앞에 열려 있는 개방적 인간이다. 종합적으로 보면 이러한 다산의 인간관은 융이 뜻하는 바의 향외적 인간형에 해당한다고 볼 수 있을 것이다.

다산의 인간관은 동양 내지 한국의 인간관의 전통에서 볼 때 다음과 같은 점에서 중요한 의의를 지닌다.

첫째, 자연과 인간의 관계에 대해서 동양철학의 전통에서는 유기적 조화를 중시하였으나, 다산은 자연을 인간을 위해서 존재하는 도구적 존재로 대상화함으로써 근대의 인간 중심적인 정복적 자연관과 인간 주체의 인간 중심적 인간관의 단서를 보여주고 있다.

둘째, 송대 성리학 이래 철학사적으로 큰 의미를 지니지 못한 上帝의 의미를 강조함으로써, 인간을 추상적 원리인 理氣와의 관계에서가 아니라 인격적 절대자와의 관계에 의해서 파악한다. 상제를 강조하는 것은 외견상 근대적 인간관과 모순되어 보이지만 실제에 있어서는 그렇지 않다. 다산 사상에서 상제의 존재는 불합리하고 내세

지향적이고 신비주의적 가치관을 지향하기보다는, 합리적이고 현세
지향적인 가치관과 깊은 관련을 가진다. 상제에 대한 종교적·철학
적 신앙은 현실적으로 볼 때 인간에 대한 자유와 평등사상의 고취,
자연에 대한 인간 존재의 우월성 정당화, 사회의 합리적 개혁을 촉
진하는 이념적 구심점으로 기능할 수 있다.

셋째, 성리학의 이기론적 인간관에 의해 간과되었던 인간의 사회
적 공동존재성(共同存在性)·욕망·노동을 중시한다. 사회적 실존으
로서의 인간은 태어나서 죽는 순간까지 다른 인간들과 더불어 살아
가는 철두철미한 사회적 존재이다. 사회적 존재로서의 현실적 인간
은 욕망에 의해 지배되고 있으며, 욕망을 충족시키기 위해서는 노동
을 하지 않을 수 없는 노동의 인간이다. 뿐만 아니라 이성을 소유한
인간은 주체적으로 공동의 문제해결을 위해 정치 지도자를 뽑아 정
치적 공동체를 조직하고, 지도자로 하여금 공동의 이익을 위해 여론
에 따라 법을 제정하도록 하는 정치적 동물이기도 하다.

넷째, 향외적인 실용주의적 인간관을 강조한다. 종래의 성리학적
인간관은 인간을 영원한 진리의 체계에 비추어서 이해하고, 내면적
성찰과 수양 그리고 주지주의적 탐구를 중시하였다. 이에 비해 다산
은 사회적 관계 속에서 적극적 행동을 통해서 덕을 형성하고 가치
를 창조해 가는 향외적인 실용주의적 인간관을 강조하는 특성을 강
하게 지닌다.

신의 존재를 긍정하는 종교인으로서 그리고 선의 절대적 요청을
중시하는 도덕가로서의 다산은 자유의지와 성선설을 신봉하고, 도심
(道心)의 절대적 실천을 주장한다. 그러나 사회과학자로서의 다산은
의식의 존재피구속성과 인간의 이기심을 부정하기 어려웠다. 인간의
욕망을 다 긍정할 수는 없지만 그것이 사회적 공리를 크게 해치지
않는 범위 내에서 욕망의 현실성을 인정하지 않을 수 없는 것이 경

세가의 입장이다. 사실 이러한 종교인 내지 도덕가로서의 다산과 경세가 내지 사회과학자로서의 다산의 인간관 사이에는 어느 정도 긴장이 있음을 부정할 수는 없다. 전자의 측면만 보면 그는 '存天理去人欲'을 모토로 하는 주자학자와 결과적으로 크게 다를 것이 없는 것처럼 보인다. 단지 주자학은 형이상학적 태극을 궁극적 근거로 삼고 다산은 신학적 상제를 궁극적 근거로 삼는다는 점이 다르다. 그러나 다산은 (경세가 내지 사회과학자로서의) 후자 측면의 인간성에 대해 주자학에 비해 훨씬 더 적극적 의미를 부여한 점에서 그의 인간관은 새로운 시대정신을 보여주었다고 할 수 있다. 그리고 인간 존재의 이러한 양면성을 지양하려는 노력 속에서 그의 인간관의 또 다른 중요한 특성을 읽을 수 있다.

철학사적으로 다산의 인간관은 몇 가지 점에서 주목할 필요가 있다.

첫째, 다산의 인간관은 전통유교의 인간관에 기초하면서도 서학을 통해서 수용된 서구의 사상을 부분적으로 받아들임으로써 동서 인간관의 창조적 융합의 한 예를 보여주고 있다.[83]

둘째, 전통적 천인합일적 인간관에서 해방되어 자연을 대상화하고 인간을 자연에 대해 우월한 주체로 정립함으로써 근대적 인간관의

---

83) 다산의 새로운 사상 형성에 있어서 西學이 미친 영향은 매우 중요하다. 그 영향의 범위와 정도를 정확하게 구체적으로 파악하는 것은 다산의 사상이해에 있어서 필수적인 작업이다. 다산 사상과 西學의 연관성에 대한 기존의 연구로는 아래의 논문을 참고할 수 있다.
금장태 외, 《다산 정약용의 서학사상》─1993년도 다산문화제 기념논총─(다섯수레, 1993).
차기진, "성호학파의 서학 인식과 척사론에 대한 연구"(한국정신문화연구원 한국학대학원 박사학위 논문, 1996) 등이 있다.

특성을 내포하고 있다. 나아가 욕망의 적극적 의미를 긍정하고 노동의 중요성을 강조함으로써 금욕적·명상적인 중세 종교적 인간관으로부터의 근대적 전환을 보여주고 있다.

셋째, 성리학의 향내적 성인(聖人)의 인간학을 보통 사람을 위한 향외적 실용주의 인간학으로 전환하였다. 다산은 실생활의 구체적 요구로부터 유리된 유한계급의 형이상학적 인간관을 비판하고 실생활의 요구에 긴밀하게 부응하는 자유롭고 평등하며 실용주의적 인간관을 정립하고자 하였다. 그리고 다산은 종교적 실존성과 사회적 실용성을 양자택일의 모순논리로 보지 않고, 현실적 사회생활의 실천 속에서 종교적 정진과 도덕적 수양을 이루어야 한다고 보았다. 그리하여 한편으로는 현실성 없는 공허한 이상주의나 정신주의를 극복하고, 다른 한편으로는 이념이 결여된 천박한 실용주의를 지양하여 이상적 가치를 구체적 현실에 실용주의적으로 접목하는 새로운 창조적 인간관을 모색하였다고 볼 수 있다.

제4장 행사(行事)의 윤리학

다산은 주희의 윤리사상을 비판하고 새로운 윤리학을 시도하였다. 주희의 윤리학은 心의 體와 用을 함께 고려하면서도 체의 수양을 우선적으로 중시하지만, 다산 윤리학은 생활에서의 응용과 실천을 위주로 한다. 또한 주희 윤리학은 동기주의적·의무론적 성격이 강하지만, 다산은 상대적으로 결과를 중시하는 공리주의적 경향이 짙다.

제1절 도덕의 궁극적 근거: 상제

도덕의 궁극적 근거는 무엇인가? 자연인가? 인간인가? 신인가? 궁극적 근거를 어디에 두느냐에 따라 자연주의적 윤리냐, 휴머니즘적 윤리냐, 유신론적 윤리냐가 나누어진다. 다산 윤리학은 상제(上帝)에 근거한다. 특히 《중용》의 해석에 있어서 그러하다. 인간의 윤리적 삶과 상제의 존재는 어떠한 관계가 있는가? 성리학에서 최고 존재는 태극이다. 태극은 곧 이(理)와 다른 것이 아니다. 理 그 자체는 지성이나 의지를 갖는 존재가 아니라, 존재의 원리이고 당위의 규범이며 실천의 이념일 뿐이다. 다산 윤리학에 있어서 태극은 인격적 상제로 대체되며, 상제는 윤리학적으로 최소한 두 가지 의미를 지닌다. 첫째는 인간에게 선을 좋아하고 악을 부끄러워하는 착한 본성 또는 도심(道心)을 부여한 존재이다. 그리하여 인간의 도심 속에 깃들어 있는 내면의 목소리로서의 상제이다. 상제는 도심을 통해 우리가 나쁜 생각이나 행동을 하면 부끄러운 느낌을 갖게 해주고, 선한 일을 하면 뿌듯한 느낌을 갖게 해준다.

> "하늘이 생명을 부여해 주는 처음에 이 천명을 주고, 또한 살아 있는 날에 시시각각으로 연속적으로 이 천명을 둔다. 하늘이 곡진(曲盡)하게 말로 명하지 않는 것은 불가능해서가 아니다. 하늘의 혀는 도심(道心)에 붙어 있기 때문에 도심이 고하는 바는 하늘이 명하고 경계하는 바이다. 다른 사람이 듣지 못할 뿐이다. 홀로 똑똑히 듣는 것이 더할 나위없이 자상하고 엄하여 (사람이) 타이르고 훈계하는 것 같다. 어찌 그저 곡진할 뿐이겠는가? 일이 선하지 못하면 도심은 그것을 부끄러이 여기니 부끄러움이 발하는 것은 곡진한 천명이다. 행위에 선하지 못한 것이 있으면 도심은 그것을 뉘우치니 회한이 발하는 것은 곡진한 천명이다."[84]

상제의 또 다른 의미는 우리가 어두운 방에서도 감히 스스로를 속이고 나쁜 생각이나 행동을 하지 못하도록 우리를 악으로부터 감시하며, 선한 행위를 하면 상을 주지만 악한 행동을 하면 벌을 주는, 그래서 우리가 늘 삼가고 두려워할 수밖에 없도록 하는 존재이다. 즉 선악의 감시와 심판자로서의 상제이다.

> "군자가 어두운 방 가운데 있으면서도 전전긍긍하며 감히 악을 저지르지 못하는 것은 상제가 있어서 너에게 임하는 것을 알기 때문이다. 지금 명(命)과 성(性)과 도(道)와 교(敎)를 모두 일리(一理)로 환원시키면, 理는 본래 인식능력이 없고 위엄과 권능도 없는데 무엇을 경계하고 삼가며 두려워하고 조심한다는 것인가!"[85]

이상에서 보듯이 다산 철학에서 상제의 존재는 윤리적 삶과 관련하여 강조되는 도덕적 신이다. 태극 또는 리(理)는 지성과 의지를 지닌 인격적 존재가 아니기 때문에 우리 인간 행위의 선악을 인지하고 평가하여 심판할 수 있는 능력이 없다. 그래서 다산은 천(天)을 리(理)로 해석하는 성리학적 천관에 본질적 문제가 있다고 보고, 천을 인격적 상제로 해석하여야 그 본래의 도덕적 주재자로서의 의미를 살릴 수 있다고 강조하는 것이다.

그러면 상제의 존재는 어떻게 증명될 수 있는가? 이 문제에 대해 다산은 직접적으로 논증하려고 하기보다는 상제의 존재를 믿었던 성인과 성인의 말씀이 담긴 경전의 권위에 의존하고 있다. 그리고 그는 무엇보다도 우리가 마음속으로 도심을 통해 상제의 목소리를

---

84) 《中庸自箴》 권1, 3면.
85) 《中庸自箴》 권1, 5면.

늘 직접적으로 체험할 수 있다고 생각했다. 다산 윤리학에서 상제의 존재는 내세지향적이거나 신비주의적인 방향이 아니라, 도리어 현세의 인간관계에서 적극적인 윤리적 실천을 통해 선의 가치를 창조하도록 하는 정신적 구심점의 역할을 한다.

제2절 기호로서의 성과 자유의지의 문제

인간의 본성이 착하냐 악하냐 하는 문제는 동양 윤리학사의 쟁점이다. 다산은 이 문제를 어떻게 보고 있는가? 성리학에서는 맹자의 성선설에 대해 그것은 본연지성만을 말하는 것으로서 '불비'(不備)하다고 비판하고, 본연지성에 기질지성까지 아울러 말해야 비로소 바르게 갖추었다고 말한다. 성리학에서는 본연지성은 선하지만, 기질지성은 선악의 경향을 함께 지닌다고 설명한다. 이에 대해 다산은 성에 대한 정의부터 재규정한다. 성리학에서 성은 곧 리(理)이고 그것은 인의예지를 실체로 한다. 다산은 고증학적 탐구를 통해 성의 원래 뜻은 기호(嗜好)라고 해석한다. 예컨대, 꿩의 성은 산을 좋아하고, 사슴의 성은 들을 좋아하고, 누구의 성(품)은 산수를 좋아하고, 누구의 성(품)은 서화를 좋아한다라고 할 때처럼 성이라는 말은 즐겨 좋아한다(嗜好)는 뜻과 밀접하게 관련된다는 것이다. 경전을 보면 《尙書》〈召誥〉의 "節性惟日其邁", 《孟子》의 "動心忍性", 《禮記》〈王制〉의 "修六禮以節民性" 등 모두 '기호'로서 성을 삼는다는 것이다.[86]

그리고 인간 마음의 기호는 선을 좋아하고 악을 부끄러워한다(樂善恥惡)는 것이다. 즉 그는 성선설을 옹호하는 것이다. 그 논거는 대략 다음과 같다. 기호에는 두 가지 의미가 있다. 하나는 현재 당장

---

86) 《中庸自箴》 권1, 2면 참조.

좋아하는 것으로서의(目下之耽樂) 기호이고, 다른 하나는 결국에 좋은 결과를 가져온다는(畢竟之生成) 뜻의 기호이다. 전자를 심정적 기호, 후자를 결과적 기호라고 해보자. 심정적 기호의 예로는, 꿩의 성은 산을 좋아하고, 사슴의 성은 들을 좋아한다는 것을 들 수 있다. 결과적 기호는 벼의 성은 물을 좋아하고, 파와 마늘은 닭똥을 좋아하는 것을 예로 들 수 있다. 이것을 인간에 적용시키면 다음과 같다.

내가 일찍이 선행을 하지 않았으나 남이 나를 착하다고 칭찬해주면 기뻐하고, 내가 일찍이 악행을 한 적은 없으나 남이 나를 나쁘다고 비방하면 나는 성을 내게 된다. 이것은 다름이 아니라 선이라는 것은 기뻐할 만하고 악이란 부끄러운 것임을 알기 때문이다. 그리고 다른 사람이 선한 행위를 하는 것을 보고 그것을 선하게 여기고, 다른 사람이 악한 행위를 하는 것을 보고 그것을 나쁘게 여기는 것은, 선이란 사모할 만하고 악이란 미워할 만하다는 것을 알기 때문이다. 이처럼 누구나 적어도 심정적으로는 선을 즐기고 사모하며, 악을 부끄러워하고 미워한다는 보편적 경험으로부터 인간의 성은 선을 좋아한다고 다산은 판단한다. 이것이 다산이 말하는 심정적 기호(目下之耽樂)이다.

어떤 사람이 선하고 의로운 행위를 지속적으로 쌓아나가면 하늘을 우러르고 땅을 굽어보아도 부끄러움이 없고 스스로 반성해도 거리낄 것이 없어서 마침내는 마음이 넓어지고 몸이 넉넉해져 얼굴과 등에까지 덕이 넘치게 되며, 더 나아가서는 호연지기가 천지 사이에 가득 차게 된다. 이는 다름 아닌 벼가 물에서 잘 자라는 것처럼 사람은 선을 행하는 것이 본성에 맞기 때문이다. 반대로 어떤 사람이 오늘 하나의 마음에 거슬리는 행위를 하고 내일 또 그렇게 하기를 반복하면 스스로를 상하게 하고 안으로 부끄러워져서 "내 일은 이미 그르쳤다. 내가 다시 무슨 희망이 있겠는가?" 하고 자포자기하여 뜻이 쇠약해지고 기가 꺾여서 이익으로 유인하면 개돼지처럼 끌려가고, 위협을 하면 여우와 토끼가 굴복하듯 한다. 그래서 초췌하고 위축되어 죽음의 길로 나아가니, 이는 바로 성을 거슬러 악하게 행동한 결과이다. 이로써 선한 사람과 악한 사람의 삶의 결과를 살펴보면 어느 쪽이 성을 따라서 또 어느 쪽이 성을 거슬러 살았는지 알 수 있다. 요컨대 궁극적으로 몸에 좋은 결과를 맞이하는 쪽의 사람의 행위 즉 선한 행위가 본성에 맞는 것이고, 따라서 성의 기호는 선을 좋아하고 악을 부끄러워한다는 사실을 확인할 수 있다는 것이다. 이것이 다산이 말하는 결과적 기호(畢竟之生成)이다.[87]

다산은 이처럼 두 가지 의미에서 인간의 성은 선을 좋아하고 악을 부끄러워한다고 주장한다. 그런 까닭에 인간에게 선의 실천이 가능하고, 설사 악행을 일삼던 사람도 다시 선으로 되돌아올 수 있지, 그렇지 않다면 어떻게 선의 실천이 가능하겠느냐 하는 것이 다산의 판단이다.

다산은 사람의 본성이 선함에도 불구하고 실제 행사에 있어서는 선을 실천하기는 힘들고 악을 행하기는 쉽다는 것을 인정한다.[88] 성선설이 사회적 현실 속에서 누구나 선한 행동을 더 많이 한다는 의미는 아니다. 그러나 만약 성이 선하지 않다면 그 정도의 선도 행할 수 없을 것이다. 요컨대 다산에 따르면 인간의 마음은 누구나 선을 즐기고 악을 미워하지만, 실제 행동에 있어서는 도리어 악은 행하기가 쉽고 선은 행하기 어려우며, 자유의지의 관점에서 보면 선과 악 가운데 어느 쪽도 선택할 수 있다. 그래서 순자는 행사(行事)의 관점에서 성을 해석하여 성악설을 주장하였고, 양웅은 자유의지(權衡)

87)《大學講義》권2, 26면 참조.
88)《大學講義》권2, 28면 참조.

의 관점에서 보아 선악이 혼재한다고 보았다는 것이다.

> "이를 총괄해 보면 靈體 내에는 세 가지의 이치가 있다. 性으로 말하면
> 선을 좋아하고 악을 수치로 여기니 이는 맹자가 말하는 性善이다. 權衡
> 으로 말하면 선할 수도 있고 악할 수도 있으니 告子의 湍水의 비유와
> 揚雄의 善惡混說이 발생될 수 있는 까닭이 된다. 行事로 말하면 선하기
> 는 어렵고 악하기는 쉬우니 이는 순자의 성악설이 발생될 수 있는 이
> 유가 된다. 순자와 양자는 性字에 대한 인식이 본래 잘못되어 그 말에
> 차질이 있지만, 우리 인간의 靈體 내에 본래 이러한 세 가지 이치가 없
> 는 것은 아니다."[89]

그런데 다산에 있어서 진정한 성의 의미는 행사와 자유의지의 관
점에서가 아니라, 기호의 뜻으로 해석되어야 하며, 이 점에서 볼 때
맹자의 성선설이 가장 타당하다는 것이다.

성이 선하다면 악은 어디서 오는가? 성리학자들에게 있어서 악은
형기 즉 기질지성에서 비롯된다. 다산은 악이 반드시 육체와 관련된
다고만 보지는 않는다. 왜냐하면 식색과 안일을 추구하는 데서 비롯
되는 악도 있지만, 교만과 오만 또는 명예욕과 같은 정신적 동기에
서 오는 악도 많기 때문이다.[90] 다산에 따르면 악은 기질 때문이 아
니라 '陷溺'(빠짐)에서 온다고 한다. 기질에 불선의 원인을 돌리게
되면 그것은 자연적인 것이기 때문에 벗어날 길이 없어서 사람들은
자포자기하게 된다. 그러나 '함닉'에서 원인을 찾게 되면 원인이 자
기 자신에게 있으므로 구원될 수 있는 방법이 있다.[91] '함닉'도 몇

---

89) 《心經密驗》〈心性總義〉 참조.
90) 《大學講義》 권2, 27면 참조.
91) 《孟子要義》 권2, 25면 참조.

가지로 유형을 나눌 수 있다. 형기의 사욕, 습속의 오염, 외물의 유혹 등의 요인으로 양심이 함닉되어 큰 악에 이른다는 것이다.[92]

성리학에서는 인간의 타고난 기질과 그의 도덕적 실천 사이에는 관계가 있다고 본다. 선천적으로 맑고 순수한 기질을 타고난 사람은 도덕성을 실현하는 것이 보다 더 용이하고, 이에 비해 탁하고 순수하지 못한 기를 타고난 사람은 더 많은 노력을 해야 맑은 기질의 사람과 비슷하게 행동할 수 있다는 것이다. 성리학의 기질지성 이론은 기질이 선천적으로 결정되어 있는 닫힌 구조라고 보는 것은 아니지만, 그럼에도 불구하고 기질과 도덕성의 실천 사이에 연관성이 있음을 인정하는 것은 분명하다. 이 점에서 다산은 성리학자와 견해를 전혀 달리한다. 다산에 따르면 사람에 따라 기질의 차이가 있음은 사실이지만, 기질의 차이는 지혜로움과 어리석음에 관계될 뿐이지, 도덕적 선악의 실천과는 무관하다는 것이다. 예컨대 기질이 아주 맑은 사람 가운데도 지혜롭지만 악한 사람이 있는가 하면, 기질이 흐린 사람 가운데도 어리석지만 선한 사람이 있다는 것이다. 도덕적 선악의 문제는 타고난 선천적 기질과 관계없이 선악에 대해 스스로의 자유의지를 어떻게 행사하느냐에 달렸다는 것이다. 즉 인간에게는 기질의 제약을 넘어서 선과 악을 주체적으로 선택할 수 있는 자유의지(自主之權)가 있다는 것이다. 동물의 행동은 본능에 의해 결정되므로 도덕적 가치판단을 내리는 것이 무의미하지만, 인간의 경우에는 자유의지가 있으므로 스스로가 선택한 행위의 결과에 대해 책임을 져야 한다. 그리고 이에 따라서 인간 행위의 공과(功過)에 대한 칭찬이나 비난도 가능하다는 것이다.[93]

---

92) 《孟子要義》권2, 25면 참조.
93) 《孟子要義》권1, 34~35면 참조.

제3절 덕은 선험적으로 존재하는가 아니면 실천에 의해 획득되는가

인간은 인의예지의 덕을 선험적으로 지니고 태어나는가, 아니면 인의예지는 실천을 통해 얻어지는 것인가? 이 문제는 주희와 다산 윤리학의 핵심적 쟁점 가운데 하나이다. 주자학의 체계에서 보면 인간은 마음의 덕으로서 인의예지라는 이치를 선험적으로 지니고 있다. 천지의 원형이정(元亨利貞)의 사덕(四德)에 대응하는 인간의 덕으로서 인의예지는 본구적(本具的)인 것이다. 인의예지를 선험적으로 지니고 있기 때문에, 인의 덕으로부터 유래하는 것이 측은지심이고, 의의 덕으로부터 수오지심, 예의 덕으로부터 사양지심, 지의 덕으로부터 시비지심이 유출된다는 것이다. 즉 인의예지의 사덕은 사단(四端)의 가능근거이다. 주자학에서는 사단의 단을 말미(末尾)의 뜻으로 해석한다. 사덕이라는 내면의 덕이 밖으로 조금 드러난 말미가 사단이라는 것이다. 다산은 이와 정반대되는 입장을 취한다. 즉 사단의 단은 내면의 사덕이 밖으로 드러난 말미가 아니라, 덕을 이루기 위한 시작(始) 또는 머리(頭)의 뜻이라고 주장한다.[94]

사단의 마음을 머리 또는 시작으로 삼아 실천으로 옮김으로써 비로소 사덕이라는 이름이 이루어지므로, 사단은 사덕에 대해 시작 또는 머리의 뜻을 지닌다는 것이다. 다산에 있어서 사단은 사덕이 되기 위한 시작이고 머리이지, 결코 선험적으로 주어진 사덕이 외부로 드러난 단서가 아니다. 인간의 마음에는 무수히 많은 종류의 마음이 있는데, 사단은 그 가운데 대표적인 것의 일부일 뿐이다. 그리고 사덕은 그러한 사단의 실천에 의해서 비로소 얻어지는 덕이다. 다산은

---

94) 《孟子要義》 권1, 23면 참조.

사덕과 사단의 관계에 대한 성리학자들의 잘못된 해석은 윤리학적으로 여러 가지 중요한 문제를 파생시킨다고 주장한다. 즉 사덕이 선험적으로 마음에 갖추어져 있다는 이론은 사람들로 하여금 자기 심성을 향내적으로 관조하는 데 힘쓰게 하고, 사회적 관계 속에서 실천을 통해 사덕을 획득하려고 노력하도록 하지 않는다는 것이다. 그러나 만약 사덕이 행사에 있어서 실천을 통해 얻어진다는 것을 안다면 사람들은 사덕을 성취하기 위해 보다 많은 실천적 노력을 경주할 것이라고 다산은 생각한다.

> "인의예지가 行事에 의해 이루어진다고 인식하면 사람들은 힘써 부지런히 그 덕을 이루기를 희망한다. 그러나 인의예지를 本心의 全德으로 인식하면 사람들은 벽을 마주하고 관심(觀心)하여 회광반조(回光反照)함으로써 이 마음의 본체를 훤하게 밝고 맑게 하는 데 힘써서, 마치 인의예지라는 네 개의 덩어리가 있어서 나의 함양을 받는 것과 비슷한 것처럼 할 뿐이다. 이것이 어찌 선성(先聖)이 힘쓰던 바이겠는가?"[95]

같은 맥락에서 다산은 주희 윤리학의 본질적 문제점 중 하나가 인(仁)에 대한 잘못된 정의에서 비롯된다고 생각한다. 다산에 따르면 인이란 사람과 사람 사이에서 각자가 상대에게 자신의 도리를 다하는 적 행위를 통해 얻어지는 덕이다.

> "仁이란 사람과 사람 사이에서 그 도리를 다하는 것이다. 자식이 어버이를 섬긴 이후에 효도라는 이름을 얻게 되고, 젊은이가 어른을 섬긴 이후에 공경이라는 이름을 얻게 되고, 신하가 임금을 섬긴 이후에 충성

---

95) 《孟子要義》 권1, 22면.

116

이라는 이름을 얻게 되고, 목민관이 백성을 잘 다스린 이후에 사랑이라는 이름을 얻게 되는 것이다. 仁한 행위를 떠나서 어떻게 仁의 이름을 이룰 수 있겠는가?"[96]

즉 인(仁)이란 사회 속에서 인간 상호간의 덕이요, 실천을 통해 경험적으로 얻어지는 덕이다. 그러나 성리학에서의 인의 정의는 훨씬 더 형이상학적이다. 주희는 인을 "心之德, 愛之理", "天地生物之心" 등으로 정의한다. 다산에 따르면 이러한 정의의 문제점은, 인을 인간의 윤리적 덕목이 아니라, 동물을 포함한 자연 일반의 덕으로 외연을 확대함으로써 결과적으로 그 의미를 모호하게 만들었고, 또한 인을 인위적 노력에 의해 성취되는 것이 아니라 자연적·선험적으로 주어진 것으로 인식함으로써 후천적인 실천을 통해 성취하려는 의지를 감소시킨다는 것이다. 다산의 말을 직접 들어보자.

"부모를 효도로 섬기는 것이 인이 됨을 안다면, 부모님의 처소가 겨울에는 따뜻한지 여름에는 서늘한지 살펴보고 부모님께 맛있는 음식으로 보양하기를 아침저녁으로 힘쓴다. 그러나 '천지생물지심'(天地生物之心)을 인으로 삼으면 오직 눈을 감고 단정히 앉아 있을 뿐이다. 임금을 충으로 섬기는 것이 인이 됨을 안다면, 사악한 세력을 제거하고 나라를 바로잡아 지키기 위해 분주히 힘을 다한다. 그러나 '東方의 木德'이 인이라고 한다면 토목처럼 가만히 있으면서 해괴하게 스스로 명하여 이르기를 '음양을 조화롭게 다스리는 것이 인이다'라고 한다. 백성을 자애롭게 다스리는 것이 인이 됨을 안다면, 백성을 편안히 하여 따르게

─────────
96) 《論語古今注》 권2, 14면: "補曰: 仁者人與人之盡其道也. 子事親然後有孝之名, 少事長然後有弟之名, 臣事君然後有忠之名, 牧養民然後有慈之名, 去仁何以成名?"

하고 은혜를 베풀어 구휼하는 데 삼가 공경히 힘을 다한다. 그런데 온 몸의 일단의 화기(和氣)가 인이 된다고 하면 오직 조용히 말없이 문을 닫고 함양할 뿐이다. 그러니 그 공적을 이루는 바가 어찌 만 배나 현격히 서로 차이가 나지 않겠는가?"[97]

이상과 같이 실천을 통한 결과를 중시하는 다산의 윤리학은, 양반 관료체제의 개혁을 위한 관리들의 실적평가시스템인 고적법(考績法)의 이론적 기초가 된다.

제4절 보편적 덕(明德)

유교에서는 여러 가지 윤리적 덕목을 제시하고 있지만, 그 중 가장 근본적인 덕은 무엇일까? 가장 근본적인 덕, 즉 명덕을 다산은 '효(孝)·제(弟)·자(慈)'라고 규정한다. 어떻게 하여 효·제·자가 수많은 덕 가운데 가장 기본적인 덕이 될 수 있단 말인가? 인간에게 있어서 모든 관계는 상하관계와 수평관계로 환원될 수 있다. 상하관계는 다시 아랫사람의 윗사람에 대한 것과 윗사람의 아랫사람에 대한 것으로 나눌 수 있다. 孝는 상하관계에서 아랫사람의 윗사람에 대한 덕이고, 慈는 윗사람의 아랫사람에 대한 덕이다. 그리고 弟는 (상대적으로) 수평적 관계에 있는 사람 상호간의 덕이다. 이러한 덕의 실천은 가족공동체 속에서 처음으로 실현된다. 즉 부모와 자식 사이에 그리고 형제들 상호간에 이러한 덕이 배양된다.

가족간의 이러한 덕은 사회공동체에서도 확대 적용될 수 있다. 우리가 사회에서 만나는 사람은 크게 보면 부모처럼 대해야 하는 윗

---

97) 《孟子要義》 권1, 22~23면.

사람이 있는가 하면, 자식처럼 아껴주어야 할 아랫사람이 있고, 또한 형제처럼 대해야 할 사람도 있다. 따라서 다산은 이 세 덕으로 인간관계의 모든 덕이 요약될 수 있다고 보는 것이다. 그래서 대학의 명덕이란 이 '효·제·자' 외에 다름이 아니라고 해석한다. 친민(親民)에 대해서도 주희처럼 신민(新民)으로 해석하지 않고, 효·제·자의 덕을 실천함으로써 오는 효과라고 본다. 인(仁)도 효·제·자와 그 내용이 다른 것이 아니라, 효·제·자의 총칭일 뿐이다. 자식이 부모에게 효도하는 것은 부모에 대한 자식의 인이고, 부모가 자식을 사랑하는 것은 자식에 대한 인이기 때문이다.

"인은 인간관계에 있어서 지켜야 할 명덕이고, 효·제·자를 총괄하는 이름이다."[98]

효·제에 대해서는 기존의 유학자들도 늘 말해왔지만, 다산은 특히 자(慈)의 덕을 강조한다. 그가 자의 덕을 특히 중시하는 것은 위정자 또는 목민관의 백성에 대한 도덕적 책임을 강조하는 것과 다르지 않다. 백성 또는 아랫사람의 윗사람에 대한 의무만이 아니라, 윗사람의 아랫사람에 대한 책임도 함께 균형을 이룰 때 비로소 공동체 구성원 모두가 권리와 의무를 고르게 나누는 정의로운 사회가 될 수 있을 것이다.

제5절 인의 실천 방법의 원리로서의 서(恕)

유교사상의 근본 원리를 무엇으로 보느냐 하는 것은 철학적 입장

---

98) 《大學公義》 권1, 34면: "仁者人倫之明德, 乃孝弟慈之總名也."

에 따라 차이가 없을 수 없다. 적어도 다산은 그것을 恕라고 규정한다. 공자가 자기 사상의 일관된 원리로 제시한 것이 서인데, 이것이 후대에 와서 잘못 해석되었다고 다산은 주장한다. 그러면 서란 도대체 무엇인가? 그리고 그것은 왜 어떻게 잘못 읽혀지게 되었을까?

인간은 자신이 적극적으로 충족시키고 싶은 욕망이 있는가 하면, 또한 어떤 일이 자신에게 일어나지 않기를 바라는 소극적 욕망도 지니고 있다. 그래서 우리는 인간관계 속에서 타인이 나에게 어떤 행위를 해주기를 적극적으로 원하기도 하고, 또 반대로 어떤 종류의 행위는 타인이 나에게 하지 말았으면 하고 바라기도 한다. 문제는 대부분의 인간들이 자기 자신이 원하지 않는 것을 남에게 강요하고, 정작 스스로가 원하는 것은 남에게 베푸는 데 인색하다는 것이다. 그래서 공자는 "자기가 원하지 않는 것을 남에게 베풀지 말라"고 하였던 것이다. 이것을 《대학》에서는 '혈구지도'(絜矩之道)라 하여 다음과 같이 부연한다.

> "이런 까닭으로 군자는 혈구지도를 둔다. 윗사람에게 싫어하는 바로써 아랫사람을 부리지 말고, 아랫사람에게 싫어하는 바로써 윗사람을 섬기지 말며, 앞사람에게 싫어하는 바로써 뒷사람에게 앞서지 말며, 뒷사람에게 싫어하는 바로써 앞사람을 따르지 말고, 오른쪽 사람에게서 싫어하는 바로써 왼쪽 사람과 교제하지 말며, 왼쪽 사람에게서 싫어하는 바로써 오른쪽 사람과 교제하지 말라. 이것을 일러 혈구지도라 한다."

이러한 혈구지도 즉 서(恕)를 다산은 유교사상의 핵심으로 이해한다. 서는 모든 인간을 수단으로서가 아니라 목적으로서 인격적으로 대하는 정신이고, 나아가 인간 평등을 전제하는 것이다. 평등한 인간 상호 간에는 결코 서로를 수단으로 대해서는 안 되고, 인격을 존

120

중하는 마음에서 그 자체를 목적으로 대해야 하는 것이다. 자기가 요구하는 것을 상대에게 베풀고, 자기가 싫어하는 것을 상대에게 강요하지 않는 것은 상대의 인격에 대한 존엄성을 토대로 하는 것이다. 자기는 원하지 않으면서 상대에게는 요구한다면 그것은 불합리하다. 자기가 상대에게 원하는 방식으로 상대를 대하고 그 반대의 것을 상대에게 강요하지 않는 것은, 보편화 될 수 있는 것을 행하려고 하는 합리적 정신에 기초하는 것이다.

서에 대해서 정이(程頤)와 주희는 체용론(體用論)으로 분석한다. 그래서 '盡己之謂忠' '推己之謂恕'라고 하여, 충을 체로 서를 용으로 나누어 봄으로써 사실상 서보다 충을 더 중시하는가 하면,[99] 또한 서를 추서(推恕)가 아닌 용서(容恕)로 해석하는 오류를 범함으로써 유가철학의 근본원리를 오도하였다. 용서란 자기를 기준으로 상대에게 어떤 행위를 요구하거나 금지하는 것이다. 예컨대 내가 무슨 덕을 지니고 있어야 상대방에게도 그것을 요구할 수 있고, 또 내가 무슨 악덕을 지니고 있지 않아야 상대방에게도 그렇지 않도록 요구할 수 있다는 것이다. 이 세상에 도덕적으로 완벽한 사람은 드물기 때문에 이러한 용서의 논리는 결국 사람들끼리 서로서로 상대의 악에 대해 관용하게 만들어서 도덕적 진보에 도움이 되지 않는다.[100]

다산은, 용서는 다른 사람을 다스리는 데 주안점이 있고 상대의 악에 관용을 베푸는 논리가 될 수 있는 데 반해, 추서는 자기 수양에 중점을 두며 스스로 선을 실천하는 논리로서 서로 본질적으로

---

99) 《大學講義》권2, 33면 참조.
100) 《大學公義》권1, 34~35면: "朱子曰: 有善於己, 然後可以責人之善: 無惡於己, 然後可以正人之惡. 皆推己以及人所謂恕也. 鏞案: 恕有二種, 一是推恕, 一是容恕. 其在古經止有推恕, 本無容恕, 朱子所言者蓋容恕也." 참조.

다르다고 하여 그 변별성을 강조한다.[101]

다산은 《맹자》에 나오는 '萬物皆備於我'도 서(恕)와 같은 맥락에서 이해한다. 즉 나에게는 나의 욕구를 미루어 상대방의 온갖 욕구를 이해할 수 있는 능력이 있으며, 그래서 나의 욕구만이 아니라 상대방의 욕구도 함께 고려하여 존중하며 행동해야 한다는 것이다. '萬物皆備於我'에 대한 그의 해석을 들어보자.

"이 장은 (공자 사상의) 일관된 원리인 충서(忠恕)에 관한 설이다. 내가 색을 좋아하니 백성도 역시 색을 좋아하리라는 것을 안다. 내가 재물을 좋아하니 백성도 또한 재물을 좋아함을 알 수 있다. 내가 편안함을 좋아하니 백성도 편안함을 좋아함을 안다. 내가 천대하고 업신여김을 싫어하니 백성도 역시 그러함을 안다. 길에서 먼저 지나가려 하고, 문에서 먼저 들어가려 하고, 계단에서 먼저 오르려 하고, 좌석에 먼저 앉으려 하고, 겨울에 먼저 따뜻하게 하려 하고, 여름에 먼저 서늘하게 하려 하고, 주릴 때 먼저 먹으려 하고, 목마를 때 먼저 마시려 한다. 일상의 만사와 만물의 정에 대한 욕구가 나에게 모두 갖추어져 있다. 다른 사람의 정을 묻고 안색을 살핀 다음에 그들이 나와 같다는 것을 알 수 있는 것은 아니다. 여기서 윗사람에게 싫어하는 바로써 아랫사람을 부리지 말고, 아랫사람에게 싫어하는 바로써 윗사람을 섬기지 않는다. … 공맹의 학문은 절실하고 비근한 것이 이와 같다. 그런데 선유(先儒)들은 공자의 '일이관지'(一以貫之)설과 맹자의 '만물개비어아'(萬物皆備於我)의 해석에 있어서, 천지만물의 이치가 하나도 마음속에 갖추어져 있지 않은 것이 없는 것처럼 호탕하여 끝이 없는 듯이 너무 넓게 말하여, 후

101) 《大學公義》 권1, 35면: "推恕容恕, 雖若相近, 其差千里. 推恕者主於自修, 所以行己之善也. 容恕者主於治人, 所以寬人之惡也, 斯豈一樣之物乎?" 참조.

학들로 하여금 어디서 시작해야 할지를 모르게 하니 어찌 한스럽지 않은가"[102]

이상에서 보듯이 '만물개비어아'와 '恕'는 모두 타자에 대한 상호 평등성의 인정과 인격 존중에 기초하고 있다. 공자 사상의 일관된 원리인 서(恕)에 대해 다산이 민주적 공동체에 있어서 보편적 실천 윤리의 원리로 재해석한 것은 윤리학적으로 큰 공적이라고 하겠다.

제6절 행사(行事)의 수양론

《중용》에는 "희로애락이 발하지 않은 상태를 일러서 중(中)이라 하고, 발해서 모두 중에 알맞은 것을 일러 화(和)라고 한다."라는 중화(中和)의 문제가 제시되어 있다. 중화 이론에서 중이란 단순히 희로애락의 감정이 작동하지 않은 상태를 지칭하는 것인가, 아니면 일체의 사려(思慮)작용마저 멈추어서 아무런 생각도 감정도 없는 절대적 중인가? 정이(程頤)는 이미 생각하면 이것은 이발(已發)이니 중이라 할 수 없다고 보았다. 따라서 중에 도달하기 위해서는 어떤 생각조차도 없는, 마치 선가에서 참선을 통해 명경지수와 같은 무념무상의 경지에 이르는 상태와 유사한 것을 추구하기 쉽게 한다. 중에 대한 그릇된 해석으로 인하여 중의 상태에 도달하기 위해 정적주의(quietism)에 빠져서 실제 사회 생활에서의 실천을 소홀히 하는 문제가 대두한다고 다산은 지적한다.

다산에 따르면 중이란 희로애락의 감정이 발하지 않은 상태일 뿐이다. 결코 일체의 사려가 멈춘 상태는 아니다. 감정이 발하지 않은

---

102) 《孟子要義》 권2, 40면.

중의 상태 속에서 신독(愼獨)의 정신자세로 천하(天下)의 일을 미리 생각하고, 또한 늘 계신(戒愼)하고 공구(恐懼)하면서 사태를 미리 대비해야만 어떤 일을 맞아서도 잘 대처하여 중절(中節)할 수 있다. 그렇지 않고 만일 중이라 하여 아무 생각도 조심도 하지 않고 그저 무념무상과 같은 상태로 있게 된다면, 이것은 실제의 행사(行事)와 유리되어 도리어 마음에 병을 가져올 수도 있다고 다산은 비판한다.

"신독(愼獨)으로서 중화를 가져올 수 있는 것은 무엇 때문인가? 미발이란 희로애락의 미발이지 심지사려(心知思慮)의 미발이 아니다. 미발의 때에 조심하여 공손히 상제를 밝게 섬기기를 항상 신명이 집의 은밀한 구석까지 밝게 임하듯 하여 삼가고 두려워해야 한다. 지나치게 교격(矯激)한 행동이나 치우친 정이 있을까 두려워하고, 잘못을 범할까 나쁜 생각의 싹이 있을까 두려워한다. 마음을 지극히 평정하고 바르게 가져서 외물이 이에 이르는 것을 맞으니 어찌 천하의 지극한 중(中)이 아니겠는가? 이 때 기뻐할 만한 것을 보고는 기뻐하고, 성낼 만한 것을 보고는 성내고, 슬퍼할 만하면 슬퍼하고 즐길 만하면 즐긴다. 신독의 숨은 공부로 말미암아 일을 만나 대응함에 중절(中節)하지 않음이 없으니 이것이 어찌 천하의 지극한 和가 아니겠는가?"[103]

"만약 적연부동(寂然不動)하여 무사무려(無思無慮)한 것을 미발의 모습이라고 한다면, 소림사에서 선승이 면벽하고 참선하듯 하여야 비로소 천지가 자리를 바로 하고 만물이 길러지니 이럴 수가 있겠는가?"[104]

---

103) 《中庸自箴》 권1, 6면.
104) 《大學講義》 권2, 34면.

다산은 성리학자들이 미발시(未發時)의 마음을 명경지수에 비유한 것을 부적절하다고 비판한다. 명경지수의 상태가 허명한 것을 뜻할 수는 있지만, 중이라고 할 수는 없다. 다산에 따르면 중이란 불편불의(不偏不倚)한 것을 지칭하는 것으로서, 사물을 헤아리고 의리를 재량함에 있어서 저울과 자를 마음에 벌여 놓고 치우침과 교격한 병이 없는 다음에야 중이라 할 수 있는 것이다. 만일 마음을 한결같이 허명정적(虛明靜寂)하게 하여 한 생각이라도 싹트면 선악을 묻지 않고 이발(已發)로 귀속시킨다면 이는 불교의 좌선일 뿐이라는 것이다.[105] 다산은 《중용》의 중화(中和) 개념에 대한 해석에 있어서 불교의 영향을 제거하고, 유교 본래의 실천적 중화론으로 재정립하고자 시도하였다.

다산처럼 중을 사려의 미발이 아닌 단순한 감정의 미발로 보는 경우 경(敬)의 개념에 대한 해석도 크게 변하지 않을 수 없다. 다산에 따르면 경이란 보는 것을 거두고 듣는 것을 쉬고 눈을 감고 정신을 모아 마음을 공적(空寂)한 곳에 깃들게 하는 것이 아니다. 경이란 지향하는 대상이 있다. 만일 지향하는 바가 없으면 경할 바도 없는 것이다. 예컨대 문자를 볼 때는 자획에 전심하는 것이 경이고, 말을 들을 때는 말의 흐름에 전심하는 것이 경이다. 만사에 미루어 볼 때 그러하지 않은 바가 없다.[106]

즉 경이란 일에 응하고 물에 접하여 이루어지는 것이다. 敬天과 敬神의 경우에는 靜坐의 공부를 할 수 있으나, 이 때에도 혹 천도를 생각하거나 神理를 탐구하거나 묵은 허물을 반성하거나 새로운 의리를 이끌어 내거나 하는 등 진실한 마음으로 하늘을 공경하여야 한

---

105) 《中庸講義》권1, 7면 참조.
106) 《大學公義》권1, 31면 참조.

다. 생각을 끊고 삼가지도 두려워하지도 않고 오로지 벽을 향해 마음이 담연하여 아무런 파장도 일지 않기를 힘쓴다면 이는 靜이지 敬이 아니다.[107] 다산은 靜과 敬을 구분하여 불교의 선정처럼 적연부동한 경지를 추구하는 것은 정(靜)이라고 규정하고, 경은 어디까지나 실사(實事) 속에서 구체적 대상과 사건에 대해 경건하게 몰입하여 전념하는 것이라고 한다.

같은 맥락에서 '存心養性'도 행사와 분리될 수 없다. 다산에 따르면 맹자에 있어서 '존심'은 행사의 즈음에 사욕을 버리고 천명을 따르며 악을 버리고 선을 따라서, 장차 없어지려는 일점 도심을 지키려는 '保存'이다. 그러나 후세의 이른바 존심은 정좌(靜坐)하여 보는 것을 거두고 경을 주로 하여 정신을 모으며 생각을 쉬어서 흔들려 일정하지 않은 마음을 유지하려는 것이니, 이것은 '住存'이라고 하여 구별한다. '양성' 역시 맹자의 본뜻은 오늘 하나의 선한 일을 행하고 내일 하나의 선한 일을 행하여 의를 모으고 선을 쌓아 선을 즐기고 악을 부끄러이 여기는, 그리하여 본성을 키워 호연지기가 충만하여 주리지 않도록 하는 것이다. 그러나 후세의 이른바 '양성'이란 것은 눈을 감고 석고상처럼 하여 未發 이전의 氣像을 오로지 보며 활발한 경지를 구하니 이것은 이른바 함양(涵養)이라는 것이다.[108]

행사를 통한 역동적 존심양성 즉 '動存', '動養'과 향내적이고 정적주의적인 존심양성 즉 '靜存', '靜養'에 대해서 다산은 표면적으로는 두 가지 다 인정하면서도, 그 무게중심은 당연히 '동존'과 '동양'으로 향한다. 왜냐하면 '정존·정양'은 일상의 실사와 분리되어

---

107) 《大學講義》권2, 31면 참조.
108) 《孟子要義》권2, 37면 참조.

유교의 사회적 실천성을 약화시킨다고 인식하기 때문이다.

다산은 주희의 윤리학이 향내적이고 정적주의적인 심성의 수양에 치우쳐 실제 사회생활상의 실천과 유리되기 쉬움을 지적하고, 모든 윤리 이론은 행사와의 관계 속에서 적극적 의미를 지니며 행사와 유리된 것은 공허하다고 본다. 그래서 철저하게 경서를 실천적 행사의 관점에서 재해석한다. 성인의 말씀은 결국은 행사를 잘 하기 위함이고 행사를 떠나서는 의미가 없다는 것이다. 이는 주자학의 주지주의와 내면주의의 폐단에 대한 실학적 반성으로부터 나오는 것이라고 할 수 있다. 다른 모든 것과 마찬가지로 수양도 역시 행사 속에서 이루어지는 역동적 현실적 수양이어야 한다. 행사를 벗어난 자기만의 향내적 정적(靜的) 수양에 대해서 다산은 그것이 나쁜 것이라고 까지는 하지 않지만, 유교의 본령으로부터 이탈하였다고 비판한다.

> 선성(先聖)은 항상 행사(行事)에서 마음과 성품을 다스렸고, 행사는 인간 관계를 벗어나지 않는다. 그러므로 실심(實心)으로 부모를 섬기면 성의와 정심으로 효도를 이룬 것이 되고, 실심으로 어른을 섬기면 성의와 정심으로 제(弟)를 이룬 것이 되고, 실심으로 어린이를 사랑하면 성의와 정심으로 사랑을 이룬 것이 된다. 성의와 정심으로 가정을 가지런히 하고, 성의와 정심으로 나라를 다스리고 천하를 평화롭게 한다. 뜻을 진실되게 하고 마음을 바르게 하는 것은 항상 행사에 의거하고, 뜻을 진실되게 하고 마음을 바르게 하는 것은 항상 인간관계에 의지한다. (행사와 인간관계를 떠나) 단순히 뜻만으로는 진실되게 할 수 없고, 단순히 마음만으로는 바르게 할 수 있는 방법이 없다. 행사를 벗어나고 인간관계를 떠나 마음이 지선(至善)의 상태에 머무르기를 구하는 것은 선성의 참된 방법이 아니다.[109]

다산 윤리학은, 노동으로부터 해방되어 깊은 학문적 인식에 몰두하며 따로 여가를 내어 고요히 수양을 할 수 있는 유한 사대부 계층을 위한 것이 아니다. 오히려 바쁜 공직 생활을 하거나 생업의 현장에서 쉼없이 일해야 하는 '노동하는 인간'이, 사회적 인간관계 가운데서 일하면서 동시에 수양하고 또한 선의 실천을 지향하는 생활 현장의 윤리이다. 요컨대 다산 윤리학은 마음의 윤리학이 아닌 생활 현장의 윤리학으로서, 소수의 정신적 엘리트를 위한 윤리가 아닌 일하는 대중을 위한 윤리이며, 사색보다 결단과 실천을 우선시하는 행동의 윤리를 지향한다. 여기서 우리는 실학적 윤리의 극명한 특성을 발견할 수 있는 것이다.

제5장 개혁적 역사관

다산이 살던 시대(1762~1836)는, 조선후기의 급격한 사회경제적 변동에 상응하는 정치적 개혁이 단행되지 않음으로써 근세사회의 모순이 극도로 심화된 상황이었다. 다산은 자기 시대를 터럭 하나 병들지 않음이 없고 서까래 하나 파괴되지 않음이 없는 피폐한 상황으로 인식한다. 그는 스스로를 이러한 병든 시대를 다시 건강하게 하는 의사(醫師)로, 그리고 파괴된 사회를 새로 구축하는 목수(木手)로 자임하였다.[110]

그러나 병든 국가를 개혁하는 것은 그리 쉬운 일이 아니다. 그 병의 뿌리는 너무나 깊었고 병의 증상은 너무나 광범위하게 퍼져서

---

109) 《大學公義》 권1, 13면 참조.
110) 《尙書古訓》 권2, 16면: "苟且洳澁一毛一髮無不受病, 而操藥石者爲妄人: 一椽一桶無不破壞, 而談繩墨者爲喜事" 참조.

128

서로 뒤얽혀 있었기 때문이다. 이러한 험난한 역사 앞에서 다산은 깊은 절망에 빠지기보다는 끝까지 희망을 버리지 않으려고 하였으며 자기가 할 수 있는 새로운 시대의 건축가로서의 역할에 최선을 다하고자 하였다. 그의 방대한 저술과 새로운 사상의 실험은 바로 이 개혁을 위한 이념적·실천적 모색의 부산물에 지나지 않는다.

새로운 개혁을 방해하는 것은 현실의 정치세력만이 아니었다. 현실 정치세력이 공유하고 있는 반개혁적 이데올로기의 변화 없이 개혁은 논의부터 어려운 일이었다. 그래서 정약용은 당대의 이데올로기인 주자학을 근본적으로 비판하지 않을 수 없었다. 그리고 잘못된 역사관부터 바로잡지 않으면 안 되었다. 그래서 다산은 주자학적 또는 기타 전통유학적 역사관이 가지고 있는 문제점들을 그 뿌리에서부터 비판하고 자신의 개혁사관을 옹호하는 작업을 수행할 필요가 있었다. 이러한 문제의식은 그로 하여금 우선 동양사의 고전인 《尙書》에 대한 깊은 관심을 자극하였다. 다산은 《尙書》 가운데 특히 堯舜時代에 대한 심층적 연구를 통해 고대사를 새롭게 해석함으로써 현실개혁을 위한 강력한 이념적 지렛대를 발견하였던 것이다.

우리는 다산의 역사관[111]을 개혁에 초점을 두고 진보적 측면을 중

---

111) 정약용의 역사관과 관련된 기존 연구로는 다음과 같은 논문들이 있다. 박시형, "다산 정약용의 력사관", 《정다산 연구》(도서출판 한마당: 북한 연구 자료선 11, 1989); 고병익, "茶山의 進步觀", 《東亞交涉史硏究》(서울대 출판부, 1970); 한영우, "茶山 丁若鏞의 史論과 對外觀", 《金哲埈博士 華甲紀念 史學論叢》(지식산업사, 1983); 정창렬, "實學의 歷史觀—李瀷과 丁若鏞을 중심으로—", 《茶山의 政治經濟思想》(창작과 비평사, 1990); 조성을, "我邦疆域考에 나타난 丁若鏞의 歷史認識", 《奎章閣 15》(서울대학교 규장각, 1992); 조성을, "정약용", 《한국의 역사가와 역사학》(상)(창작과 비평사, 1994). 이들 논문들은 대체로 역사학적 관점에서 정약용의 역사의식 문제를 고찰하고 있다.

심으로 해서 체계적으로 고찰하고자 한다. 우선 개혁사관의 기본 논리를 살펴보고, 개혁사관이 지향하는 역사의 목적, 역사의 주체, 개혁사관의 형이상학적 근거로서의 上帝와 인간의 관계, 그리고 다산 역사관의 역사철학적 의미를 음미해 본다.

제1절 진보적 개혁사관의 논리

다산에 따르면 사물(事物)은 오래 되면 해어지고 파괴되는데 이를 폐(弊)라고 부른다. 폐단이 발생하는 것은 天地의 자연스런 경향성이므로 오래 되어도 폐단이 발생하시 않는 사물이란 존재하지 않는다.[112] 즉 사물이 오래 되어 폐단이 발생하는 것은 사물 자체의 필연적 법칙인 것이다(物久而弊物之理也). 자연의 경우에는 신진대사가 자연스럽게 발생하여 폐해가 자체 치유되지만, 인간이 만든 인공물이나 역사세계는 인간의 힘에 의해서 폐단을 개혁하지 않으면 안 된다.

당시에는 현실에 적합하게 만든 법이라도 오래 되면 폐단이 발생하며, 아무리 좋은 제도라고 하더라도 시행해 보면 원취지와는 달리 폐단이 발생하지 않을 수 없다. 훌륭한 인재를 공정하게 선발하기 위한 과거제도가 도리어 영재의 선발을 저해하는 폐단을 낳고, 백성을 위해 마련된 상평창(常平倉) 제도가 백성의 부담을 가중시키는 폐해를 낳는 것 등이 예가 될 것이다.[113]

역사는 강물처럼 끊임없이 흘러 변하는 것이어서 영원히 불변하는 초역사적인 법이나 제도란 있을 수 없다(世道如江河之推移, 一定

112) 《茶山詩文集》 권9, 4면 〈弊策〉: "問物久而敗壞者謂之弊. 弊者天地自然之勢, 物未有久而不弊者也."
113) 위의 책, 같은 글 참조.

130

而萬世不動, 非理之所能然也).[114] 그러므로 인간은 시대의 변화에 대응하여 부단히 제도를 개혁하지 않으면 안 된다. 비록 성인이 성인을 계승한다고 하더라도 개혁이 없을 수 없다(以聖承聖尙有損益). 하물며 성인이 아닌 사람이 만든 법은 더 말할 나위가 없다. 일찍이 殷나라 사람들은 堯, 舜, 禹, 稷, 契, 益, 皐陶 등이 지혜와 정성을 다해서 만든 제도를 자기들에게 맞게 개혁하였고, 주나라 역시 은의 제도를 시대에 맞게 변화시켰다. 그러나 후대에 와서는 현실의 제도가 실정에 맞지 않을 경우에도 전통을 묵수하려고만 하였지 시대에 맞게 과감하게 개혁할 줄 몰랐다고 다산은 비판한다.[115]

자연은 일정한 법칙에 의해서 항구적 규칙성을 유지하지만 인간의 역사는 동일한 것의 반복이 아니라 끊임없이 새로운 현상이 전개되므로 새로운 국면은 새로운 제도로 대응하지 않으면 안 된다. 그렇지 않으면 구제도의 폐단은 더욱 심각하게 되어 모순이 격화될 수밖에 없다. 모순은 인간의 대응 양식에 따라서 초기에는 없던 것이 말기에 새로 대두될 수도 있고, 반대로 초기의 모순이 변해서 긍정적 양상으로 발전할 수도 있다.[116] 그러나 아무리 좋은 제도라고 하더라도 그것이 장기화되면 반드시 모순이 발생하므로 개혁을 통해 이를 바로잡지 않으면 안 된다는 것이 역사의 영원한 개혁을 주장하는 다산의 논리이다.

殷나라가 장구한 국운을 누릴 수 있었던 것도 부단히 천도(遷都)를 통해 天命을 維新했기 때문이다. 나라를 건국하고 도읍을 건설하여 평화스런 날이 지속되면 명문귀족들이 기세를 믿고 영화를 제멋대로 하고 간사한 서리들이 법을 희롱하고 군주도 역시 즐기고 나

114) 《茶山詩文集》 권12, 40면 〈邦禮艸本序〉
115) 위의 책, 같은 곳, 〈邦禮艸本序〉 참조.
116) 위의 책, 권9, 〈弊策〉 참조.

대하고 오만해지기 마련이다. 그러므로 개혁을 해서 천하의 이목을
일신시켜야 퇴락한 기강이 바로 세워질 수 있는 것이다. 이러한 까
닭에 殷은 천도를 통해 국정을 부단히 개혁함으로써 천명을 오래
유지할 수 있었다고 다산은 설명한다.[117]

개혁을 부정하는 사람들은 대개 다음의 3가지 이유를 들어서 개
혁불가론을 전개하는데 이에 대해 다산은 그 논거가 타당하지 못함
을 다음과 같이 비판한다.

첫째, 堯舜의 정치는 덕에 의해 無爲로 태평성대를 이루었으므로
인위적 방법의 개혁은 요순정치의 이념과 배치된다고 개혁반대론자
들은 주장한다. 요순의 무위정치론의 근거는 《論語》에 나오는 공자
의 다음과 같은 명제이다. "작위하지 않고 정치를 한 사람은 舜임금
일 것이다. 따로 무엇을 하였겠는가? 공손한 태도로 남면(南面)하고
있었을 따름이다."[118]

이에 대해서 주희는 '無爲而治'란 성인의 덕이 지극해서 백성이
스스로 교화되어 따로 작위할 필요가 없는 것이라고 해석한다. 공자
의 이 명제를 근거로 사람들은 흔히 요순시대란 "요와 순은 모두
팔짱을 끼고 공손한 모습으로 아무 말없이 띠지붕 밑에 앉아 있어
도 그 덕화가 전파되는 것이 마치 향기로운 바람이 사람을 감싸는
것과 같았다"[119]고 생각하여 이를 구실로 작위적 개혁을 반대하는
것이다. 이에 대해서 다산은 《尙書》〈堯典〉, 〈皐陶謨〉 등에 나오는 사
실들을 들어서 堯舜이야말로 새로운 제도를 입안하고 실행하며 고

---

117) 《尙書古訓》 권4, 5면 참조.
118) 《論語》〈衛靈公〉: "子曰: 無爲而治者其舜也與. 夫何爲哉? 恭己正南面而
    已矣."
119) 《茶山詩文集》 권12, 39면 〈邦禮艸本序〉: "堯與舜皆拱手恭己, 玄然默然
    以端坐於茅茨之屋, 而其德化之所漸被若薰風之襲人."

적법(考績法)에 의해서 신하들의 업적을 합리적으로 평가하여 인사
조치하는 등 조금도 쉴 틈이 없게 하고 작은 허술함도 용납하지 않
았음을 역설한다. 요순이야말로 역사 이래 가장 열정적으로 작위적
정치를 하였음에도 불구하고 그를 '無爲而治'의 성군으로 보는 것은
사실을 왜곡하는 것이다.

> 그러나 내가 살펴보건대, 마음을 분발하고 일을 일으켜서 천하 사람을
> 바쁘고 시끄럽게 노역시키면서, 한번 숨쉴 틈에도 안일하지 못하도록
> 한 사람이 요순이요, 정밀하고 각박하여 천하 사람을 조심하고 두려워
> 하게 하여 털끝만큼이라도 감히 거짓을 꾸미지 못하도록 한 사람이 요
> 순이었다. 천하에 요순보다 더 부지런한 사람이 없었건마는 '無爲'라고
> 속이고, 천하에 요순보다 더 정밀한 사람이 없었건마는 엉성하고 우활
> (迂闊)하다고 속인다. 그래서 임금이 언제나 '有爲'를 하고자 하면 반
> 드시 요순을 생각하여 스스로 중지하도록 한다. 이것이 천하가 날로 부
> 패해지고 새로워지지 못하는 까닭이다.[120]

둘째, '祖宗之法'을 신성시해서 그것을 함부로 개혁해서는 안 된다
고 하는 사람이 있다. 이에 대해 다산은 국가의 창업시에는 법개정
에 따른 예민한 이해관계로 반발이 우려되는 등의 문제가 있으므로
권력이 불안정한 상태에서 이상적 개혁을 하기가 힘들다고 본다. 따
라서 대체로 구시대의 법과 제도를 그대로 지키는 것이 반발을 막
는 가장 무난한 방법이 된다. 그러므로 '祖宗之法'이 결코 至善하고
神聖한 것이 될 수는 없다. 따라서 祖宗之法이라고 하더라도 폐단이

---

120) 《茶山詩文集》 권12, 39면 〈邦禮艸本序〉: "余觀之… 此天下之所以日腐
而不能新也."

발생하고 부작용이 있다면 결코 고수할 필요가 없다고 다산은 주장한다.[121]

셋째, 宋代 왕안석의 신법개혁 등 개혁이 실패한 사례를 들어서 개혁불가론을 주장하는 사람이 있다. 이에 대해서 다산은 왕안석의 경우는 개혁의 이론과 방법이 잘못되었을 뿐이라고 주장한다.[122]

그릇된 이론과 방법에 의해 개혁의 추진이 실패한 경우가 있다고 해서 그 다음에 다시는 개혁을 해서는 안 된다고 주장하는 것은 사리에 맞지 않는다고 본다. 다산은 내심으로는 왕안석의 개혁이 전적으로 잘못된 것만은 아니고 일부 타당하다고 생각한다.[123] 하여간에 왕안석의 개혁이 실패했다고 해서 다시는 개혁을 해서는 안 된다고 거부한다면, 이는 뜨거운 국물에 입을 한번 데어 놀란 나머지 찬 나물도 불면서 먹는 것과 같고, 음식을 먹다가 한번 목에 걸렸다고 해서 다시는 음식을 먹지 않고 말라비틀어지는 사람과 같이 어리석은 짓이라고 비판한다.[124]

이상에서 보는 바와 같이 다산은 사물 자체의 내석 본성에 의해 부단한 개혁이 불가피함을 역설하고, 개혁을 저지하는 사람들의 주장이 타당한 근거가 없음을 논증한다. 문제는 어떠한 역사의 목적 내지 방향을 향한 개혁인가? 그리고 개혁적 역사관에 있어서 역사의 주체는 누구인가? 그리고 역사의 개혁에 있어서 上帝의 의미는 무엇인가? 또한 상제와 인간, 상제와 민중의 관계는 어떠한가 하는 물음이다.

---

121) 위의 책, 〈邦禮艸本序〉 참조.
122) 위의 책, 〈邦禮艸本序〉 참조.
123) 《經世遺表》 권11, 20면 참조.
124) 《尙書古訓》 권2, 16면: "以王安石爲殷鑒, 懲羹而吹虀, 因口壹而廢食委靡頹墮."

제2절 역사의 목적

역사의 종국적 목적은 무엇인가? 종교적 이념의 지상적 실현인
가? 도덕적 가치의 완전한 구현인가? 아니면 인간과 자연의 온전한
조화인가?

먼저 주자학적 관점에서 역사의 목적이 무엇인지를 고찰해 보자.
주자학에서는 개인과 사회의 차원에서 도덕적 합리성을 완전히 실
현하는 것이 역사의 궁극 목적이라고 할 수 있다. 즉 모든 인간들이
기질의 제약을 극복하고 천리(天理)를 완전히 밝혀서 생각마다 행위
마다 각자의 분수(分殊)에 맞게 보편적 이성을 구현하여 중용을 실
천하는 인륜적 세계의 실현이 역사의 목적이라고 할 수 있다. 그러
한 목적을 위해서는 거경궁리(居敬窮理)를 통해 성인의 말씀을 탐구
하고 실천하는 방법이 요구된다. 도덕적 세계를 위해서는 그 방법도
역시 철저하게 도덕적이지 않으면 안 된다.

유가의 역사관을 도덕사관이라고 하는 것은, 역사의 목적을 도덕
세계의 실현으로 보고, 그 방법 역시 학문과 교육을 통한 도덕적 방
법에 의거하며, 역사적 사건 또는 인물을 평가하는 척도 역시 도덕
에 두고 있다는 것으로 이해된다. 유가의 도덕사관은 물론 공자에
의해 주창되었으나, 맹자에 의해 강화되었고, 송대에 와서 성리학에
의해 더욱 발전되었다. 유가의 도덕사관에서는 唐虞三代를 덕치의
이상으로 숭상하고, 패도(覇道)에 대하여 왕도(王道)의 순수성을 강
조한다. 그리고 인간의 행위에 대해서는 그 결과의 유용성보다는 동
기의 도덕성을 우선시한다.

도덕사관은 공자의 《春秋》를 지배하는 원리이기도 하지만 공자에
있어서 도덕사관은 보다 개방적이다. 그래서 공자는 패도를 일으킨
관중(管仲)의 無禮를 비판하면서도[125] 관중이 아니었으면 중원이 모

두 오랑캐의 관습을 따랐을 것이라고 하여 그의 공적을 인정하고 어질다고까지 하였다.[126]

그러나 맹자는 패도에 대해서는 언급조차 거부함으로써[127] 현실역사에 대한 평가 기준을 도덕적 원리로 확고하게 정향시켰다. 주희에 와서 도덕사관은 더욱 강화된다. 그는 이기론(理氣論)에 의거해 天理와 人欲을 기준으로 관념적인 도덕 형이상학의 관점에서 역사를 평가하였다. 주희에 따르면 堯舜과 夏殷周 三代는 天理와 道心에 의해 정치가 이루어졌다. 그러나 漢唐의 역사는 본질적으로 人欲에 의해 지배된 역사이다. 그러므로 漢唐 이후로는 天理를 따르는 聖人에 의해 전해지는 道의 역사와 人欲에 의해 지배되는 현실권력의 세속역사로 (역사가) 이원화된다.

다음으로 堯舜과 管仲에 대한 다산의 인식을 고찰함으로써 그의 역사관이 다른 유학자들의 그것과 어떻게 구별되는지를 비교해 보자. 다산 역시 堯舜을 언급하기를 좋아한다. 그러나 다산이 생각하는 요순은 주희의 그것과는 관점이 사뭇 다르다. 주희가 《尙書》에서 발견한 요순의 이상정치의 핵심은 "人心惟危 道心惟微 惟精惟一 允執厥中"의 16字이다. 주희에게 요순은 도덕적 덕치의 화신이다. 그러나 다산이 보는 요순은 전혀 다르다. 堯舜의 지치(至治)의 비결은 모두 고적법을 이용하여 인간의 행동을 효율적으로 동기 유발시키고 통

---

125) 《論語》〈八佾〉: "或曰: 管仲儉乎? 曰: 管氏有三歸, 官事不攝, 焉得儉? 然則管仲知禮乎? 曰: 邦君樹塞門, 管氏亦樹塞門, 邦君爲兩君之好, 有反坫, 管氏亦有反坫, 管氏而知禮, 孰不知禮?" 참조.

126) 《論語》〈憲問〉: "子曰: 桓公九合諸侯, 不以兵車, 管仲之力也. 如其仁, 如其仁." 참조.

127) 《孟子》〈梁惠王 上〉: "齊宣王問曰: 齊桓晉文之事可得聞乎? 孟子對曰: 仲尼之徒無道桓文之事者, 是以後世無傳焉, 臣未之聞也." 참조.

136

제하는 데 성공했기 때문이다.[128]

여기서 고적법이란 중앙과 지방의 관리가 정기적으로 자기의 실적을 직접 구두로 제왕에게 보고하고 제왕은 이를 근거로 공적을 실사하여 평가하는 제도이다. 소신 있는 책임행정을 위해 세 번까지 평가의 기회를 주어서 세 번째의 평가 이후에는 실적에 따라 영전시키거나 강등시켜 벌을 주거나 한다(三載考績 三考黜陟). 관리들은 승진을 위해 최선을 다해 업적을 쌓지 않으면 안 된다. 이러한 현실적인 공리주의적 방법으로 요순은 이상정치를 성공시킬 수 있었다고 다산은 주장한다.

그리고 순이 등극하여 처음 한 일은 다름이 아니라 도량형(璿璣玉衡)의 통일이었다.[129] 《尙書》〈堯典〉의 "在璿璣玉衡 以齊七政"을 해석함에 있어서, 선기옥형을 혼천의(渾天儀)와 유사한 것으로, 七政을 日月五星으로 보는 통설에 대해서 다산은 전혀 다른 견해를 취한다. 璿璣玉衡이란 渾天儀와 같은 것이 아니고 玉으로 된 자이고 저울이다. 그리고 칠정이란 洪範九疇의 八政(食, 貨, 祀, 司空, 司徒, 司寇, 賓, 師)과 같은 종류로서 財賦를 거두고 쓰는 일이라고 본다.[130] 종합하면 자와 저울 같은 도량형을 통일하여 경제와 행정이 합리적이고 능률적으로 수행될 수 있도록 하는 것이 정치의 근본이라는 것이다. "도량형이 정밀하면 천하가 다스려지고 도량형이 정밀하지 못하면 간사한 사람이 거짓을 꾸미고 사기를 쳐서 분쟁과 소송이 일어나게

---

128) 《尙書古訓》 권2, 3면: "論曰: 唐虞之治考績而已 … 此之謂明試以功也" 참조.
129) 《尙書古訓》 권1, 29면: "舜受堯禪, 其一初大政之必在於尺度權衡又何疑哉" 참조.
130) 《尙書古訓》 권1, 28면: "竊謂璿璣者尺度也, 玉衡者權秤也, 七政者洪範八政之類也."

된다."[131]

고적법이나 선기옥형은 모두 덕치보다는 법치와 관계가 더 밀접한 것이다. 요순 정치의 비결은 인간들을 통제하는 외적인 제도적 장치와 수단의 정비에 있었다. 이는 도덕적 동기에 호소하는 것과는 직접 관련이 없다. 이처럼 분발해서 작위적 방법으로 정치를 했던 舜에 대해 단순히 《論語》의 공자의 말씀 한 구절을 근거로 舜이 '無爲而治'한 것으로 본다면 이는 요순시대의 본질에 대한 중대한 오해이다. 이러한 오해야말로 후대의 정치를 오도하는 잘못된 역사관의 시작으로 보고, 다산은 요순의 작위적 정치의 실상을 다음과 같이 전한다.

내가 보건대 역사 이래로 분발하여 事功에 힘쓴 사람으로서 요순만한 이가 없다. 해와 달을 관측하게 하고, 농사를 관찰하게 하고, 현자를 발탁하여 직무를 부여하고, 수해를 다스리고, 오년에 한번 지방을 순시하고, 매년 입조를 받고, 일을 물어서 말의 진실성을 고찰했다. 산을 파고 물을 다스리고 밭도랑을 치고 봇도랑을 트며, 가르침을 세우고 형벌을 밝게 하고, 예악을 제작하고, 흉칙한 사람을 벌주고 아첨하는 사람을 물리치고, 풀·나무·새·짐승·물고기에 이르기까지 사람을 택해서 임무를 맡겨 관리하지 않음이 없고, 공적을 계산하고 성과를 재촉하는 등 마음씀과 힘씀이 '奮發'이라고 함직하다. 그런데도 후세에 정치의 도리를 말하는 자가 《論語》의 '舜恭己無爲'한 구절을 잘못 해석하여, '守成之法'으로 조용히 눌러 앉아 있음(靜鎭)만한 것이 없다고 일컫는다.[132]

---

131) 《尙書古訓》 권1, 29면: "度量衡精則天下治, 度量衡不精則奸僞詐, 竊紛爭辨訟起焉".
132) 《尙書古訓》 권2, 16면: "余觀, 開荒以來奮發事功莫如堯舜 … 遂謂守成

요순시대는 유교의 역사관에서 대단히 중요한 의미를 지닌다. 요순시대는 유교적 역사관에서 볼 때 역사의 황금시기이다. 이러한 요순시대를 어떻게 해석하느냐 하는 것은 역사의 이상을 무엇으로 인식하느냐 하는 문제와 깊은 연관성을 지닌다. 다산은 요순시대란 도덕적 교화에 의한 '무위이치'의 태평시대라는 그릇된 고정관념을 《상서》에 대한 실증적 연구를 통해 반박한다. 그리고 도리어 요순시대야말로 공리주의적이고 법치주의적인 원리에 의해서 통치되었고, 요순은 온갖 어려움을 무릅쓰고 작위적 개혁의 프로젝트를 실행하여 성공시킨 개혁의 화신으로 인식한다.[133]

춘추시대 齊나라의 桓公을 도와 패업을 달성한 관중에 대해서는 맹자를 위시해서 송대 성리학자들은 대체로 그의 도덕성에 의문을 제기하고 비판적인 평가를 내린다. 그러나 다산은 관중이 이룩한 역사적 성취에 대해서 매우 긍정적 평가를 아끼지 않는다. 다산에 따르면 정치의 핵심은 군주의 주관적 도덕성이 아니라, 재물과 부세를 거두고 쓰는 경제문제에 있다.[134] 이런 관점에서 볼 때 경제정책에 성공한 관중의 정치는 패도라 하여 물리칠 것이 아니라, 오히려 최상의 덕인 仁으로 인정해야 하는 것이고,[135] 관중의 패도와 맹자의

之法莫如靜鎭."

133) 《尙書古訓》권3, 33면: "堯舜二聖創起新法 … 其何以翕然歸順, 無一辭奉承乎!" 참조.

134) 《尙書古訓》권1, 28면: "自古及今, 凡以政爲名者, 皆財賦斂散之類.": 같은 책, 권4, 34면. "余謂八政皆財用斂出之政也. 天錫五行爲財用之本, 人修八政爲財用之式 … 舜修度衡以齊七政, 亦財用之政也." 참조.

135) 《論語古今註》권7, 20면: "仁者非本心之全德, 亦事功之所成耳. 然則旣有仁功, 而不得爲仁人, 恐不合理." 참조.

왕도는 본질적 측면에서 그렇게 다른 것이 아니다.[136] 사람들이 관중에 대한 맹자의 비판만을 진실인 양 믿어서 그를 간사한 사람으로 여기는 것은 관중의 능력을 시기하고 헐뜯기를 즐기는 것이라고 다산은 비판한다.[137]

다산이 이처럼 관중을 호의적으로 평가하고 요순을 새로운 각도에서 해석하는 것은 그의 역사관과 밀접한 관련이 있다. 역사를 바라보는 관점 자체가 기존의 주자학자들과는 다르기 때문에 역사적 사건과 인물에 대한 해석 역시 다를 수밖에 없는 것이다. 대체로 주자학자들의 역사관이 도덕적 이념을 절대적 준거로 삼는 데 비해서, 다산은 훨씬 더 실제적 공리성을 중시하는 공리주의 내지 실용주의적 역사관의 성격이 강하다고 하겠다.

이처럼 탈도덕적 실용사관을 지닌 다산에게 있어서 역사의 목적은 무엇인가? 이 물음에 대해 다산 자신이 명쾌하게 진술하지는 않았지만 그의 저술 속에서 그 단서를 발견하는 것은 어렵지 않다. 역사의 본질과 목적에 대한 물음은 인간의 자기 이해와 불가분의 연관성을 지닌다. 다산에 있어서 인간이란 무엇인가? 다산도 유가의 전통을 따라 개인으로서의 인간의 본성은 선을 즐기고 악을 부끄러워한다고 본다. 그러나 사회정치적인 역사적 존재로서의 인간에 대해서는 일차적으로 욕망의 존재로 보고 있다. 여러 가지 욕망 가운데 특히 기본적으로 중요한 것은 부에 대한 경제적 욕망과 권력(貴)에 대한 정치적 욕망이다. 대체로 일반 대중들은 부에 대해서 그리고 엘리트들은 권력에 대한 욕망이 강하다. 정약용은 인간의 이

---

136) 《孟子要義》 권1, 8면: "管子孟子其末趣雖殊, 其本皆學先王之道, 故所言多同." 참조.

137) 《經世遺表》 권10, 48면: "管仲月朝之評, 孔孟皆詳, 今人專信孟子, 不信孔子, 斯皆忌美而樂毁者也." 참조.

러한 원초적 욕망을 도덕으로 억압하려고 하기보다는 그러한 욕망
을 어떻게 합리적으로 만족시킬 수 있는가 하는 문제가 더욱 중요
하다고 본다. 여기서 인간 욕망의 구조와 정치의 본질 사이에는 밀
접한 연관관계가 성립한다. 정치의 과제는 백성들로 하여금 부에 대
한 경제적 욕망을 적극적으로 충족시키고, 엘리트들이 권력에 접근
할 수 있는 공평한 기회를 보장함으로써 각자의 욕망을 합리적으로
만족시킬 수 있도록 해주는 데 있다고 다산은 생각한다.[138]

인간이란 누구나 욕망이 있지만 현실적으로는 그러한 욕망 충족
의 기회가 불공평하다. 소수의 특권계급은 업적과 관계없이 선천적
으로 주어지는 막대한 부와 권력을 향유하고, 다수의 대중들은 최소
한의 부에 대한 욕망도 충족시킬 수가 없다. 다산에 있어서 역사의
목적은 바로 이러한 현실적 욕망을 충분히 그러나 공평하게 충족시
킬 수 있는 세계의 건설을 떠나서 생각할 수 없다. 정의와 평등과
합리성에 대한 신념 그리고 경제적 가치의 중시는 다산의 가치관에
있어서 핵심적인 내용이다.

평등에 대한 신념은 궁극적으로는 신분제의 철폐를 지향하는 것
이고 민을 정치의 주체로 인정하는 것이다. 정약용은 의식적·무의
식적으로 이러한 생각을 그의 저술의 행간에서 드러내 보이고 있다.
〈原政〉은 민중이 정치의 주체임을 이념적으로 인정하고 그러한 이념
의 실현이 역사의 목적임을 함의하는 것이다. 그리고 양반의 폐해를

---

138)《尙書古訓》권2, 32~33면: "原夫生民有欲其大欲有二, 一曰富, 二曰貴.
凡君子之族仕於王朝者, 其所欲在貴. 小人之族耕於王野者, 其所欲在富. 官
人失其宜, 則怨詛興於貴族. 惠民有不周, 則怨詛興於小民. 二者皆足以失國.
默思人國之所以治亂興亡人心之所以向背去就, 不出此二者之外. 信乎聖人之
言皆自愼思明辨中出來, 非衆人齷齪心者之所能知也. 公選擧薄賦斂爲祈天永命
之本" 참조.

근심하면서 모든 사람이 다 양반이 되면 궁극적으로는 양반이 따로 없는 사회가 될 수 있다고 말한다.[139] 여기서 우리는 다산의 인간 평등에 대한 강한 신념과 그것이 언젠가는 실현되어야 할 역사의 목적으로 설정되고 있음을 간파할 수 있다.

다산은 〈原政〉에서 정치란 바르게 하는 것(政者正也)이라는 공자의 정신을 이어 받아, 정치의 목적으로 크게 여섯 가지를 들고 있다.[140] 역사는 정치를 통해 극명하게 집약적으로 표현되는 만큼 정치의 목적은 역사의 목적과 크게 다르지 않다.

첫째, 토지의 혜택을 독점하여 부유한 삶을 누리는 사람이 있는가 하면, 반대로 토지의 혜택을 누리지 못하고 빈천하게 사는 사람이 있으므로 토지의 양을 계산하여 백성에게 고르게 분배하여 바로잡는 것이 政이다.

둘째, 풍작으로 곡식을 쌓아 두고 남는 것을 버리는 사람이 있는가 하면, 땅이 척박하여 곡식이 모자라는 것을 걱정하는 사람이 있다. 이를 위해서 배와 수레를 만들어 물자를 이동시켜 있고 없는 것을 상호 유통시켜 바로잡는 것이 政이다.

셋째, 강자는 멋대로 삼켜서 강대해지고 약자는 빼앗겨서 멸망한다. 이를 바로잡기 위해서는 군대를 조직하여 죄있는 자를 성토하고 멸망의 위기에 있는 자를 구제하고 세대가 끊긴 자는 이어가게 하여 바로잡는 것이 政이다.

넷째, 남을 기만하고 업신여기는 불량하고 악독한 사람이 편안히 사는가 하면, 공손하고 근면하고 충직하고 선한 사람이 복을 받지 못하기도 한다. 이를 위해서는 형벌로 나쁜 자를 징계하고 상으로써

---

139) 《茶山詩文集》 권14, 23면~24면 〈跋顧亭林生員論〉: "使通一國而爲兩班, 卽通一國而無兩班矣." 참조.

140) 《茶山詩文集》 권10, 1~2면 〈原政〉 참조.

선한 자를 장려하여 죄와 공을 구별하여 바로잡는 것이 政이다.

다섯째, 어리석으면서도 고위직을 차지하여 악을 퍼뜨리는 사람이 있는가 하면, 현명한 능력을 지니고서도 아랫자리에 눌려 있어서 그 덕이 빛을 보지 못하는 사람이 있다. 이를 위해서 붕당을 제거하고 公道를 회복하여 현명한 인물을 승진하게 하고 불초한 사람을 물러나게 하여 바로잡는 것이 政이다.

여섯째, 논과 밭의 도랑을 준설하고 수리시설을 일으켜 장마와 가뭄에 대비하고, 여러 가지 종류의 나무를 심고 키워서 이용하며, 여러 가지 가축을 길러 잡아먹고, 산림의 자원을 관리하고 이용하며, 의학과 약학을 연구하여 병을 방지하고 건강을 지키는 것이 政이다.

요컨대, 다산에 있어서 정치의 목적은 경제적 가치의 정의로운 분배구조, 통상과 유통의 활성화, 강자의 횡포로부터 약자의 보호, 형벌과 포상의 엄격한 적용, 합리적인 인사정책, 자연의 합리적 관리와 효율적 이용으로 경제적 복지를 증진시키는 것이다. 이처럼 정약용에 있어서 정치의 목적은 관념적이고 추상적이기보다는 구체적인 현실의 민생문제에 있다. 보통 사람들의 구체적 삶에 가장 관련이 큰 경제문제가 중심을 이루고 있고, 강자의 억압으로부터 약자를 보호하려는 것, 능력에 따른 합리적 인사문제를 중시하고 있다. 경제문제에 있어서 한편으로는 경제적 가치의 분배를 둘러싸고 정의에 대한 강력한 요구를 하는가 하면, 다른 한편에서는 경제적 가치를 증대시켜 삶을 풍요롭게 하려는 경제발전에 대한 문제를 제기하고 있다. 이러한 목적의 실현을 추구하는 것이 곧 왕도정치라고 다산은 〈原政〉에서 주장한다.

다산은 역사의 목적을 고상한 이상주의나 형이상학적 원리보다는 철저하게 실용주의적 관점에서 설정한다. 자연을 효율적으로 관리하고 이용하여 풍요롭게 살 수 있고, 정치사회 제도가 합리화되어서 성의롭게 운영되고, 경제적으로 노동에 비례하는 분배정의가 실현되고, 신분제가 철폐되어서 모든 민이 평등한 가운데 정치적으로 주체로 인정되는 세계가 역사의 이상이다. 그리하여 인간의 기본적 욕망이 합리적으로 충족될 수 있는 사회가 되어야 한다. 이렇게 풍요롭고 합리적이고 정의로운 사회구조 위에서 孝·弟·慈의 도덕적 공동체를 실현하는 것, 이것이 다산의 개혁사관이 궁극적으로 지향하는 바라고 하겠다. 이러한 목적을 달성함에 있어서 역사발전의 추진력으로 기술의 역할을 다산은 대단히 중시한다. 기술의 발전은 생산성을 제고시킴으로써 삶의 편의를 향상시켜서 역사발전의 물질적 기반을 제공해 주기 때문이다.[141]

제3절 역사의 주체

다산의 작위적 개혁사관에서 역사의 주체는 무엇인가? 이 문제는 국제정치와 국내적 차원으로 구분하여 논할 필요가 있다.

유교의 중화사상에 따르면 국제정치적 관점에서 華夏는 세계의 중심이고 주체이다. 중국은 문화와 도덕의 국가이고 주위의 이적(夷狄)은 중국에 복속되고 교화되어야 할 야만이다. 이적이 중국을 지배하는 것은 유교적 세계관과 역사관에서는 비정상적 상황이다. 주자학도 예외는 아니다. 오히려 주자학은 다른 어떤 사상보다도 한층 강력한 중화주의를 바탕으로 하고 있다. 중화주의의 논거는 중국이 지리적으로 세계의 중심에 위치하고 있을 뿐만 아니라, 문화적으로 성인의 교화에 의해 일찍이 개화되었으며 혈연적으로도 우수하다는

---

141)《茶山詩文集》권12, 10~12면〈技藝論〉참조.

의식이 전제되어 있다.

다산은 전통적 화이론(華夷論)을 비판한다. 華와 夷는 종족이나 지역에 의해 선험적으로 규정되는 것이 아니다. 경험적 행태에 따라 가변적인 것이다. 설령 종족과 지역상으로는 중화에 속한다고 하더라도 그 경험적 행태가 이성적이지 못하면 이적이 되는 것이고, 반대로 종족과 지역상으로는 이적 출신이라고 하더라도 예약을 발전시키고 정치를 합리적으로 잘해 나가면 곧 중국으로 인정해 주어야 한다고 주장한다.

> "성인의 법은 중국이면서도 오랑캐와 같은 행동을 하면 오랑캐로 대우하고, 오랑캐이면서도 중국과 같은 행동을 하면 중국으로 대우한다. 중국과 오랑캐의 구분은 도리와 정치의 여하에 달려 있는 것이지 출신 지역의 여하에 달려 있는 것은 아니다."[142]

실제로 周나라도 그 先代의 출신은 오랑캐였으나 하루아침에 太王과 王季 같은 사람이 일어나 예약문물을 발전시켜 중국이 되었고, 반대로 秦나라의 先代는 伯益의 후예로서 중국 출신이나 한비자의 법가를 받아들여 오랑캐로 취급되기에 이르렀다. 선비족에 속하는 拓跋氏 역시 비록 그 출신은 오랑캐라고 할 수 있으나, 중국에 들어가서는 불교를 배척하고 유교를 진흥시켰으며, 정전법을 부흥시키는 등 좋은 제도를 시행하여 많은 업적을 남겼다. 따라서 척발씨가 세운 北魏政權을 중국사의 정통으로 인정해야 한다고 다산은 주장한다.[143]

---

142) 《茶山詩文集》 권12, 7면 〈拓跋魏論〉: "聖人之法, 以中國而夷狄, 則夷狄之. 以夷狄而中國, 則中國之. 中國與夷狄, 在其道與政, 不在乎疆域也."
143) 위의 책, 같은 글 참조.

뿐만 아니라 다산은 동이족에 속하는 東胡, 女眞 등의 중국침략에 대해서도 매우 긍정적 관점에서 평가하고 있다. 예컨대, 거란을 세운 東胡의 야율아보기는, 자갈이 세 번 반역을 일으켰으나 세 번 다 풀어 줄 정도로 관대하였으며, 거란의 제도와 정치의 성대함 및 장구한 역사는 중국으로서도 보기 드문 경우라고 높이 평가한다. 여진은 두 번이나 중국을 차지하였다. 금나라 때에는 宋의 휘종과 흠종을 사로잡았으나 끝내 이들을 해치지 않을 정도로 관대하였을 뿐만 아니라 국가의 규모가 크고 원대했다. 淸은 드물게도 칼날에 거의 피를 묻히지 않고 평화적으로 천하를 통일하였으며 훌륭한 인품을 지닌 황제가 여럿 나왔다고 칭찬한다.[144]

다른 성리학자라면 오랑캐 정권이라고 경멸하였을 북위, 거란, 금, 청 등에 대해서 다산이 경멸은커녕 도리어 애써 칭찬까지 아끼지 않는 것은 왜일까? 이러한 평가는 중국 중심의 중화주의적 華夷論을 탈피하지 않고서는 불가능한 것이라고 할 수 있다. 천하는 특정 민족이나 국가의 영원한 천하가 아니다. 국제관계의 역사에서 고정된 영원하고 절대적인 중심은 없다. 합리적 문화와 정치를 펼칠 수 있는 자질과 능력이 중요하다. 출신이 어떤 민족이건 지역이 어디건 예악과 문물을 발전시킬 수 있다면 그 민족과 국가는 천하의 중심이 될 수 있다는 것이다. 이러한 사상의 밑바탕에는 조선도 개혁을 통해 거듭날 수만 있다면 천하 역사의 중심이 되는 것도 가능하다는 뜻이 함축되어 있다.[145]

중화사관에 대한 다산의 비판적 시각은, 역사를 중국의 관점이 아

---

144)《茶山詩文集》권12, 7~8면 〈東胡論〉 참조.

145)《茶山詩文集》권12, 3면 〈遼東論〉: "雖然苟使國富而兵强, 一朝有抗衡天下之志, 而欲窺中原一步者, 非先得遼東不可爲也. 不然西得遼東, 東平女眞, 北拓境上窮黑龍之源, 而右與蒙古抗, 斯足爲大國亦一快也." 참조.

146

니라 개별 민족의 입장에서 주체적으로 보아야 하며, 조선사는 조선
민족의 관점에서 보아야 한다는 민족주체의 민족주의적 사관으로
이해할 수 있다. 다산에 있어서는 현재의 역사, 조선민족의 역사가
중요한 것이다. 이는 실학의 역사의식이 이익과 홍대용 등을 거치면
서 다산에 와서는 대단히 자주적인 역사의식으로 성숙되었음을 말
해 주는 것이다.

유교적 역사관에 있어서 역사의 주체는 聖王 내지 聖人이라고 할
수 있다. 권력과 덕을 겸비한 聖王만이 새로운 禮를 제정할 수 있다.
古代 堯舜三代에는 성인과 왕이 일치하였지만, 후대에 와서 공자에
있어서는 성인의 덕을 지니고서도 권력을 장악하지 못함으로써 성
인과 왕이 분열되기에 이른다. 그래서 역사의 주체는 현실적으로는
권력을 장악한 왕이, 이념적으로는 성인의 사상을 학습하고 덕을 내
면화한 유교적 엘리트라고 하겠다. 민중들은 왕과 성인의 영도와 가
르침을 받아서 따라야 하는 피동적 존재이다.

다산에 있어서도 聖人이 역사에 있어서 중심적 역할을 수행한 것
으로 인정되는 것은 사실이다. 그러나 다산에 있어서 '聖人'은 전통
유가에서 다분히 신격화된 성인과는 구별된다. 유가에서 공자와 같
은 성인은 신비화되어서 배우지 않고서도 선천적으로 지혜로운 '生
而知之'이며, 범인과는 다른 비범한 능력을 소유하고 있으며, 어떤
상황에서도 초연할 수 있는 높은 인품을 지닌 것으로 이해된다. 그
러나 다산은 이러한 성인관을 탈신화화(Entmythologisierung)한다. 그
래서 성인도 인간이며 인간인 이상 배움의 노력에 의해 단계적으로
앎이 발전한다고 생각한다.[146]

---

146) 《中庸講義》 권1, 46면: "雖生知之聖, 以其至誠篤行, 故見理益明, 見善益
確. 豈可曰誠與明一時俱到, 不可以分先後乎! 雖堯舜周孔之聖, 自生至死步
步向上, 若云生知之聖其德無進, 則自强不息純亦不已非天道矣. 德若有進,

또한 성인도 앞일은 미리 알 수가 없고 오류가능성이 있다. 예를 들면 堯도 곤에게 일을 맡겼다 실패하였고, 周公도 管叔이 반역할 것을 미리 알지 못하고 그로 하여금 殷을 감시하게 하였다. 공자 역시 미리 알지 못해서 匡에서 陽虎 때문에 厄을 당하여 죽음의 고비를 넘겼다는 것이다.[147] 그리고 성인도 다른 인간과 마찬가지로 喜怒哀懼愛惡欲의 七情을 지니고 있어서 공자의 경우에도 匡에서 위험을 당했을 때 두려워할 수밖에 없었다고 주장한다.[148]

그리고 다산은 성인의 능력이 아무리 뛰어나다고 하더라도 한계가 있어서 수많은 대중이 함께 의논하는 것을 당할 수는 없다고 본다. 뿐만 아니라 사고는 시간을 두고 점진적으로 발전하므로 아무리 성인이라고 하더라도 하루아침에 좋은 것을 다 완성할 수는 없는 것이다.[149] 이처럼 다산에게 있어서 聖人의 의미는 훨씬 더 인간화되었고 역사적으로 상대화된다.

다산의 〈原牧〉에 따르면, 이념적으로 보면 정치지도자(王)는 아래로부터 민의 필요에 의해 민을 위해 민에 의해 추대된 존재에 지나지 않는다. 法이라는 것도 민의 일반적 희망에 따라 제정되어야 한다(從民望而制之法).[150] 그렇게 만들어진 법은 모두 백성들의 삶을 편하게 하는 것일 수밖에 없다. 지도자를 선발하고 법을 제정함에

自誠而明亦有其道, 兩句之例不必殊也." 참조.

147)《茶山詩文集》권11, 23면〈五學論 五〉참조.

148)《論語古今注》권4, 14면: "邢曰: 畏於匡者, 記者以衆情言之, 其實孔子無所畏. 駁曰: 非也. 聖人亦有七情, 兵至不畏有是理乎?" 참조.

149)《茶山詩文集》권11, 10~11면〈技藝論 一〉: "智慮之所推運有限, 巧思之所穿鑿有漸. 故雖聖人不能當千萬人之所共議, 雖聖人不能一朝而盡其美." 참조.

150)《茶山詩文集》권10, 4~5면〈原牧〉참조.

148

있어서 민에게 주권이 있다면 이러한 주권을 지닌 민중이 곧 역사의 주체라고 할 수 있다. 만일 정치지도자가 민의 일반적 이익과 의사를 잘 대변하지 못하고 그것과 배치되게 행동한다면 권력과 역사의 주체인 민에 의해 정치지도자가 교체되는 것은 논리적으로 너무나 당연한 일이다.[151)

다산의 역사관에 있어서는 역사의 목적만이 민을 위한 것이 아니라, 민은 사회적 필요에 따라 정치적 공동체를 구성하고 스스로 의사를 결정하는 역사의 주체로서의 지위를 점한다. 최고 정치지도자인 王은 민의 의사를 대변하고 민의 이익을 옹호하는 대표자 내지 관리자의 역할에 지나지 않는다.

제4절 다산의 역사관에서 上帝의 의미 및 인간과의 관계

주자학은 존재의 궁극적 근거로서 태극이라는 형이상학적 실재를 제시한다. 그러나 다산에게 있어서 존재의 궁극적 근거는 비인격적이고 無形無爲한 태극의 理가 아니라, 인격과 의지를 지닌 초월적 실재로서의 上帝이다. 주자학의 태극 자리에 다산이 上帝를 대치하는 것은 어떠한 역사철학적 의미를 지니는가?

다산이 理 대신에 上帝를 도입하는 것은 언뜻 보면 주자학에 비해서 더욱 복고적이고 종교적이며 신비주의적인 것으로 보인다. 과연 그러한가? 다산이 믿는 상제는 종교적 성격보다는 이 세계에서의 정의와 합리성을 보증하는 정의와 합리성의 신인 것처럼 보인다.[152)

---

151) 《茶山詩文集》권11, 24면 〈湯論〉 참조.
152) 《尙書古訓》권1, 33면: "考績之必先柴何也. 古者會盟亦必祭天. 觀禮方明之祭亦其緒餘也. 考績大禮關係生民休戚, 毫末不公天必殛之, 所以天子領率群后燔柴祭告, 而后群后各奏其功, 天子合考其績, 此堯舜禹之通法也." 참조.

상제에 대한 믿음은 내세나 불합리한 것에 대한 신앙으로 향하는 것이 아니라, 오히려 역사세계의 모든 것이 정당한 이념에 따라 합리적으로 이루어져야 한다는 요청과 밀접한 관련을 가지고 있다. 악을 범하기 쉬운 현실에서 전지전능한 신에 대한 전제 없이는 개인적으로나 사회적으로 성실하고 합리적인 생활이 어렵다고 생각하기 때문이다.

상제에 대한 경건한 신앙에도 불구하고 역사의 모든 사건이 신의 섭리에 의해 진행된다는 그러한 역사신학적 경향은 다산에 있어서 보이지 않는다. 다산은 인간과 인간세계에 충실하다. 역사는 신이 조종하는 것도, 자연이 통제하는 것도, 알 수 없는 신비한 힘이 자의적으로 변덕을 부리는 것도 아니다. 역사는 인간의 몫이다. 역사는 인간이 만드는 것이다. 인간이 얼마나 집단적으로 현명하게 현실에 대처하느냐 아니면 어리석게 주저하느냐에 달려 있다. 토인비 식으로 말하면 현실의 도전에 대한 인간의 응전양식이 중요하다. 고정된 절대적인 운명이 있는 것은 아니다.[153]

문제는 인간의 응전방식이다. 그러나 비록 신에 의해 역사가 예정된 것은 아니라고 하더라도 인간은 신을 생각하며 행동해야 한다.

인용문에서 보듯이 考績을 하기 전에 천자와 제후들이 모여 하늘에 제사를 지내는 것은, 제후들이 천자에게 진실되게 실적을 보고하고 천자는 그것을 공정하게 평가하겠다는 것을 하늘에 약조하는 의미를 지닌다. 또한 신하들이 상제를 의식할 때 자기 직분을 하늘이 맡긴 것으로 여겨 최선을 다해 공정하고 합리적으로 민중을 위해 직무를 수행할 수 있다. 이를 종합해 보면 정약용에게 있어서 상제는, 개인적으로는 윤리적 성실성을 유지하게 해주고 국가사회적으로는 공무를 공정하고 합리적으로 최선을 다해 수행하게끔 하는 의미를 지닌다.

153)《尙書古訓》권5, 34면 참조.

그것만이 인간을 악과 불합리성으로부터 구제할 수 있다. 역사의 진보를 위해서 신은 중요한 의미를 지닌다. 현실의 불합리한 제도, 모순된 구조와 비도덕적 행태는 합리적이고 윤리적인 신을 전제할 때 이성적으로 개선될 수가 있기 때문이다. 다산에 있어서 상제는 세계와 동일시되는 범신론의 신도 아니고, 잡다한 사물과 관계되는 다신론의 신도 아니고, 초월적인 유일신의 성격을 지닌다.[154]

합리적이고 공정한 신의 존재는 역사세계를 궁극적으로 합리적이고 공정하고 인간적인 방향으로 발전시키지 않을 수 없도록 하는 강력한 이념적 · 실천적 근거로 작용하는 것이다. 상제의 존재에 대한 신앙은 현실적으로는 민중의 권리에 대한 옹호와도 관련이 깊다. 민중은 상제의 민중이기 때문에 민중의 권리를 존중하고 민중의 의사를 경청하고 민중의 복지를 증진시키는 것은 상제를 섬기는 가장 구체적인 방법이다. 다산은 전체 민중의 이익을 위해서 역사의 방향을 정확하게 진단하고 올바른 개혁을 단행할 수 있는 엘리트의 역할을 인정한다. 그러한 엘리트는 세속적인 사심 없이 순수한 마음으로 천명을 읽고 실천할 수 있어야 한다.[155] 여기서 天命이란 신비한 어떤 것이 아니라, 결국 현실사회에서 민의 복지와 정의에 일치하는 방향의 시대정신(Zeitgeist)과 같다. 天命을 읽고 위하고 따르는 것은,

---

154) 《春秋考徵》권4, 24면: "上帝者何? 是於天地神人之外, 造化天地神人萬物之類, 而宰制安養之者也"; 같은 책, 16면: "昊天上帝唯一無二之位" 참조.

155) 《尙書古訓》권4, 17면: "鏞案: 格人者格天之人. 周公之言曰: 在昔成湯時有若伊尹格于皇天, 在太戊時則有若伊陟臣扈格于上帝巫咸乂王家, 在祖乙時則有若巫賢, 在武丁時則有若甘盤. 凡其德行純粹精神專一者能感通于上帝, 仰承啓牖昭知天命, 斯之謂格人.";《梅氏書平》권4, 8면: "其云帝命者何? … 眼貫於此何以信古之帝命乎! 此僞書之所以作也." 참조.

현실적으로는 시대정신을 읽고 민중을 위하며 민중의 일반 의사를 따르는 것과 동일한 의미이다.

요컨대 다산의 개혁적 역사관에 있어서 상제의 존재는 민중의 일반의지에 따른 합리적이고 정의로운 개혁을 촉진하는 형이상학적 근거로서의 의미를 지닌다고 하겠다.

제5절 다산 역사관의 역사철학적 음미

위에서 고찰한 바와 같이 다산의 역사관은 동양의 전통적 역사관과 많은 점에서 변별성이 확인된다. 맹자처럼 배타적인 도덕제일주의의 관점에서 王道만을 고집하는 것도 아니고, 동중서처럼 역사를 三統(黑統, 白統, 赤統)의 순환 또는 四法(商, 夏, 質, 文)의 순환으로 보는 순환사관에 동의하는 것도 아니다. 그리고 주희의 천리와 인욕이라는 이원적 대립 논리로 현실역사가 설득력 있게 분석될 수 있다고 보지도 않는다. 그렇다고 신분 차별을 전제로 하는 공자의 역사관과도 반드시 일치하는 것은 아니다. 맹자에 비해서는 훨씬 더 현실주의적이며, 동중서의 삼통설이나 사법설이 구체적 역사와 일치한다고 보기에는 너무나 사실주의적이며, 주희의 천리사관에 비해서는 훨씬 더 공리주의적이다. 전통적 유학이 역사에서 개인의 수양을 중시하는 것에 비해, 다산의 역사관은 개인의 인격적 수양보다는 제도와 구조의 개혁에 더 많은 일차적 의미를 부여하는 특성을 보여준다.

서구의 역사철학과 비교하면 아우구스티누스처럼 종교적 관점에서 역사를 救贖史(Heilsgeschichte)로 보는 것도 아니고, 헤겔처럼 '세계정신'(Weltgeist)이라는 형이상학적 주체가 철두철미 일관되게 역사를 지배하고 있다고 보지도 않는다. 마르크스처럼 유물론적 법칙에 의해 역사가 지배된다고 보는 것도 아니다. 다산의 역사관을 역사철학적으로 음미하면 다음과 같이 그 특성을 지적할 수 있다.

역사변화의 근본원리는 무엇인가? 사물은 오래 되면 낡게 된다. 즉 물적 조건은 부단히 변화하는데 그러한 변화에 대응하는 인간의 제도적·법적 장치가 거기에 발맞추지 못하면 피폐하게 된다. 그렇게 되면 심각한 모순이 발생하게 된다. 이러한 모순이 민중의 반란으로 폭발할 수도 있다. 다산은 사회정치적 모순을 새로운 현실에 맞는 제도의 개혁을 통해 극복하려고 하였다. 즉 그는 모순의 폭발에 의한 아래로부터의 혁명보다는 위로부터의 자발적 개혁에 의해 위기를 극복하고 새로운 역사를 발전시켜야 한다고 보는 것이다. 다산은 물적 조건이 기계적 방식으로 역사를 결정한다거나 인간의 주관적 의지대로 역사가 창조되는 것이 아니라, 어느 정도 객관적 조건이 중요하지만 인간이 어떤 방식으로 대응하느냐 하는 점도 매우 중요하다고 생각한다. 따라서 우리는 다산의 역사관을 객관적 과정을 중시하는 결정론(determinism)이냐 주관적 요소를 강조하는 주의론(voluntarism)이냐 하는 양자택일의 논리로 판단하기는 어렵고 중도적 입장에 가까운 것으로 여길 수 있다.

역사란 순환하는가 발전하는가? 다산은 周代까지는 역사가 발전하였지만, 그 이후로는 기술의 측면에서는 발전하였으나 문화의 합리적 짜임새의 관점에서는 후퇴하였다고 본다. 그렇지만 역사를 어떤 하나의 일의적 공식에 따라서 총체적으로 발전하거나 퇴보하거나 순환한다고 보지는 않았다. 다산은 역사를 형이상학적 관념에 입각해 보기보다는, 다양한 현상과 구체적 현실에 토대를 두고 역사를 인식하려는 입장이다. 다양한 현상과 구체적 현실에 주목할 때 역사 전체가 어떤 하나의 원리로 깔끔하게 정리되는 것은 아니다. 물론 그렇다고 해서 다양한 현상 가운데 통일적 법칙이 전혀 없다는 것

도 아니다. 그러나 그것이 단순한 선험적 원리로 언표될 수 있다고
보기에는 다산은 너무나 경험주의적이고 현실주의적이다.

　현실주의의 입장에서 역사를 볼 때 역사는 인간의 삶을 떠나지
않으며, 인간의 삶은 인간 본성에 대한 인식과 유리될 수 없다. 다산
역시 인간의 본질은 선하다고 보지만 현실사회에서의 인간행위는
악으로 기울기 쉽다는 것에 주목한다. 현실적인 가악성은 어떤 윤리
적 노력으로도 쉽게 치유될 수 있는 것이 아니다. 인간의 본성과 현
실 인간의 경향성 사이에는 깊은 심연이 있는 것이다. 따라서 현실
인간에 대한 구원은 윤리적 처방만으로는 본질적으로 한계가 있는
것이다. 사회란 것은 현실적 인간들의 모임이고, 그 인간들은 불가
피하게 욕망의 충족을 위해 서로 갈등할 수밖에 없다. 여기서 다산
은 현실적 인간과 현실적 사회를 위한 처방을 생각하게 된다. 현실
적 인간은 부와 권력에 대한 욕망이 가장 강하다. 삶이란 부와 권력
을 놓고 벌이는 인간들의 한바탕 싸움이다. 그리고 그러한 인간으로
구성된 국가는 다른 국가와 부와 권력을 위해 서로 싸울 수밖에 없
다. 이것은 도덕적 선악의 평가여부를 떠나 피할 수 없는 인간역사
의 현실이다. 이러한 현실을 외면한다면 그것은 진정한 학문이 아니
다. 다산이 보기에 당대의 주자학은 이러한 엄연한 현실을 회피하는
것으로 보인다. 그것이 아름답지 못하고 이념에 비추어 정당하지 못
하다고 해서 고개를 돌리고 오직 순수한 이념의 세계만을 염두에
둔다. 이러한 이상주의는 불가피하게 성리학의 거두들로 하여금 정
신의 눈을 산림으로 돌리게 만들고, 理氣心性의 담론으로 돌리게 하
고, 存心養性의 주관적 세계로 회귀하게 한다고 보았다. 그래서 결과
적으로 현실은 더욱 악으로 기울어지고 이상은 더욱 고원해지게 되
었다고 본다.

　다산은 유가의 본래적 이상인 孝弟慈의 인륜세계를 정신의 세계나

학문의 세계에서가 아니라, 구체적 현실의 토양 위에 실현하고자 하였다. 그러기 위해서는 역사현실에 대한 냉철한 객관적 분석과 진단이 요구되었다. 윤리학만으로 이상세계가 가능한 것은 아니다. 여기서 사회과학이 요구되는 소이(所以)가 있는 것이다. 어떻게 보면 주자학은 철학에서 시작해서 윤리학으로 끝난다. 다른 모든 학문은 궁극적으로 윤리학의 연장이거나 거기에 종속된다. 진정으로 윤리적인 이상을 추구하기 위해서는 그 토대가 되는 사회과학적 인식과 과학기술의 힘이 요구되는 것이다. 누구나 고르게 경제적 풍요를 향유할 수 있게 하는 경제구조, 능력에 따라 적재적소에 등용될 수 있는 정치사회구조가 뒷받침되지 않으면 안 된다. 다산의 一表二書는 최종적으로 이러한 합리적 사회를 겨냥하고 있다. 이러한 합리적 사회구조 위에서 도덕적 이상은 열매를 맺을 수 있는 것이다.

다산이 추구하는 역사의 목적은 부국강병하고 합리적인 사회구조를 토대로 효제자의 인륜세계를 실현하는 것이다. 孝弟慈의 가치를 구현하려는 점에서 보면 다산은 유학자라고 하겠다. 그러나 그 방법에 있어서 주관적 수양보다는 객관적 구조의 개혁을 강조한 점에서 그는 다른 유학자와 구별된다. 그리고 개혁의 이념으로 합리성의 극대를 추구한 점에서 그는 분명 근대적 역사관의 소유자이다. 욕망의 문제에 대해서 주자학에서는 대체로 부정적 태도로 일관하고 있지만, 다산에게 있어서 그것은 이중적 의미를 지닌다. 욕망은 합리적 사회의 건설에 걸림돌이 되기도 하지만, 그것은 동시에 풍요롭고 이상적인 사회를 건설하는 동력이 되기도 한다. 그것은 일방적으로 부정되어야 할 것이라기보다는 적절하게 관리만 되면 위대한 사업을 가능케 하는 정열의 원천이 될 수 있다고 본다. 이러한 욕망을 올바르게 인도하여 현실적 이상 내지 구체화된 이상을 실현하기 위해서는 합리적이고 윤리적인 이성적 신, 즉 상제를 필요로 하는 것이다.

도덕적 의무보다는 현실적 행복의 조건에, 욕망의 부정성보다는 욕망의 양면성에, 자연의 이법 또는 신적 섭리보다는 인간의 합리적인 의지적 노력에, 전통의 연속성보다는 이성적 개혁에, 당위적 이상보다는 구체적 현실에 주목하면서도 양자를 통일시키려는 다산의 개혁적 역사관은 근대적인 계몽사관과 그 본질에 있어서 크게 다르지 않다고 하겠다.

제6장 기술적 정치 이념

주희와 퇴계는 정치사회적 질서를 우주자연의 존재법칙인 天道로부터 연역하기도 하고, 또한 천도에 근거해 그것을 합리화하기도 한다. 그리고 정치사회체제의 운영에 있어서 국가공동체의 정점에 위치하고 있는 통치자의 주관적 의지와 최고통치자를 보좌하는 엘리트 관료들의 도덕적 수양을 일차적으로 중시하며, 민을 정치의 주체라기보다는 대상으로 파악하고, 백성에 대한 도덕적 교화를 정치의 핵심 목적으로 인식한다.

이러한 기성의 성리학적 정치철학의 한계를 자각하고, 다산은 정치사회질서의 기본 원리를 새로이 구상한다. 주권의 궁극적 소재는 어디에 있고, 정치권력의 정당성은 어떻게 확보될 수 있고, 정치의 궁극 이념은 무엇인가? 다산으로서는 이러한 정치철학의 근본 문제에 대해서 새로운 해법을 찾지 않으면 안 되었다.

다산은 먼저 정치사회체제가 어떻게 생기게 되었는가 하는 정치공동체의 기원에 대한 의문을 제기한다. 그리고 이 물음에 대하여 다음과 같은 가설을 제시한다. 즉 민중들의 생활과정에서 자연스럽게 파생되는 제문제의 해결을 둘러싸고 민중들의 필요에 의해 유용성이 인정되어, 처음에는 소규모의 마을에서부터 시작되어서 점차로 국가적 범위로까지 정치지도자가 추대되면서 정치사회체제가 형성된 것이라고 상향적 관점에서 설명한다.[156]

　이러한 가설이 현실에서의 국가권력의 발생과정과 역사적으로 일치하는 설명은 아니다. 그러나 민중적 필요성과 합의에 기초하여 아래로부터 정치지도자가 추대되었다는 가설에는 상당히 합리적이며 민주적인 요소가 내포되어 있다. 이러한 설명논리는 신비한 천의 권위를 빌어서 정치권력의 정당성을 합법화하거나 권력의 남용을 견제하고자 하였던 맹자, 동중서, 퇴계의 정치사상과는 관점을 달리하는 새로운 시각 전환이라고 하지 않을 수 없다. 이것은 철저하게 사회적 관점에서 모든 현상을 설명하려고 하는 순자적인 사상과 맥을 같이 한다. 다산은 동일한 관점의 연장선에서 정치사회체제와 최고 통치자의 관계를 일종의 춤과 춤의 지휘자에 비유함으로써 국가와 왕권의 신비적 절대성을 제거해 버린다.

　뜰에서 춤추는 사람이 64人인데, 이 가운데서 1人을 선발하여 우보(羽

---

156) 《茶山詩文集》 권10, 4~5면 〈原牧〉(민족문화추진회의, 《국역 다산시문집 5》, 15~16면) "옛날에야 백성이 있었을 뿐 무슨 목민자가 있었던가. 백성이 옹기종기 모여 살면서 한 사람이 이웃과 다투다가 해결을 보지 못한 것을 公言을 잘하는 長者가 있었으므로 그에게 가서 해결을 보고 四隣이 모두 감복한 나머지 그를 추대하여 높이 모시고는 이름을 里正이라 하였고, … 또 여러 고을 백성들이 자기 고을에서 해결 못한 다툼거리를 가지고 어질고 덕이 있는 長者를 찾아가 그에게서 해결을 보고는 여러 고을이 모두 감복하여 그를 州長이라 하였으며, … 또 사방의 방백들이 한 사람을 추대하여 그를 우두머리로 삼고는 이름하여 皇王이라 하였으니, 따지자면 황왕의 근본은 이정에서부터 시작된 것으로 백성을 위하여 목민자가 있었던 것임을 알 수 있다."

葆)를 잡고 맨 앞에 서서 춤추는 사람들을 지휘하게 한다. 우보를 잡고
지휘하는 자의 지휘가 節奏에 잘 맞으면 모두들 존대하여 '우리 舞師
님'하지만, 지휘가 절주에 잘 맞지 않으면 모두들 그를 끌어내어 다시
전의 班列로 복귀시키고 유능한 지휘자를 再選하여 올려놓고 '우리 舞
師님'하고 존대한다. 끌어내린 것도 민중이고 올려놓고 존대한 것도 민
중이다.[157]

　여기서 다산은 주권의 소재를 민중에게 부여하고 정치사회체제란
민중이 주체가 된 작위의 산물로 이해하는 것이다. 이는 유교적 민
본주의에서 民이 비록 정치의 목적이긴 하지만 정치의 주체가 아니
라 단지 대상으로만 간주되어온 전통에 비추어 볼 때 매우 혁명적
정치의식의 전환이라고 하지 않을 수 없다.
　이러한 민주적 정치의식의 입장에서 볼 때 정치의 목적은 성리학
의 그것과 어떻게 다른가? 다산에 있어서 정치의 목적은 왜곡된 것
을 바로잡는(正) 데 있을 따름이다. 보다 구체적으로 말하면, 불균등
한 경제적 가치의 분배를 바로잡는 경제적 정의의 확립, 재화 유통
의 활성화, 사법과 치안질서의 확립, 功過에 따른 신상필벌로 사회적
기강확립, 능력에 따른 적재적소의 합리적 인사관리, 자연의 효율적
관리와 이용으로 특징지어진다.[158]
　정치의 목적에 대한 다산의 이러한 견해는 각론상 다소의 차이는
있으나 순자의 정치철학과 본질적 측면에서 공통성을 보여준다. 즉

157) 《茶山詩文集》권11, 24면 〈湯論〉: "舞於庭者六十四人, 選於中, 令執羽
　　葆, 立于首, 以導舞者. 其執羽葆者, 能左右中節, 則衆尊而呼之, 曰: 我舞師.
　　其執羽葆者, 不能左右之中節, 則衆執而下之復于列, 再選之得能者, 而升之
　　尊而呼之, 曰: 我舞師. 其執而下之者, 衆也. 而升而尊之者, 亦衆也."
158) 《茶山詩文集》권10, 1~2면 〈原政〉 참조.

정치의 목적을 도덕적 이념에 예속시키는 전통적 정치이념에서 과감히 탈피하여 사회를 합리적으로 경영하고 자연을 효율적으로 관리함으로써 국민의 기본적 욕구를 충족시키는 기술로 여기는 '기술적 정치 이념'을 선명하게 보여준다. 이것은 정치의 궁극 목적이 인간의 정신적 성숙을 도와주는 데 있는가, 아니면 사회생활의 수단적 방편을 편리하게 하는 데 있는가?라는 물음에 대해 전자의 입장을 '정치의 도덕적 양식' 또는 '정치의 도덕적 합리화'라 하고, 후자의 입장을 '정치의 기술적 양식' 또는 '정치의 기술적 합리화'라고 진술한 마리땡의 분류에 따르면 다산의 정치철학은 후자에 속한다고 할 수 있다.[159] 이러한 '정치의 기술적 합리화' 즉 기술적 정치이념은 국가와 종교, 정치와 도덕이 분화되는 근대적 정치의 근본 특징임은 더 말할 나위도 없다.

기술적 정치이념에서 정치지도자는 그 자체로서 절대적 권위를 갖는 것이 아니다. 그러므로 만일 정치지도자가 정치의 주체와 이념을 망각하고 지도자로서의 역할에 충실하지 못할 경우에는 당연히 경질될 수 있다. 나아가 정치적 정당성을 상실한 지도자와 그 체제에 대해서는 민중의 혁명권까지 인정될 수 있다는 논리가 자연스럽게 대두한다. 다산 역시 이러한 논리를 그의 〈湯論〉에서 전개한다. 이는 정치권력의 궁극적 소재는 민에게 있다고 보고, 민에 의한 아래로부터의 질서를 추구하는 主權在民의 민주적 공동체 원리와 다르지 않다

또한 다산은 사회의 질서를 강물의 흐름에 비유해서 한번 정해져서 영원히 변화하지 않는 것이란 있을 수 없다고 주장한다. 따라서

---

159) 마리땡(J. Maritain)의 정치철학에 대해서는, 김형효 교수의 《孟子와 荀子의 哲學思想》(三知院, 1990), 183~184 면 참고.

법을 능히 고치지 못하는 것과 제도를 능히 변경하지 못하는 것은
모두 사람의 현명하고 어리석음에 근본한 것이고, 자연의 이치가 본
래 그것을 고침이 없고 변경이 없게 하고자 함은 아니라고 언명한
다.[160] 이러한 역동적·개방적 사회질서관은 다산이 정치사회체제와
그 규범을 자연질서와의 연속선에서가 아니라, 하나의 작위의 산물
로 파악함으로써 가능한 것이다. 이는 또한 개방적인 실용주의적 현
실인식에서 비롯된 것이라고 하겠다. 실용주의적 현실인식에서 볼
때 법과 제도란 하나의 현실경영의 도구에 지나지 않는다. 따라서
법과 제도는 시대의 사회적 요구에 맞추어서 부단히 새롭게 개혁되
어야 한다. 그럼에도 불구하고 만일 구시대의 질서를 고수하기만 한
다면 그런 나라는 망하지 않을 수 없다고 다산은 비판한다.

> 만일 "우리 先祖는 聖人이므로 선조가 제정한 것은 모두 天地처럼 불
> 변의 것이다"라고 하면서 神聖하여 헤아릴 수 없는 기묘한 점이 있다
> 고 여겨 감히 개혁하지 못한다면, 그러한 나라는 부패하고 위축되어 망
> 하지 않는 경우가 없다. … 祖宗의 법에 대해서는 좋으면 그대로 두고
> 폐단이 있으면 좋게 고쳐야 한다. 經世濟民에 밝은 선비가 매양 일을
> 하려 하면 용렬하고 무식한 사람들이 번번이 祖宗의 법임을 인용하여
> 호령함으로써 百世에 잘 다스려진 정치가 없게 되었다.[161]

---

160) 《茶山詩文集》권12, 40면 〈邦禮艸本序〉: "世道如江河之推移, 一定而萬
世不動, 非理之所能然也. … 法之不能改, 制之不能變, 一由夫本人之賢愚,
非天地之理. 原欲其無改無變也."
161) 《茶山詩文集》권12, 6면 〈汲黯論〉: "若但曰: 吾祖聖人也, 其所爲皆天成
地定也. 疑其有神詭不測之妙, 而莫敢遷動焉, 則其國未有不腐壞委頓而亡者
也. … 祖宗之法, 善則因之, 敝則修潤之, 可也. 經濟識務之士, 每有所欲爲,
庸劣不學者, 輒引祖宗, 以號令之, 使百世無善治者."

대체로 성리학에서는 도덕적 수양과 사회적 정치 사이의 연속성을 신뢰하는 입장이다. 따라서 개인의 도덕적 수양(修己, 內聖, 體)의 극치는 훌륭한 정치적 다스림(治人, 外王, 用)으로 자연스럽게 확산될 수 있다고 가정하고, 근본에 해당하는 도덕적 수양에 중심을 둔다. 이에 비해서 다산은 사회정치체제와 개인 도덕 사이에 가로놓인 불연속성을 인식하고 있었던 것으로 보인다. 정치란 객관적 법과 제도를 통해서 철저한 작위에 의해서 가능하며, 그것은 단순한 개인의 주관적 도덕성으로 환원될 수 있는 것이 아니라고 생각한다. 만일 다산에 있어서 이러한 인식이 없었다면 정치 제도개혁과 운영개선을 위해 一表二書(《經世遺表》, 《牧民心書》, 《欽欽新書》)라는 방대한 저술을 별도로 집필하지 않았을 것이다. 그는 주관적 도덕성과 객관적 제도(구조)의 관계에서 후자를 우선시한다. 인간존재를 환경과 제도의 산물로서 보고, 객관적 요인이 주관적 의식의 형성에 미치는 결정적 영향력에 주목한다. 그래서 제도적 개혁 없이는 만연한 사회적 부조리를 일신하고 새로운 사회를 만들 수 없다고 본다.

> "衙前이 본디부터 간사한 것은 아니다. 그들을 간사하게 만드는 것은 법이다. … 나는 한 자리에 오래 있는데도 나를 감독하는 사람이 자주 교체되면 간사하게 되고, 나를 감독하는 사람의 행동 또한 正道에서 나온 것이 아니면 간사하게 되고, 아랫사람에게는 黨與가 많은데도 윗사람이 외롭고 우매하면 간사하게 되고, 나를 미워하는 사람이 나보다 약한 탓으로 나를 두려워해서 고발하지 못하면 간사하게 되고, 내가 꺼리는 사람이 다같이 죄를 범하여 서로 버티고 고발하지 못하면 간사하게 되고, 형벌이 문란하여 염치가 확립되지 않으면 간사하게 된다. … 지금 아전을 제어하는 방법은 전부가 간사함이 발생하게 되는 이유와 합치되지 않는 것이 없고, 반대로 아전으로 하여금 그렇게 하지 못하게 하

는 술책은 없다. 이러니 어찌 아전이 간사하지 않을 수 있겠는가."[162]

다산은 순자가 예(禮), 왕안석이 예악형정이라는 객관적 제도를 주관적 덕보다 중시했던 향외적 정치사상의 전통 위에서, 성리학자들이 내면적 덕성만을 중시하고 외적 형식(禮樂)과 강제수단(刑政)을 소홀히 하는 사실을 비판한다.[163]

다산은 개인의 도덕적 자율성을 부정하지는 않지만, 그것에만 전적으로 정치·사회질서를 의존할 수는 없다고 생각한다. 전통적 정주학자들은 개인의 윤리적 수양에 기초한 도덕적 자율성에 의존하여 정치질서를 확립하려고 하였지, 외적인 법직 강제력에 의한 통치는 작위적인 것으로 간주하여 소극적으로 인식한다. 그러나 다산은 이러한 '無爲而治'의 소극적 정치사상의 폐해를 비판하면서 치밀한 외적·제도적 장치에 의한 작위적 정치를 주장한다. 요순정치의 위대함은 작위적 방법에 의해 가능했다는 것이 다산의 지론이다. 이러한 작위의 정치를 주장하는 다산은 정치제도 개혁에 있어서 업적과 공적의 외면적 결과를 엄밀하게 평가하는 제도를 가장 강조한다. 이것을 '考績法'이라고 하는데, 요순정치의 핵심은 바로 이 제도에 있었다는 것이다.[164]

중앙정부의 관료나 지방행정관리들에게 도덕적인 호소보다 실적

---

162) 《茶山詩文集》 권12, 10면 〈奸吏論〉: "吏未必奸, 其使之奸者法也. … 我獨能久, 而其監制我者數遷, 則奸. 其監制我者, 亦未必出於正, 則奸. 黨與茂於下, 而上孤昏, 則奸. 嫉我者弱於我, 而畏之不發, 則奸. 我所忌者均所犯, 而相持不發, 則奸. 刑罰藝, 而廉恥無所立, 則奸.… 今所以馭乎吏者, 無一不協於其所由興, 而其使之不然之術, 則亡有焉, 吏奈何不奸哉?"

163) 《茶山詩文集》 권11, 19면 〈五學論 一〉

164) 《經世遺表》 권4, 12면: "唐虞之所以做至治者, 其妙專在於奏績考績."

162

주의의 원리에 의해서 그들의 행위를 통제해야 한다는 것이다. 그래서 실적이 우수하면 중앙으로 승진시키고 그 반대의 경우에는 좌천시킴으로써 관료들의 현실적 성취동기를 자극하는 것이 훌륭한 정치의 요체라고 본다. 그는 《經世遺表》에서 실제로 이 원리를 응용하여 관리들의 업적을 평가하는 구체적 기준을 제시하고 각 기준마다 등급으로 나누어 실적을 평가하고 이를 인사고과에 반영하는 방법을 구체화시켰다.[165]

조성을 교수에 따르면 다산의 개혁사상은 크게 3단계로 구분된다.[166]

우선 1단계에서는 운영개선을 추구하는데 이와 관련된 저술로는 《牧民心書》와 《欽欽新書》가 있다. 2단계에서는 일차적 개혁으로서 당시 체제를 인정한 바탕에서 온건하고 현실적 개혁을 시도한다. 3단계는 궁극적인 이차 개혁으로서 다산이 진정으로 의도하는 것이다. 3단계에서는 정치적 측면에서는 '민주주의적'인 궁극적 정치이념이 추구되고, 경제적 측면에서는 토지와 조세 제도에 대한 철저한 개혁을 통한 자본주의적 요소의 강화가 포함된다. 2단계와 3단계에 해당하는 저술로는 《經世遺表》가 있다.

성리학의 천인일원적 존재론에서 만물의 동일성과 차별성은 이일분수(理一分殊)의 논리로 설명된다. '理一'에 의해서 인간의 평등성이 보장된다면 기질에 따른 '分殊'의 논리로 사회적 신분질서에 따른 차별현상이 합리화될 이론적 가능성의 여지가 있다. 그러나 다산에게는 신분질서도 하나의 작위의 산물이지 결코 영원한 자연적 질서는 아니다. 다산에 있어서는 모든 인간이 다같은 上帝의 민으로서

---

165) 《經世遺表》 권4, 10~28면 〈天官修制 考績之法〉 참조.
166) 趙誠乙, "丁若鏞의 政治經濟 改革思想 硏究"(연세대학교 대학원 박사학위 논문, 1991) 59면 및 362면 참조.

평등하다. 따라서 혈연, 지연에 따른 차별이나 양반과 상민, 적자와 서자 사이의 차별은 근본적으로 철폐되어야 마땅하다.[167] 인간에 대한 평가는 혈연·지연과 같은 선천적으로 귀속되는 것에 의해서가 아니라, 후천적인 노력에 의한 업적과 능력에 따라 그것에 비례하여 평가되어야 정당한 것이다.[168]

성리학의 정치사상에서는 기존의 계급질서를 자연화하고, 민중을 정치의 대상으로만 인식하고 민중의 도덕적 교화를 정치의 중요한 목적으로, 그리고 지배자의 주관적인 도덕성의 함양을 무엇보다 중시한다. 이에 비해 다산은 상대적으로 인간의 평등을 전제하고 주권의 소재를 민중에게 부어하여 이래로부터의 민주주의적 정치실서의 원리를 제시하였다. 그리고 주관적 도덕성보다는 객관적 제도와 법규 그리고 경제적 문제의 해결에 일차적 중요성을 부여하며, 합리적 사회경영과 효과적 자연관리로 민의 기본적 욕구를 충족시키는 문제를 정치의 본질적 과제로 파악하는 근대적 정치관을 보여준다. 이는 대단히 새로운 정치적 비전으로서 전통적 정치사상으로부터의 근본적 전회(轉回)를 의미하는 것이다.

제7장 능동적 자연·경제관

성리학적 세계관에서 자연이란 인간의 탐구나 정복 또는 이용의 대상이라기보다는 자연 그 자체로서의 고유한 가치를 갖고 있으며, 인간과 만물 그리고 만물과 만물이 상호 교감하는 유기적 생명체로

---

167)《茶山詩文集》권9. 31~32면 〈通塞議〉 참조.
168) 위의 책, 같은 글 참조.

서의 성격이 강하다. 이에 비해서 다산은 자연에 대한 형이상학적·신비적 관념을 떨쳐버리고 자연현상을 객관적으로 관찰하여 그 법칙을 파악하고, 그것을 합목적적으로 활용함으로써 인간의 구체적 삶에 도움이 되어야 한다고 보았다. 다산의 존재론은 천인합일적이 아니고 천인분리적이다. 다산의 존재론에서 존재는 하나의 유기적 생명체가 아니라, 수직적 계층구조를 형성한다. 상제를 최고존재로 하여 그가 창조한 피조물의 세계가 있고, 피조물 중에서는 영명성을 갖춘 인간이 가장 높고, 그 아래에 동물과 식물 그리고 일반 사물이 차례로 놓이게 된다.

이러한 존재론에서 영명성을 갖춘 인간은 영명성을 갖지 못한 자연에 대하여 주체로서 우월한 위치를 보증받게 된다. 따라서 자연은 인간을 위한 이용물로서 대상화될 수 있는 것이다. 또한 상제가 주재하는 자연은 그 자체로서 일정한 수학적 질서에 의해서 규칙적으로 운행되도록 창조되었다. 그래서 일식이나 월식, 그 밖의 천문현상을 포함한 자연현상은 인간의 사회적 질서와는 무관하게 그 자체로서 독립된 법칙에 의해서 운행될 뿐이다.

"별의 운행에는 모두 일정한 度數의 법칙이 있어서 결코 서로 어지럽힐 수가 없다."[169]

이러한 기계적 자연관은 동중서의 천인감응적인 자연관이나, 성리학의 유기체적 자연관과는 분명히 구별되는 것이다. 다산의 자연관에서는 음양오행론이나 풍수지리에서 주장하는 바의 위치와 시간에 따른 자연현상의 질적 차이가 부정되고,[170] 시간과 공간은 질적으로

169)《茶山詩文集》권11, 23면〈五學論 五〉: "星行咸有定度, 不可相亂."

균질한 성격을 지닌다. 그 결과 자연에 대한 일체의 신비적 관념에서 해방되어 있다. 다산에 있어서 자연이란 인간이 합리적으로 탐구하고 실용적으로 이용할 수 있는 작위의 대상이다.

다산의 작위의 대상으로서의 자연관은 《중용》의 '致中和'와 '盡物性' 명제에 대한 해석에서도 나타난다. 주희는 '致中和'에 대해서 다음과 같이 설명한다. "대개 천지 만물은 본래 나와 한몸이다. 그러므로 내 마음이 올바르면 곧 천지의 마음도 또한 올바르게 되고, 나의 氣가 順하면 곧 또한 天地의 氣도 順하게 된다."[171]

'致中和'에 대한 이러한 주희의 정신주의적이고 신비적인 천인일원론적 해석에 맞서, 다산은 대단히 현실적 관점에서 인간의 주체적 작위와 연관시켜서 '致中和'를 다음과 같이 합리적으로 해석한다.

中和는 聖人이 방에 앉아서 희로애락을 발함에 모두 中節이 되더라도 지위를 얻지 못하여 정치를 謀議하지 않으면 천지는 제자리를 얻을 수 없고, 만물은 제대로 생육하지 못할 것은 필연적인 이치이다. 人主의 지위를 얻어 요순이 되고, 재상의 지위를 얻어 皐·夔·稷·契이 된 후에야 南正重이 하늘을 맡았던 것과 北正黎가 땅을 맡았던 것과, 羲和가 曆象을 맡았던 것과, 禹·稷이 水土를 다스렸던 일과, 益이 불을 관장한 虞人이 되어 山澤을 태워 금수를 내몰았던 일을 하여, 이로써 上下草木과 禽獸의 天性대로 따른 후에야 비로소 天地가 제자리를 얻고 萬物이 生育되는 것이다.[172]

---

170) 《茶山詩文集》 권11, 〈甲乙論〉, 〈風水論〉 참조.

171) 《中庸章句大全》 제1장: "蓋天地萬物, 本吾一體. 吾之心正, 則天地之心正矣. 吾之氣順, 則天地之氣, 亦順矣."

172) 《中庸講義》 권1, 9면: "中和聖人坐於丈室之中, 喜怒哀樂發皆中節, 而不得其位, 無所猷爲, 則天地必不得位, 萬物必不得育, 必也. 得人主之位爲堯舜,

즉 천지가 제자리를 얻고 만물이 제대로 생육되기 위해서는 왕과
신하가 정치를 통해 자연을 합리적으로 관리하고 이용하는 인위적
노력이 있어야 한다. 그렇지 않고서 성인이 단지 스스로 수양에 의
해 마음을 바르게 하였다고 해서 저절로 천지와 만물이 바르게 되
지는 않는다는 것이다. 또한 성리학의 유기체적 자연관에서는 '盡物
性'을 해석함에 있어서 성인의 교화가 지극하여 동물 등 자연에까
지 감화가 미치는 것으로 이해한다. 人物性同異論과 같은 독특한 논
변도 이러한 성리학적 자연관의 테두리 안에서 이해가 가능하다. 그
러나 다산에서는 인성과 물성이 같으냐 다르냐 하는 논쟁 그 자체
가 무의미하다. 인간과 다른 만물은 단순히 기질의 차이 문제가 아
니라 존재론적으로 위상이 근본적으로 다르기 때문이다. 다산은 '물
성을 극진히 한다'(盡物性)는 명제의 의미를 다음과 같이 설명한다.

> 山林·川澤과 같은 自然物을 효과적으로 관리하여 초목·금수와 같은
> 동식물을 때맞춰 적절히 생육하게 하고 요절하거나 곯지 않게 하며, 校
> 人은 養馬하고 牧人은 養牲하며 農師는 五穀을 번식하게 하고 場師는
> 園圃를 발육하게 해주며, 동식물로 하여금 각각 그들이 지닌 생육의 본
> 성을 극진히 하게 한다면 物이 각각 그의 본분을 극진히 하되 그 功은
> 내게 있는 것이다. 山林과 川澤을 관리하고 농사와 목축을 지도하는 행
> 정이 피폐되면 만물의 생명이 꺾여지거나 흐트러져서 무성할 수 없게
> 된다. 聖人이 이를 잘 관리하여 일으켜 세워 주면 만물의 생명이 울창
> 하게 무성하고 기름지게 살찔 것이니 天地의 모습도 바뀌어 보일 것이
> 다. 이를 일러 천지의 化育을 돕는다고 하는 것이 마땅하지 않겠는가.

得卿相之位爲皐夔稷契然後, 南正重司天, 北正黎司地, 羲和掌曆象, 禹稷治
水土, 使益掌火作虞烈山澤而焚之, 以若予上下草木鳥獸然後, 天地位焉, 萬
物育焉."

聖人의 盡性의 功도 이것에 불과하다.[173]

이상에서 볼 수 있듯이 다산의 자연에 대한 관심은 형이상학적이
거나 심미적이지 않고, 어떻게 자연을 합리적으로 관리하고 능동적
으로 유용하게 활용할까 하는 실용적 관심이 지배적이다. 즉 어떻게
자연에 인간이 작위를 가하여 결과적으로 인간들의 생활에 풍요와
편의를 가져올 수 있는가 하는 관심이 두드러지게 반영되어 있다.
이러한 작위의 대상으로서의 자연관에서는 자연의 합리적 이용을
위해서 자연지배의 기술이 중요하다. 다산의 〈技藝論〉에 따르면 인
간이 동물에 비해 육체적으로는 오히려 취약함에도 불구하고 스스
로를 보존 발전시키는 것은 기술을 취득할 수 있는 智慮와 巧思, 즉
지혜로운 지성과 교묘한 사고력을 갖추고 있기 때문이라고 한다. 기
술은 세월이 흐를수록 그리고 인구가 증가할수록 발전한다고 보고,
신기술의 도입으로 농업, 직물, 무기, 의학, 건축, 제조 등의 분야에서
기술이 향상되면 적은 노력으로도 더욱 많은 성과를 거둘 수 있는
생산성 향상의 효과가 있다고 다산은 강조한다. 그리고 대중이 편리
함과 혜택을 볼 수 있도록 利用과 厚生의 쓰임 및 다양한 기술력의
향상에 힘쓰는 일을 국가경영자의 책무로 보았다.[174] 그리하여 이를

---

173) 《中庸自箴》 권1, 22면: "修山林川澤之政, 使草木禽獸生育以時, 毋殀 毋
覆, 校人養馬, 牧人養牲, 農師殖五穀, 場師毓園圃, 使動植含生之物各盡其生
育之性, 則物各盡其本分, 而其功在我矣. 山林川澤農圃畜牧之政廢, 則萬物
之生夭閼橫亂不能茂盛. 而聖人者修而擧之, 則萬物之生, 蔚然叢茂郁然肥澤,
使天地改觀. 其謂之贊天地之化育, 不亦宜乎? 聖人盡性之工, 不過如此."
174) 《茶山詩文集》 권11, 12면 〈技藝論 三〉: "若夫利用厚生之所須, 百工技藝
之能, 不往求其後出之制, 則未有能破蒙陋而興利澤者也. 此謀國者所宜講
也."

168

위한 제도적 장치로서 발달된 기술의 도입과 연구를 조직적으로 전담하는 利用監의 설치를 주장한다.[175]

자연을 대상화시켜서 객관적으로 인식하고, 그것을 삶에 유용하게 이용하려는 정신은 새로운 자연관, 나아가 과학기술에 대한 긍정적이고 적극적인 관심으로 발전하였다. 또한 자연에 대한 실용적 관심은 경제 문제에 대한 진취적 태도와도 관련이 있다. 다산은 다른 어떤 문제보다도 경제의 중요성을 강조한다. 그 자신이 전통사회의 최고 경제학자였다. 그는 인간의 二大 욕망 가운데 하나를 경제적 욕망이라고 본다. 경제적 욕망을 국가가 적절히 충족시키지 못하면 정치체제가 유지될 수 없으므로 경제야말로 국가경영의 핵심과제이다.

田政이 먼저 바르게 된 후에, 禮樂과 兵刑을 비롯한 천만 가지의 수많은 일들이 모두 질서를 되찾게 될 것이다. 유형원이 국가경영의 책에서 반드시 먼저 田政에서부터 시작하였으니, 근본(본질)을 아는 학문이라고 할 수 있다.[176]

여기서 다산은 경제문제(田政)를 末이 아니라 근본으로 파악한다. 그래서 경제구조의 근본적 변화 없이는 다른 어떤 시도로도 사회적 모순을 해결할 수 없다고 인식하는 것이다. 이것은 성리학의 도덕우선주의에서 경제우선주의로의 코페르니쿠스적 전환을 뜻하는 것으로서, 대단히 중요한 발상의 전환이라고 보지 않을 수 없다. '利'를 말하는 것조차 꺼리는 잘못된 의리관(義利觀)은 지식인으로 하여금

175) 《經世遺表》 권2, 28~29면 참조.
176) 《孟子要義》 권1, 49면: "田政先正然後禮樂兵刑, 萬緒千頭, 俱有條理. 柳磻溪經國之書, 必從田政始, 可謂知本之學也."

경제 문제에 대한 언급 그 자체를 터부시하게 하는 말폐를 가져왔
다. 이러한 俗儒들의 위선을 다산은 다음과 같이 비판한다.

> 무릇 山林과 經幄의 신하가 책을 끼고 筵席에 오르면 오직 理氣說과
> 心性說만 논해 아뢸 뿐이고, 한 글자 반 글귀라도 감히 財賦에 대해서
> 는 언급하지 않는다. … 예로부터 재물을 생산하고 돈을 모으는 데에는
> 관중 같은 이가 없었는데 공자는 항상 그의 공을 칭찬했다. 재부를 전
> 적으로 더러운 물건이라 해서 감히 입부리에 올리지도 않으려 하는 것
> 은 천하와 나라와 가정을 위하는 올바른 태도가 아니다.[177]

전통사회의 경제관에서는 농업이 중심이 되고 상공업은 천시되거
나 주변적 역할에 머무는 경향이 많았다. 그러나 다산에게 있어서는
경제활동에 대한 관심이 보다 다양하고 개방적이다. 그의 경제사상
은 국가 주도로 기술을 발전시키고 직업을 다양하게 전문화·분업
화하여 생산성을 높이고, 농업 이외에도 상공업과 같은 다양한 산업
을 발전시켜서 세원(稅源)을 다각화함으로써 농민의 부담은 경감시
키면서도 국가의 재정은 여유 있게 확고히 하는 데 주안점이 있다.
국가가 국민경제에 보다 적극적으로 관여하여 생산성을 향상시키고
유통을 활성화시킴으로써 부국강병의 실현을 지향한다.
　조성을의 연구에 따르면 다산의 경제개혁사상은, 소농민(小農民)
을 위한 농업개혁론과 중소상공업자(中小商工業者)를 위한 상공업

---

177) 《經世遺表》 권7, 32~33면 〈地官修制 田制 九〉: "凡山林經幄之臣, 挾册
登筵, 惟理氣心性之說是論是奏, 一字半句未敢或及於財賦 … 自古生財聚貨,
莫如管仲, 而孔子常稱其功, 專以財賦爲汚穢之物, 不敢以登諸口吻, 非所以
爲天下國家也."

및 광업 발전론으로 정리될 수 있다.[178] 우선 소농을 경영형부농으로 육성함으로써 이들이 주체가 된 상업적 농업의 육성을 추진한다. 이를 위해서는 농업이 전업화·전문화되어야 하며 농업생산력 발전의 주체는 소농이 되게 하였고, 토지와 조세개혁을 통해 地代를 경감하려 하였다. 그리고 상공업을 말업(末業)으로 보는 시각을 벗어나 중소상공업자가 주체가 된 상업의 발전을 추구한다. 광업(鑛業)의 경우에는 국가가 주체가 되나 경영형부농, 중소상공업층의 이익을 위한 것이었으며 그 경영 형태는 고용노동을 사용하여 상업적 이윤을 추구하는 '자본주의적'인 것이었다. 광업 및 수공업에서의 기술 수준은 제조업 단계의 것을 추구하였다. 오늘의 시점에서 볼 때 다산은 경영형부농 및 중소상공인층 등의 소민층을 주체로 하여 제조업 단계의 자본주의 발전을 추구하는 것이라고 할 수 있다.

이와 같은 다산의 진보적 경제사상은, 그 이론적 기초로서 개별적 구체 존재를 보편적 이념이나 정신적 가치 못지 않게 중시하는 수평적 물심이원(物心二元)의 존재론, 실용주의적 장악(掌握)의 진리관, 그리고 일정하게 욕망을 긍정하는 향외적 인간학 등의 이론구조와의 유기적 연관하에서만 올바른 이해가 가능할 것이다.

제8장 요약과 맺음

다산은 전통 사회의 질서가 밑으로부터 거세게 허물어져 가던 조선 후기의 대변혁기를 살면서 시대적 모순을 실존적으로 체험하고

---

178) 이하 다산의 경제개혁사상은 조성을, "丁若鏞의 政治經濟 改革思想 硏究"(연세대학교 대학원 박사학위 논문, 1991), 360면 참조.

고뇌하였다. 그런 가운데 예리한 역사의식으로 낡은 시대의 질서를 근본적으로 회의하면서 다가올 새로운 시대의 질서를 철학적으로 그리고 사회과학적으로 구상하고 정초해야 하는 어렵고 힘겨운 일을 수행하였다. 그것은 곧 농업을 기반으로 하는 전통적 구질서를 탈각하여 새로운 세계관을 모색하는 작업이다.

새로운 세계관은 궁극적 최고 존재에 대한 인식의 변화에서부터 설명될 수 있다. 성리학에서 절대존재는 비인격적인 형이상학적 원리로서의 理였지만, 다산은 인식능력이 결여된 理 대신에 무한한 능력을 지닌 정신적 존재로서의 上帝를 재발견한다. 이 세계는 상제에 의해 造化되고 主宰되고 安養된다. 다산 철학에서 상제의 존재는 어떤 의미를 지니는가? 다산은 상제를 전제함으로써 상제와 마찬가지로 영명성을 지닌 인간은 이성적 인식능력과 도덕적 반성력과 자유의지를 지니게 된다. 그래서 인간은 상제를 대신하여 자연의 주인으로서 자연을 지배할 수 있다는 '자연의 지배자로서의 우월한 위치'를 보장받게 되고, 또한 상제에 의해 만들어진 자연에는 일정한 합법칙성이 존재함을 보증하게 되며, 또한 윤리적 실천성을 담보하는 적극적인 의미를 지닌다. 다산은 존재를 독립적인 존재인 실체와 그것에 부속된 속성, 그리고 실체를 다시 형상이 없는 영명한 정신적 존재와 有形有質한 질료적 존재로 분류한다. 다산이 理氣를 실체와 속성의 개념으로 설명하는 것은, 추상적 보편자의 실재성을 부정하고 구체적 개별자에 보다 큰 존재론적 의미를 부여하는 결과를 가져온다.

다산은 지식론에 있어서는 형이상학적·도덕적 진리만이 아니라 물질세계나 현실세계에 대한 경험적 지식을 중시하고, 이러한 구체적 대상에 대한 객관적·실험적 탐구를 강조하며, 전문지식과 기술에 대해 매우 적극적으로 평가한다. 그래서 진리의 본질을 현실을 관리하고 지배하는 장악의 기술로 인식한다.

인간관에 있어서도 추상적 관념이나 절대자와의 향내적 관계에서가 아니라, 욕망을 지니고 외적 대상세계와 적극적으로 관계하려는 사회적 존재로 인간을 인식한다. 욕망을 지닌 사회적 존재로서의 인간은 욕망을 만족시키기 위해서는 합리적으로 사고하고 노동을 통해 경제적 가치를 창출해야 하는 존재로 파악된다.

이와 같은 존재론, 진리관, 인간관에 있어서의 다산의 철학적 관점의 변화는 현실적 실천과 유관한 윤리관, 역사관, 정치사상, 자연·경제관의 측면에서도 본질적 변화를 수반한다. 그리하여 윤리학적으로는 성리학의 四德本具論과 敬의 윤리학이 내면적·주정적(主靜的) 경향으로 빠지기 쉽다고 비판하고, 사회적 관계 속에서 行事를 통한 적극적 실천에 의해서 덕은 성취되는 것이라고 다산은 주장한다.

역사관에 있어서도 도덕적 선악 판단보다는 현실적인 결과적 성취를 중시하는 관점에서 역사를 이해한다. 기술이 생산력을 규정짓고 생산력의 향상은 국력의 척도이므로 기술이 역사변화의 중요한 動因이라고 보고 물질적 측면에서 역사가 진보하는 것이 객관적 필연이라고 인식하였다. 다산은 동양의 이상사회로서의 堯舜 三代에 대해 새로운 해석을 보여준다. 즉 그 시대가 聖人의 德化에 의한 자연스런 '無爲而治'에 의해 정치가 이루어졌다고 보는 것은 그릇된 환상이다. 오히려 그 시대야말로 후대의 그 어떤 다른 역사보다도 더욱 엄밀하고 치밀하게 작위적 제도에 의해 다스려진 시대라고 진단한다. 이러한 새로운 역사관은 이상사회에 이르기 위해서 다산으로 하여금 보다 현실적인 사회공학적 접근을 취하게 한다.

정치에 있어서도 다산은 민중의 권리를 새롭게 규정한다. 민중은 단순히 도덕적 엘리트의 정치적 교화의 대상이 아니라, 민중 자신이 역사와 정치의 주체라고 보고 아래로부터의 민주적 정치질서관을 구상한다. 백성의 도덕적 교화보다는, 탁월한 사회경영과 자연관리로 백성의 기본적 욕망을 충족시키는 사회적 기술로서 정치의 본질을 이해한다.

그리고 자연에 대해서는, 일정한 법칙에 의해 운행되는 것으로서 인간의 지배와 이용 대상으로 파악하고 이를 위해서는 기술의 발전이 중요함을 강조한다. 다산은 성리학적 의리관(義利觀)이 인간의 가장 중요한 욕망이고 국가의 주요과제인 경제적 문제를 천시하게 하는 결과를 가져오는 폐단을 비판하고, 다른 어떤 문제보다도 경제야말로 우선적으로 중시되어야 할 중요한 문제라는 경제제일주의적 논리를 전개한다. 내용적으로도 농업 일변도에서 탈피하여 상공업 등 다양한 산업을 전문화·전업화함으로써 생산성을 높이고 유통을 활성화시켜서 개인적으로나 국가적으로 풍요로운 삶이 가능하도록 하는 구체적 대안의 제시가 중요한 것으로 인식한다.

이러한 사실들을 종합해 보면, 다산이 내면적 실존의 문제를 도외시한 것은 아니지만, 막스 베버의 이념형(ideal type)의 관점에서 볼 때, 그는 현실을 구체적 대상과의 관계 속에서 향외적 관점에서 파악하는 향외적 철학자라고 할 수 있다. 또한 추상적인 보편적 원리에 집착하기보다는 현실의 다양한 사실들을 그 자체로서 더욱 중시하는 점에서 윌리엄 제임스가 말한 '억센 기질'(The tough minded)의 철학자에 가깝다. 그러나 다산이 비종교적인 것은 아니다. 다산은 당대의 주류 사상인 성리학이 지나치게 내면화, 이론화하여 현실세계에 대한 구체적 경영의 문제를 소홀히 함으로써 사회적 실천학으로서의 유학의 본질이 왜곡되었다고 진단하였다. 정신과 육체의 묘합으로 이루어진 인간에 있어서 정신은 육체 또는 물질과의 관계를 떠나서 생각할 수 없다고 보고, 물질세계에 대해서도 정신세계 못지 않은 대등한 실재성과 가치를 부여하였다. 이러한 물질적·외

면적 측면에 대한 중시는 그를 현실의 파악에 있어서도 내면적 또
는 형이상학적 관념으로부터 귀추법적으로가 아니라, 오히려 현실의
구체적 환경 그 자체로부터 上向的·向外的 관점에서 문제 해결의
방법을 모색하게끔 하였다. 이러한 다산의 발상 전환은 당시로서는
대단히 혁신적인 사고 패러다임의 전환이었으며, 근대적 세계관과도
본질적 측면에서 맥락을 같이 하는 것이다.

제3부 다산의 향외적(向外的) 철학과 퇴계의 향내적(向內的) 철학의 비교

다산 정약용

퇴계 이황(1501~1570)의 초상
다산은 퇴계를 인격적으로 높이 존중하여 《도산
사숙록》을 쓰기도 하였다. 그러나 두 사람의 철학
적 지향은 그 방향이 서로 달랐다.

제1장 역사적 배경과 사상사적 위치의 비교

퇴계 이황(1501~1570)과 다산 정약용(1762~1836)은 한국의 다른 어떤 사상가보다도 많은 주목을 받아 왔고, 또 이에 비례해서 이들의 학문과 사상에 대한 연구는 폭넓게 진행되어 왔다. 그러나 조선조 성리학과 실학의 최고봉인 퇴계와 다산의 철학에 대한 본격적인 비교 연구는 별로 이루어지지 않았다. 이들의 철학 사상에 대한 비교 연구를 통해서 우리는 조선의 성리학과 실학이 각각 지향하는 철학세계의 변별적 특성을 보다 명확히 이해할 수 있을 것이다.

조선 전기인 16세기는 麗末에 도입된 성리학이 다양한 학자들에 의해서 여러 방향으로 탐색되면서 새로운 사상적 실험이 진행되고 있었다. 그러다가 퇴계와 율곡이라는 거봉이 나타나면서 이들에 의해 성리학에 대한 인식의 방향이 일정하게 정향되고, 퇴계와 율곡을 스승으로 받드는 제자들에 의해서 학파가 형성되고 그것이 서원건립운동이나 향약보급운동과 관련을 맺으면서 사상적으로나 사회적으로나 정착화 단계에 도달한다. 이와 함께 '四端七情論辨' 같은 이론적 논쟁이 새로운 차원으로 발전되지 못하고, 退·栗의 입장이 후학들에 의해서 교조적으로 수용되는 경향이 있었다. 그러나 18세기로 오면 사상계에는 다시금 다양한 논쟁적 요소가 제기된다. 즉 실학의 학풍이 발전하는가 하면, 양명학에 대한 연구도 심화되고, 淸으로부터 고증학과 서학의 지식이 흡수된다.

퇴계는 주로 양명학이나 주기론 등 넓게 보면 성리학의 테두리에 수용될 수 있는, 성리학 내부의 입장 차이를 둘러싼 문제를 대상으로 주리적 입장에서 비판하면서 자기 관점을 확립하였다. 그러나 다산의 시대에 이르게 되면 이미 성리학의 패러다임 자체를 문제삼거나 또는 그것에 크게 개의치 않는 학문이 점차 확산되고 있었다. 이러한 사상사적 위치의 차이도 두 사람의 철학적 관점 형성에 적지 않은 영향을 미쳤을 것이다. 학파와 관련시켜 보면 다산은 성호학파로부터 가장 강력한 영향을 받았고, 성호 역시 넓은 의미의 퇴계학파 계통에 속하므로, 다산도 퇴계철학에 대해서는 일찍이 交遊와 讀書를 통해서 충분히 알고 있었을 것이다. 다산은 그의 저술에서 퇴계에 대한 심정적 존경의 염을 표하고, 주희나 맹자에 대해서는 직접적인 비판을 가하면서도 퇴계에 대해서만은 직접적인 공격의 화살을 보내지 않았다. 이는 조선 사회에서 학맥의 위력을 충분히 말해주는 것이다. 다산은 철학적 입장에 있어서는 퇴계와 대립적임에도 불구하고, 퇴계의 인격과 학문적 치밀성에 대해서는 외경을 보여주고 있다. 그러나 다산의 학문적 지평이 퇴계학파에 한정되는 것이 아니고, 그 자신의 철학적 지향과 현실인식이 워낙 퇴계와는 달랐으므로 다산은 중세적 학파가 갖는 폐쇄적 한계를 초월하여 자신의 창의적 사고를 전개하였다.

16세기 중엽과 19세기 초엽은 사회경제적 배경에 있어서도 많은 차이가 있었다. 퇴계가 활동하던 16세기 중엽은 15세기 말엽에 확립된 중앙집권적 양반관료체제가 아직은 제기능을 어느 정도 유지하던 시기라면, 兩亂을 겪고 난 후 18세기 후반에 오면 상업적 농업이 발전하고 화폐의 유통이 활발해지고 수공업과 상업에 있어서 괄목할 만한 성장이 이루어지는 등의 경제적 변동이 급속히 진행되고 있었다. 그리고 양반의 수가 급격히 증가되고 신분체계의 동요가 심각해지는 등의 사회적 변화가 수반되었다. 한편 이러한 사회경제적 변동으로 기존의 제도적 장치가 현실적합성을 상실해 가는 반면, 다른 한편에서는 민중의 정치적 각성이 고조되어 갔다. 이러한 역사적 환경과 사상계의 동향의 변화가 개인의 철학적 기질의 차이 못지 않게 두 사람의 철학적 인식의 방향을 결정하는 데 중요한 요소로서 작용한 것으로 보인다.

여기서 우리는 퇴계와 다산, 두 학자의 철학사상의 핵심적 논점을 변별성을 중심으로 비교함으로써 (퇴계) 성리학과 (다산) 실학의 철학적 특성을 거시적으로 조망해보기로 한다.

제2장 철학의 이론구조 비교

제1절 존재관의 비교

퇴계에 있어서 존재는 理와 氣의 범주로 설명된다. 理는 형상은 없지만 형상 있는 모든 현상을 가능하게 하는 참된 존재이다. 理는 본체적 측면에서는 운동성이 없지만 作用的 측면에서는 氣의 운동을 주재하는 능동적 존재이다. 理는 독립적 실체로서 그 어떤 존재에 의해서도 지배받지 않는 최고존재이다. 그러나 理는 無形無爲이므로 현상적으로는 氣를 통해서 자신을 전개해 나간다. 만물은 보편적 理

를 分有하는 존재의 兄弟이다. 그러나 서로 다른 氣로 인해서 理를 실현하는 데 있어서 氣의 純度에 따라 서로 다른 정도의 실현 가능성을 갖는다. 理가 氣를 주재할 때 존재는 온당한 질서를 유지하고, 반대로 기가 주도적일 때는 理의 실재가 가려져서 존재는 온전한 질서를 상실하게 된다. 理와 氣는 현상 속에서는 분리되는 것은 아니지만 결코 서로 대등한 관계가 아니라, 존재론적으로 理는 氣를 주재하는 우월한 존재이고 氣는 理의 주재에 의해 이끌어져야 하는 하급의 존재이다. 보편적·초월적·정신적인 존재인 理를 높이고, 개별적·현상적·질료적 속성의 氣를 폄하하는 퇴계의 '理貴氣賤'의 논리는 정신주의적 성격을 강하게 지닌다. 정신적인 존재야말로 참된 존재로서 추구할 만한 가치의 이상이 되고, 물질적인 것은 그것에 도구적으로 종속되거나 상대적으로 경시되는 수직적 物心論이다. 또한 인간과 자연의 본성을 그 근원에 있어서 분리시키지 않고 연속적으로 파악하는 天人一元論을 전제한다.

다산은 理氣論에 대해서 퇴계와 의견을 전혀 달리한다. 다산은 理氣를 실체(自有之物)와 속성(依附之品)의 개념으로 설명한다. 理는 氣에 의존해서만 존재할 수 있으므로 실체성이 없고, 氣的인 것이 도리어 실체라고 이해한다. 氣를 독립적으로 존재하는 실체로 그리고 理는 氣에 의존해서만 존재할 수 있다고 보는 다산의 존재론은, 보편적 理에 비해 氣的인 구체적 개별 사물을 존재론적으로 더 우위로 인식한다. 이러한 개별자 우위론은 퇴계가 보편적 理를 절대시하는 것과 명백한 대조를 이룬다. 다산은 물질세계를 정신세계에 종속적으로가 아니라, 그 나름의 고유한 실체성을 지닌 것으로 객관적으로 인식한다. 정신은 善이고 육체나 물질은 可惡的이라는 이분법적 사고방식을 벗어나, 물질의 가치와 육체적 욕망의 현실성을 인정하는 수평적 物心二元論이다. 또한 그는 아무런 인식능력도 의식도 없는

理 또는 태극 대신에 인격적 상세를 최고의 실재로 인식한다. 상제
는 형체가 없이 순수한 영명성으로 이루어진다. 상제는 이 세계를
무생물, 생물, 동물, 인간의 순서로 위계서열적으로 창조하였으며, 또
한 합법칙적으로 운행하게 창조하였다. 인간은 상제로부터 영명성을
부여받아 피조물로서는 유일하게 영명(靈明)한 정신을 가지고 있고
육체와 정신이 묘합된 존재이다. 그래서 정신을 갖지 못한 다른 동
식물을 포함한 자연세계를 신을 대신하여 인식하고 지배할 수 있는
권리를 갖게 된다. 다산은 퇴계의 理 개념 속에 내포된 형이상학적,
신학적 및 도덕적 성격과 자연법칙적 성격을 분화시킨다. 그리하여
존재와 당위, 자연과 인간, 자연법칙과 가치규범을 분리시킨다.

　퇴계의 입장에서 볼 때 다산의 존재론은 지나치게 질료주의적이
고 개별자 중심적이고 인간 중심적이다. 물질적 존재는 그 자체로서
가 아니라 정신적 존재의 목적을 실현함에 있어서 도구적 의미를
지닌다. 그런데 다산처럼 물질적 존재의 고유한 독자적 가치를 인정
한다면, 물질이 독립적으로 物化하여 정신적 가치실현의 도구로서의
존재의의를 벗어나서 오히려 가치실현의 장애물이 될 가능성이 있
다. 그리고 개별자란 것은 보편자의 한 특수한 예로서 자기 속에 보
편자를 분유함으로써만이 존재할 수 있으므로 어디까지나 참된 존
재는 보편자이다. 보편자가 중심이 될 때 우주는 안정된 조화와 통
일을 이룰 수 있다. 만약 개별자들이 자기의 고유한 권리를 주장할
경우 우주는 조화와 통일을 유지하지 못하고 자기 분열하여 파편화
할 수 있다. 또한 다산은 인간과 자연의 관계를 너무 인간중심적으
로 그리고 대립적으로 파악한다. 그래서 자연과 인간의 존재론적 연
속성을 단절시켜 버린다. 인간 존재의 모태인 자연을 인간과 대립시
키는 사고방식은 마치 고기가 연못에서 빠져나와 땅위에서 살겠다
고 하는 것과 마찬가지로 위험하고 불합리하다. 또한 만일 理가 형

질이 없으므로 가 아니고 氣에 의존하는 속성이라고 본다면, 상제 역시 형질이 없는데 어떻게 독립적으로 존재할 수 있겠는가라는 반문을 제기할 수 있다. 그리고 왜 상제라는 외적 규제자가 있어야만 윤리적 실천이 가능한가. 형이상학적 理에 근거한 본성도 그것에 잘만 따르면 충분히 도덕적 실천이 가능하다. 만일 신학적 상제의 존재를 가정하고 전지전능한 상제가 감시하기 때문에 윤리적 실천이 가능하다면 이것은 옳기 때문에 의를 실천하는 것이 아니고 두려워서 실천하는 것이 되므로 진정한 자율적 도덕이라고 할 수 없지 않겠는가. 또한 물심관계에 있어서도 氣라는 것은 현실에서 지배적인 힘을 가지고 있고, 대중들이 경험적인 氣에만 혹하기 쉬우므로 무형적인 理나 정신적인 것을 높여야 균형이 이루어질 수 있지 않겠는가?

다산의 견지에서는 자연과 인간을 연속적으로 보고 만물일체를 논하는 것은 문제가 있다. 영명성에 의해 이성적 반성능력과 자유의지가 있는 인간이 어떻게 자연적 본능에 따라서만 살아가는 다른 만물과 性을 같이 한다고 할 수 있겠는가. 동식물을 포함한 일체의 자연은 인간의 삶을 위해 있는 것이며 따라서 그것을 지배하고 이용해야 하는 것이다. 상제의 존재는 우리가 道心의 소리에 귀를 기울일 때 느낄 수 있다. 理라는 형이상학적 당위성은 상제에 의해서 부과되는 종교적 당위성에 비해 행위를 규제하는 제재력이 약한 것이 사실이 아닌가. 물심관계를 수직적으로 보는 것은 현실기만이다. 인간은 육체적 존재이고, 육체적 존재로서 인간은 물질에 의해서 삶을 이어갈 수 있다. 이러한 물질적 욕구가 충족되지 않으면, 개인적으로도 삶을 살 수가 없으며, 국가적으로도 체제를 유지할 수가 없다. 그러므로 이러한 현실을 직시하고 그것을 적절히 충족시키는 문제는 인간사에 있어서 대단히 중요한 과제이다. 그러므로 물질과 정

신, 또는 육체와 영혼의 관계를 상보적 관점에서 수평적으로 보아야
지, 물질을 정신의 세계에 종속시켜 주관적으로 파악하거나 육체와
물질을 악의 원천으로 보아서는 안 된다. 정신적 욕구에서 악이 유
발되는 경우도 많다. 또한 참된 존재는 구체적 개별자이지 보편자가
아니다. 보편자는 구체적 개별자에 의존하는 속성일 뿐이지 독자적
실재성을 지니는 것은 아니다. 우리가 경험하는 구체적 사실의 실재
성을 인정할 때 추상적 사변 일변도를 벗어나서 경험적·실증적 탐
구가 가능할 수 있다.

   퇴계와 다산의 존재론적 입장 사이에서 우리는 天人一元論과 天人
分離論, 수직적 物心關係論과 수평적 物心二元論, 향내적 정신주의와
향외적 실용주의, 비인격적 우주론과 (인격적 존재에 의해 주재되
는) 인격적 우주론의 철학적 대립을 읽을 수 있다.

제2절 진리관의 비교

   퇴계의 정신주의적 존재론에서 진리란 선험적으로 이미 우리 마
음에 갖추어져 있는 것이다. 그러나 이 진리는 욕망에 의해서 가려
져 있다. 그러므로 이 욕망을 극복하는 心學的·敬學的 노력에 의해
서 존재의 진리는 스스로 밝게 開示된다. 퇴계의 진리는 주관이 대
상을 객관화하여 실증적으로 탐구하여 밝혀진 명제적 진리가 아니
고, 主客이 나누어지기 이전에 주객이 공유하고 있는 존재론적 진리
이다. 또한 그것은 사물에 대한 순수한 인식의 가치를 추구하는 것
이라기보다는 도덕실천과 유관한 실천이성적 진리이며, 존재에 의해
서 평정한 마음에 도래하는 開示的 진리이다. 실증적 인식보다는 철
학적 인식을 중시한다.

   다산은 진리란 현실에서의 실천적 생활과 유리되어서는 안 된다

고 주장한다. 그래서 진리는 대상을 지배하고 장악하는 데 실용적 도움을 줄 수 있는 도구로서의 진리, 즉 '아는 것은 힘이다'에서처럼 힘이 될 수 있는 진리이다. 이러한 진리는 인식 주관이 대상을 객관화하여 실증적으로 탐구하여 얻어진 지식으로서, 인간의 기본적 욕망을 충족시키기 위해 사회를 효율적으로 경영하고, 사회의 경제적 수요를 조달하기 위해 자연을 이용하는 데 도움이 될 수 있는 실용적 장악성을 본질로 한다. 그래서 무용한 형이상학적 지식 대신에 사물에 대한 전문지식과 기술의 탐구를 중시한다. 이와 같은 구체적 사물에 대한 실증적 전문지식의 강조는 그의 수평적 물심이원론과 개별자 우위의 존재론과 밀접한 연관성을 지니고 있음은 말할 나위도 없다.

퇴계의 입장에서 볼 때 다산의 진리관은 존재의 본질과 윤리의 근본에 대한 철학적 인식이 경시된 채로 구체적인 사물에 대한 실증적 인식만을 중시한다. 그래서 인간다운 삶을 위한 참된 진리로부터 멀어지고, 진리를 감각적 욕망 충족의 도구로 전락시킬 수 있는 위험성을 내포한다.

다산은 퇴계의 開示的 진리가 무가치하다고 보지는 않는다. 그러나 사회적 존재로서의 인간은 사회 · 자연적 환경으로부터의 도전에 맞서 생존을 확보하기 위해서는 철학적 · 윤리적 진리만으로는 부족하고, 대상을 지배하고 장악할 수 있는 실증적 전문지식을 축적시켜 나가야 한다고 본다.

요컨대, 퇴계는 절대적 존재와의 내면적 관계 속에서 자기를 내맡김에 의해 존재의 빛과 부름에 따르려는 開示的 진리를 중시한다. 이에 대해 다산은 외적 대상과의 관계에서 대상을 객관적으로 인식하고 효율적으로 지배하여, 환경의 도전에 맞서 삶을 효과적으로 경영하며 미래를 향한 행동의 계획에 있어서 유용한 도구가 될 수 있는 진리 즉 장악적 진리관을 견지하고 있다.

제3절 인간관 비교

퇴계는 인간을 우주 자연과의 관계를 통해 이해한다. 인간이란 무엇인가? 삶을 어떻게 살아야 하는가? 하는 문제는 인간 그 자체로서의 문제가 아니고, 우주 자연의 형이상학적 본성으로부터 귀추된다. 자연의 질서는 순환하는 가운데 일정한 주기가 있다. 일정한 법칙에 의해서 주기성을 가지고 순환하는 자연의 질서는 영원한 이상적 질서로 파악된다. 거기에 비해 인간사회는 끊임없는 경쟁과 갈등과 알력과 분쟁이 지속되는 불안정한 질서를 갖는다. 그러므로 영원한 자연적 질서를 본받아서 사회적 질서와 인간적 삶의 모델을 정립하여야 한다. 元亨利貞이라는 천지의 법칙은 만물이 함께 지니고 있는 보편적 덕성이다. 인간 역시 그러한 품성을 선천적으로 타고나서 이른바 仁義禮智의 덕을 구유하고 있다. 인의예지라는 선천적 덕 또는 '本然之性'은 육체라는 기질에 의해서 제약되고 있다. 그러므로 선천적인 四德이 온전하게 실현되도록 하기 위해서는 마음이 육체적 유혹에 물들지 않고 늘 본래적 성품을 지키도록 각성된 상태를 유지하지 않으면 안 된다. 자연형이상학에 의해 규정된 인간의 본질은 다시 心學에 의해서만 그 본질이 온전히 발휘될 수 있다. 그래서 퇴계의 인간학은 향내적 心學으로 경도되어 있다. 퇴계의 향내적 인간학은 루이 라벨(L. Lavelle)이 말하는 '정신적 삶'을 중시한다.

퇴계가 인간의 본질을 향내적 형이상학으로부터 이끌어 냈다면 다산은 인간을 사회적 존재로서 발견한다. 다산은 인간에 있어서 모든 문제는 인간과 인간의 사회적 관계성을 떠나서 생각할 수 없다고 보는 것이다. 사회적 존재로서의 인간에게 있어서 자연은 인간적 삶의 모델이 아니라, 우리 삶의 기반으로서 도구적 성격을 지닌다.
즉 자연은 인간적 삶의 모델이 아니라, 인간이 지배하고 이용해야
할 대상이다. 사회적 존재로서 자연의 지배자인 인간은 합리적 사고
를 본질로 한다. 합리적 사고에 의해서 사회생활을 영위하고 자연도
지배할 수 있다. 합리적 사고는 실천으로 이어져야 한다. 다산에 있
어서는 윤리적 실천만이 아니라, 노동적 실천이 중요하다. 육체적
존재로서의 인간은 누구나 마땅히 노동을 하지 않으면 안 되며, 노
동은 결코 천한 것이 아니고 자연스런 것이다. 또한 윤리적 덕은 본
성에 선험적으로 주어져 있는 것이 아니라, 사회적 관계 속에서 구
체적 실천을 통해서만 성취된다. 그러므로 덕의 성취를 위해서는 사
회적 관계 속에서 일과 행동(行事)을 통해서 가치를 창조하지 않으
면 안 된다.

퇴계의 입장에서 볼 때 다산의 인간학은 우주와의 존재론적 유대
를 이탈한 위험한 발상이다. 자연을 존재의 모태로서가 아니라, 단
지 인간을 위한 도구적 수단으로만 보는 것은 자기 존재의 고향을
너무 일면적으로 좁게 보는 것이다. 또한 덕의 실천이 온전히 이루
어지기 위해서는 도덕법칙에 대한 객관적 탐구와 마음의 수양이 있
어야 가능하다. 물론 이론과 실천이 변증법적임을 인정하지만 일에
는 어디까지나 本末의 순서가 있으므로 행동에 앞서 먼저 무엇을 위
해 어떻게 행동할 것인가에 대한 올바른 목적의 정립과 그 합리적
수단에 대한 이론적 천착이 필요하다. 또한 올바른 실천이 지속될
수 있기 위해서는 욕망의 유혹을 이길 수 있는 굳건한 정신적 자세
의 확립이 전제되어야 한다. 그러므로 내면적 반성을 통해 도덕적
자각과 어떤 경우에도 흔들림 없는 마음의 평정을 확립하는 것이
가장 우선적 과제이다. 이러한 修己와 內聖에 기초하지 않은 治人이
나 外王은 정치 사회적 활동을 통해 사적 욕망을 공적으로 합리화하

는 기회로 삼을 우려가 있다.

다산의 입장에서 보면 퇴계의 인간학은 너무 정태적이고 내면지향적이다. 이 세상에 태어나서 인간으로서 할 일은 너무나 많다. 어느 겨를에 '格物致知'를 다하고 어느 시간에 '存心養性'을 따로 할 수 있겠는가? 그러한 것은 실생활의 일과 유리되어서는 안 된다. 주관적 수양보다는 사회적 관계 속에서 합리적으로 사고하고 노동과 실천을 통해서 생산적 가치와 덕을 획득하고 환경에 효과적으로 적응해 가는 것이 중요하다.

융(Jung)이 말한 바와 같이 내적 요구와 주관적 요인에 의해 주로 지배되는 향내적 인간형과, 반대로 외적 대상에 관심을 기울이고 환경의 변화에 의해서 강하게 영향을 받는 향외적 인간형 사이의 대립이 퇴계와 다산의 인간관에 극명하게 표출되고 있다.

제3장 철학의 실천적 적용 비교

제1절 윤리관 비교

理를 절대시하고 氣를 도구시하는 정신주의적 존재론을 견지하는 퇴계에 있어서는 윤리법칙 역시 형이상학적 理로부터 귀추된 것으로서 절대성을 지닌다. 인간은 절대적으로 지키지 않으면 안 될 도덕적 의무가 있으며, 이러한 의무를 지키는 것은 자연의 운행이 항구 불변적으로 일정한 질서를 준수하는 것처럼 절대적 당위이다. 그러므로 도덕적 의무를 올바르게 인식하고 실천하는 것이 중요하다. 그러기 위해서는 성현의 말씀을 읽고 연구하며, 욕심에 의해서 마음의 동기가 불순해지지 않도록 敬에 의해 마음을 無事時에는 '明鏡止

水'처럼 평온하게 유지하고 有事時에는 상황에 가장 적합하게 義理를 실천할 수 있도록 노력해야 한다. 올바른 윤리적 실천을 위해서는 일체의 욕망이 도덕이성에 철저하게 복종하도록 통제하지 않으면 안 된다.

다산에 의하면 사회적 존재로서의 인간은 사회적 관계를 떠나서 살 수가 없으며, 윤리의 본질은 사회적 관계 속에서의 실천성에서 발견된다. 덕이라는 것이 내면의 정신세계에 선험적으로 존재하는 것이 아니라, 실천에 의해 후천적으로 획득되는 것이므로 행동에 의해서 타인에게 선을 베풀지 않으면 덕이 이루어지지 않는다. 실천에 있어서는 恕의 방법에 따라 나의 마음을 미루어서 남의 마음을 이해하고 내가 상대에게 대접받고 싶은 대로 상대에게 베풀어야 한다. 仁이란 타인과의 사회적 관계에서 자기의 도리를 다하여 功을 실현함으로써 성취된다. 참된 수양도 사회 속에서의 구체적 行事와 유리되어서는 안 된다.

퇴계의 입장에서 보면 다산 윤리학은 실천과 업적의 추구에 너무나 치우친 나머지 그러한 행위가 올바르게 실천될 수 있는 내면적 조건을 소홀히 하는 것으로 여겨진다. 내면적 수양의 축적이 결여된 채로 실천에만 힘쓴 결과 도리어 잘못된 행위를 범할 수도 있다. 어떤 행동이 참된 동기에서 비롯된 것인가 하는 문제를 소홀히 하고, 행위의 결과적 유용성만을 중시함으로써 옳은 것과 좋은 것을 혼동하는 공리주의의 오류를 범할 수 있다.

다산의 입장에서 敬이란 항상 무엇에 대한 경이다. 즉 경은 일정한 지향 대상을 지니고 있다. 그런데 '明鏡止水'처럼 '無思無慮'하는 것을 경이라고 생각한다면 이는 경을 오해한 것이다. 윤리적 수양도 좋지만 그러한 수양은 구체적인 사회적 관계 속에서의 행위를 통한 수양이 되어야 한다. 행위에 있어서는 동기의 순수성만으로는 안 된다. 동기의 순수성이 반드시 선한 결과를 보장하는 것은 아니기 때문이다. 그러므로 사회적 존재로서의 인간은 자기 행위가 가져올 객관적 결과(효용)에 대해서 신중하게 고려하지 않으면 안 된다.

퇴계의 입장에서 보면, 성리학의 敬이 行事와 유리되었다고 하는 다산의 비판은 성리학의 본질적 문제가 아니라 단지 아류들에 의해서 범해진 말폐에 불과하다. 퇴계 역시 일찍이 敬이 실천과 유리되어 정적(靜寂)에 빠지는 것을 경계하였다. 그러나 다산은 이것이 성리학의 말폐가 아니라, 성리학적 理氣心性論의 이론구조 특히 '本然之性論'과 '四德本具說'에 의해 그렇게 될 수밖에 없는 본질적 결함이라고 주장할 것이다. 마음에 이미 선험적으로 완전한 덕성이 있다고 전제한다면, 그러한 이론은 향내적 내면주의로 귀결되지 않을 수 없기 때문이다.

의무론적 윤리설에서는 행위 그 자체의 옳고 그름을 도덕 판단의 기준으로 여긴다면, 목적론적 윤리설은 행위의 결과로 초래될 선과 악 사이의 양적 대비를 중시한다. 퇴계는 행위의 결과와 관계없이 인간이라면 누구나 마땅히 지켜야 할 규범(所當然之則)이 있으며 그 규범은 어떤 경우라도 준수되어야 한다고 믿는다. 이에 비해 다산은 행위의 결과가 사회적으로 효용이 있어야 하며 가능한 많은 사람에게 많은 혜택을 가져올수록 그것은 더욱더 바람직한 仁이라고 생각한다. 다산의 行事의 윤리학은 도덕 행위의 사회적 효과를 중시한다는 점에서 공리주의적이다. 이에 비해 퇴계의 敬의 윤리학은 스토아학파의 윤리학과 유사한 점이 많다. 스토아 철학자들은 감각적 쾌락이나 고통, 좋아함과 싫어함, 공포, 분노 등 모든 일체의 파토스를 극복하고, 자연의 필연성을 달관하며 당위적 의무에 헌신한다. 오직 이성에 따라서만 자율적으로 생활함으로써 아파테이아(Apatheia) 상태에서 내면적 자유와 자족적 행복을 이상으로 한다. 敬의 윤리학은,

190

인간적 정념을 부정하고 철저하게 도덕적 이성에 의해 감정을 제어하고, 정신세계의 내면적 자유를 중시한다는 점에서 스토아 윤리학과 공통점이 많다.

제2절 역사관 비교

퇴계에 있어서 역사는 도(道)의 정신사(理)와 권력의 현실사(氣) 사이의 투쟁이다. 때로는 氣가 일시적으로 理를 이기는 것처럼 보이는 경우도 있으나, 理는 영원한 진리이고 절대적 당위로서 일시적 승패를 초월하는 것이다. 고대의 堯舜三代에는 理가 실현되었었다. 미래에도 언젠가는 理가 다시 실현될 수 있도록 理의 원리를 밝히고 理의 규범을 고수하여 氣가 전부인 것처럼 아는 현실에 대해 모범을 보여주어야 한다. 氣가 理를 은폐시키는 현실의 역사는 부정의, 부도덕한 권력투쟁과 권력남용의 연속이다.

다산은 인간의 욕망을 결코 부정적으로만 보거나 무시하지 않는다. 인간은 본래적으로 악습에 빠지기 쉽고 욕망을 가지고 있으므로 그러한 인간에 의해서 이루어지는 역사에서 순수한 이념의 실현이나 도덕적 방법에 의한 자연스런 德化는 현실의 역사에서 있어 본 적이 없다. 堯舜시대마저도 도덕적 방법에 의한 자연스런 정치가 아니라, 제도에 의해 통제된 철저한 작위적 정치였다. 이것은 역사의 엄연한 현실이므로 역사를 낭만적·관념적으로 보아서는 안 된다. 역사를 지나치게 도덕적 선악과 시비의 잣대만으로 보아서는 안 되고, 역사적 행위의 결과적 공리성도 아울러 중시해야 한다.

퇴계의 정신주의적 관점에서 보면 역사적 현실이 부도덕하므로 그럴수록 지식인은 보편적인 도덕적 기준을 확고하게 설정하여 현실역사를 심판하는 가치기준을 수호하여야 한다. 그렇지 않으면 역사는 더욱 혼탁해질 수 있다. 이에 대해서 다산은 어차피 순수할 수 없는 현실역사의 속성을 그 자체로서 인정하고 그 속에서 해답을 시도해야지, 그렇지 않고 현실역사를 초월적 시각에서만 비평한다면 현실역사와 이념적 역사는 영원히 그 간격을 좁힐 수 없을 것이라고 본다. 인간이 불가피하게 욕망의 존재라면 그러한 인간에 의한 역사를 보다 현실적으로 인식할 때 좀더 나은 발전의 전망을 확보할 수 있을 것이라고 다산은 생각한다.

　퇴계와 다산의 역사관에서 우리는 베버가 말한 '신념윤리'와 '책임윤리' 사이의 대립과 유사한 쟁점을 발견할 수 있다. 퇴계는 인간공동체가 마땅히 지향해야 할 영원한 절대적 이념이 있다고 보고, 어떠한 경우에도 이러한 이념은 정당성을 갖기 때문에 이러한 이념에의 헌신에 의해 역사적 행위가 평가되어야 한다는 신념윤리적 입장이다. 역사 속에서 누가 언제 어떻게 성공하고 실패하느냐가 중요한 것이 아니라, 과연 순수한 동기에 의해 절대적 이념을 추구하였느냐 아니면 사적 야심과 욕망에 의해 이념을 위배하였느냐가 중요하다. 이에 비해 다산은 현실적 관점에서 실천가능한 이상, 그리고 동기 못지 않게 성패 여부와 그에 따른 결과적 유용성을 중시하는 책임윤리적 입장에서 역사를 전망한다. 이것은 역사에 대한 정신주의적·도덕주의적인 사관과 현실주의적인 사관, 또는 역사의 궁극목적으로서의 '도덕의 나라'와 '문화의 나라' 사이의 대립으로 이해할 수 있겠다.

제3절 정치사상의 비교

　이상적 정치질서란 무엇인가? 정치의 본질은 무엇인가? 퇴계의 天人一元論에서 사회질서는 자연질서와 분리되어서 생각될 수 없다.

192

일정한 주기에 따라 순환을 계속하는 자연질서는 인간에 있어서도
이상적 질서의 원형으로 간주된다. 자연질서가 영원하듯이 현실의
사회정치체제의 구조도 영원한 질서로 파악된다. 정치의 본질은 백
성을 위하는 것이며, 특히 백성에 대한 도덕적 교화가 가장 중요한
과제이다. 백성은 정치의 근본이지만 주체는 아니다. 정치의 주체는
왕을 중심으로 한 도덕적·정신적 엘리트여야 한다. 올바른 정치가
이루어지기 위해서는 위정자의 확고한 정치윤리의식이 선행되어야
한다. 제도나 구조는 인간이 운영하는 것이므로 그것을 담당하는 인
간의 도덕적 의식의 확립이 무엇보다 중요한 과제라고 인식한다.

다산은 국가가 어떻게 왜 존재하게 되었는가 하는 정치철학적 물
음을 제기한다. 이에 대한 다산의 대답은, 그것은 민중들의 삶의 과
정에서 일어나는 갈등해결의 수단으로서 민중들의 뜻에 따라 사회적
요구에 의해서 발생하게 되었다는 것이다. 그러므로 국가의 주권은
당연히 다수 민중에게 귀속될 수밖에 없다. 그리고 정치의 본질은 무
엇인가? 정치는 민중들의 사회생활상의 현실적 요구를 충족시켜 주
는 사회적 기술이다. 인간은 본질적으로 경제적 富와 권력(貴)에 대
한 욕망을 지니며, 이러한 욕망을 충족시키는 것이 정치의 본질이
다. 보다 구체적으로 말하면, 경제적 정의의 확립, 재화유통의 활성
화, 자연의 효율적 관리와 이용, 능력에 따른 적재적소의 인사관리,
사회적 기강확립 등을 들 수 있겠다. 정치란 사회를 합리적으로 경
영하고 자연을 효율적으로 관리하여 백성을 경제적으로 풍요롭고
사회적으로 안정되게 함으로써 백성의 욕구를 충족시켜 주는 사회
적 기술로 인식한다. 이러한 목적을 위해서는 위정자 개인의 주관적
도덕성에 호소하기보다는 엄밀한 객관적 제도의 확립이 중요하다.

다산의 정치관은 퇴계의 입장에서 볼 때 인간의 본질이 도덕성에
있다는 기본적 사실을 망각하는 것이다. 인간은 물질적 풍요에 의해

서가 아니라 인간다운 윤리적 삶에 의해서만 인간으로서의 존재의 미를 발견할 수 있다. 그러므로 정치에 있어서도 '도덕적 교화'가 무엇보다 중요하며 그러기 위해서는 먼저 위정자부터 철학적 지혜와 윤리적 심성을 확고하게 수양해야 한다. 물질적 풍요와 제도적 개혁은 이차적 문제이다. 특히 다산의 고적법은 관료들을 실적지상주의로 유도할 수 있다. 그리하여 투철한 애민적 동기가 결여된 채 외형적 실적에만 급급하게 만듦으로써 진정한 실질적인 개혁을 달성할 수가 없게 할 수 있다.

다산의 입장에서는, 백성의 도덕성 진작도 중요하지만 백성의 일차적 욕망을 국가가 충족시키지 못한다면 그러한 징치체제는 위기를 맞게 된다. 현실적으로 경제적 생존을 위협받는 위기 속에서 도덕성의 향상을 권장하거나 기대하는 것은 위선에 불과하다. 우선 나라가 부강하고 안정되어야 문화도 발전할 수 있고, 삶의 도덕적 차원에 관심을 기울일 정신적 여유도 생긴다는 것이 다산의 입장이다.

마리땡은 정치의 목적을 무엇으로 보느냐에 따라서 '정치의 도덕적 양식' 또는 '정치의 도덕적 합리화'와 '정치의 기술적 양식' 또는 '정치의 기술적 합리화'로 정치철학을 구별하였다. 대략 전자는 정치의 목적을 인간의 정신적 성숙을 도와주는 것으로, 후자는 인간 사회생활의 수단적 방편을 편리하게 하는 데 있다고 인식한다. 퇴계의 성리학적 정치철학은 일반적으로 '정치의 도덕적 합리화'에 속한다고 할 수 있다. 이러한 정치철학에 따르면 정치학은 윤리학의 틀을 벗어날 수 없다. 정치는 종교적 또는 도덕적 목적 실현의 도구이다. 이에 비해 다산의 경우는 '정치의 기술적 합리화'에 가깝다. 다산에 있어서도 정치가 윤리로부터 완전히 독립되었다고 할 수는 없지만, 상대적으로 독립된 영역으로 인정되고 있으며 그 점에서 근대적 성격을 지닌다.

194

제4절 자연 · 경제관의 비교

퇴계에 있어서 자연은 생명이 약동하고 도(道)가 펼쳐지는 유기적 생명체로서 창조적 생명과정이다. 이러한 자연은 인간존재의 모태로서 현실역사의 부도덕성을 벗어나서 영혼의 안식을 취할 수 있게 해준다. 이익의 추구는 온갖 악이 비롯되는 계기가 되므로, 오직 바르게 살도록 해야지 의식적으로 이익을 추구해서는 안 된다. 바르게 살면 이익은 자연스럽게 수반된다.

다산에게 있어서 자연이란 上帝에 의해 주재되는 것으로서, 기계적 법칙성에 따라 운행되며 영명성을 지니는 인간은 자연을 지배하고 이용할 정당한 권리를 지닌다. 그래서 다산에 있어서 자연은 인간의 이용 대상으로서의 의미가 강하다. 자연을 잘 관리하고 이용함으로써 경제적 풍요를 달성할 수 있다. 중용의 '盡物性', '致中和'도 자연의 관리 · 이용과 관련하여 이해된다. 자연을 잘 이용하기 위해서는 기술 발전이 요구된다. 인간은 지성을 이용한 부단한 연구에 의해서 새로운 기술을 발전시켜서 삶의 편의를 증진시켜 나가는 존재이다. 경제는 육체적 존재로서의 인간이 사회생활을 하는 데 있어서 결코 간과할 수 없는 가장 중요한 문제다. 경제구조의 근본적 개혁 없이 사회적 모순의 해결을 기대할 수는 없다. 이러한 경제제일주의적 관점에서 다산은 직업을 다양화하고 전문화하여 생산성을 높이고 경제활동을 활성화시켜서 국부를 증대하고 민생의 안정을 이룰 수 있는 구체적 대안이 중요하다고 본다.

퇴계의 관점에서 보았을 때 다산은 자연을 너무 기계론적으로 보아서 인간 자신이 유기적 자연의 아들의 하나임을 망각한다. 인간에게 너무나 강렬한 욕망인 이익의 추구를 인정하게 되면 그러한 욕망을 더욱 부추기게 되고, 나아가 결과적으로 도덕적 가치의 존엄성에 대한 관심을 한층 약화시킬 우려가 있다.

다산이 보기에 퇴계는 인간의 풍요한 물질적 삶을 위한 자연의 지배와 이용을 소홀히 하고, 자연을 너무 관념적·심미적으로만 인식하는 태도에 사로잡혀 있다. 경제적 이윤추구의 문제만 하더라도 그것에 대한 인간의 욕망이 강렬한 이상, 그러한 현실을 수동적인 수양론으로만 접근할 것이 아니라, 이윤추구의 욕망을 살려서 생산력을 높이고 경제적 삶을 윤택하게 하는 적극적 에너지로 관리하여야 한다. 경제적 문제의 해결이 없는 도덕적 이상의 추구는 비현실적이다. "곡간이 차야 예절을 안다"는 말처럼 도덕적 목적을 위해서라도 우선 경제적 문제의 해결을 일차적 과제로 받아들이지 않으면 안 된다.

요컨대, 유기체적 자연관과 기계적 자연관, 천인합일적 조화의 자연관과 인간중심적인 정복적 자연관의 대립, 그리고 이익의 추구를 부정시하는 수동적 경제사상과 지나치게 반사회적이지 않은 한에서 이익 추구를 인정하는 적극적 경제사상의 대립이 퇴계와 다산 사이에 제기된다.

제4장 전체적 비교: 향내적 정신주의와 향외적 실사주의

앞에서 우리는 퇴계와 다산 철학의 쟁점에 대해서 각론적으로 비교 고찰하였다. 이를 토대로 퇴계의 향내적 철학과 다산의 향외적 철학을 보다 일반적 관점에서 전체적으로 비교해 보고, 그 의미를 생각해보도록 하자.

퇴계의 철학은 정신적 절대자(理)에 대한 믿음에서 비롯된다. 참된 존재는 영원한 보편적·정신적 존재이다. 정신적 존재는 자아의 내면적 세계의 본질이기도 하다. 이러한 정신적 본질이야말로 인간에게 존엄성을 부여하는 것이고, 이러한 내면적 본질을 밝힘에 의해서 나는 개별적 우연자에서 보편적 절대자로 비약할 수 있다. 내면의 정신에 주어진 본질에 대한 경외감과 신뢰는 참된 존재를 외적대상이나 사회적 관계보다도 내면세계에서 찾게 해준다. 내면세계의 진리를 온전히 자각하고 체득함으로써 외적 세계에서의 모든 일도 순리에 따라 합리적으로 실천될 수 있다는 것이다. 퇴계의 향내적 철학은 변화보다는 안정, 갈등보다는 조화를 겨냥하는 세계관이라고 할 수 있다. 理란 시간적 변화에 의해서 조금도 영향받지 않는 초감각적인 정신적·절대적 진리이기 때문이다. 우리가 사는 현실세계는 부단한 갈등과 변화가 계속되는 생멸의 세계이다. 이러한 생멸의 세계 자체를 환상으로 보는 것은 아니다. 도리어 퇴계는 진리의 일상성을 강조한다. 그러나 이러한 생멸의 세계에서 생멸하는 현상 그 자체를 절대시해서는 안 된다. 생멸의 상대성을 넘어 불생불멸하는 절대적 원리를 인식하지 않으면 안 된다. 그러한 절대적 원리의 기준을 가지고 생멸하는 현실계를 바라볼 때 감각적 현상의 노예가 아니라, 확고한 주체로서 현상 속에서 절대적 가치를 구현하고 진정한 자아를 회복하여 우주적 이법의 오묘함과 동참하는 참다운 자유가 가능한 것이다. 이처럼 퇴계는 절대적인 내면(도덕적) 주체성의 확립에 의해서 현실사회의 갈등을 해소하려 한다.

다산의 향외적 철학은 정신적 절대자를 부정하지는 않는다. 도리어 적극 인정한다. 그러나 정신적 절대자를 전제한다고 해서 현실의 물질적·사회적 세계를 이차적인 것으로 간과하지는 않는다. 도리어 다산은 현실의 사회세계나 자연세계에 정신세계 못지 않은 아니 그 이상의 가치를 부여한다. 그에게 있어서는 정신적 절대자에 대한 믿음도 현실적 사회관계를 떠나서 별도의 차원 속에서 이루어지는 것이 아니다. 외적 현실세계의 문제에 높은 가치를 부여하는 다산은 영원하고 절대적인 형이상학적 진리를 중시하기보다는 구체적 현실의 법칙을 이해하고 현실의 경영에 도움을 줄 수 있는 실용적·실증적 진리를 중시한다. 그렇다고 그가 도덕적·정신적 진리를 무시한다는 것이 아니라, 이념형에 비추어 보았을 때 상대적으로 그러하다는 것이다. 다산은 인간을 관념의 눈에 의해서가 아니라 구체적 현실의 관점에서 객관적으로 이해한다. 이러한 다산의 세계관은 변화와 갈등 그 자체를 불가피한 필연성으로 수용하고, 갈등과 경쟁이 첨예한 현실에서 개인적으로나 사회적으로 생존을 확보하는 방법과 갈등을 보다 완화시킬 수 있는 합법적 정당성의 준거를 구체화하는 데 관심을 기울인다.

퇴계의 입장에서 보면 다산의 사상은 모든 것의 중심으로서의 마음의 중요성을 충분히 인식하지 못하고 지나치게 외적 대상으로만 치닫는다. 그래서 정신적(도덕적) 가치의 절대성을 망각하고 외적 경험현상의 노예로 되어서 인간됨의 본질을 추구하는 유학의 종지를 이탈할 위험이 있는 듯 보인다. 다산의 입장에서 보면 퇴계는 지나치게 마음의 중심으로만 문제를 귀결시킴으로써 인간 존재의 본질이 사회적 관계성에 있다는 유학의 기본적 가르침에서 멀어져서 오히려 외면적으로는 불교의 병폐를 재현할 수 있다고 본다. 퇴계의 입장에서 (도덕적) 진리는 절대적이고 영원한 것이므로 언제나 지켜져야 하며 어떠한 경우에도 그것은 타협될 수 없다. 그러나 현실은 부도덕으로 충만하다. 그러므로 진리의 순수성을 지키려 하는 한 부도덕한 현실에 적극 개입할 수는 없고, 향내적 경향을 띠거나 자연에로 귀의하기 쉽다. 다산은 진리의 순수성이 이상적이기는 하나 현실세계는 언제 어디서나 순수한 이상과는 다를 수밖에 없다고 본다. 그러므로 이러한 현실을 그 자체로서 인정하고 그 가운데서 보다 나은 향상의 길을 모색해야 한다. 어떻게 해서든지 현실세계에 관여하여 그 가운데서 보다 나은 점진적 개혁을 시도해야 한다. 이 점에서 퇴계와 다산의 철학은 '이상주의'와 '현실주의'의 대립으로 해석될 수 있다.

퇴계의 향내적 철학과 다산의 향외적 철학의 대립은 막스 베버의 '신념윤리'(Gesinnungsethik)와 '책임윤리'(Verantwortungsethik)의 이념형과 유사한 측면이 있다. 베버에 따르면 '신념윤리'를 견지하는 사람은 현실정치에는 적합하지 않고 종교적 또는 교훈적 수범을 통해서 자기를 표현하는 것이 바람직하다. 맹자, 동중서, 주희, 퇴계로 이어지는 향내적 철학자들의 공통된 사상을 가장 잘 표현한 명제는 동중서의 '正其誼 不謀其利, 明其道 不計其功'이라고 할 수 있다. 이는 "기독교인은 올바로 행동할 뿐 결과의 일은 주님의 뜻에 맡긴다"는 격언과 동일한 사상을 담고 있다. 그에 비해서 다산은 행위의 결과와 업적에 대한 고려를 중시한다. 이 점에서 퇴계와 다산의 사상적 차이는 '신념윤리'와 '책임윤리'의 이념형에 의해서 설명될 수 있다. 신념윤리와 책임윤리는 베버의 또 다른 이념형의 하나인 '가치합리성'(Wertrationalität) 및 '목적합리성'(Zweckrationalität)과 내적 연관 관계가 있다.

가치합리적 행위는 행위자가 예측 가능한 결과에 대한 고려 없이 신념에 따라서만 행위를 하는 것이다. 가치합리적 행위를 하는 개인은 종교적·정치적 또는 다른 가치나 大義를 무조건적 인간의 의무라고 생각하고 이것들을 신봉한다. 이러한 행위는 일의 성패에만 지배되거나 관습에만 따르지 않고, 내적 정합성을 가지고 개인적 신념에 일치하게 행위한다는 점에서 합리적이다. 그러나 다른 가능한 목적을 고려하거나, 수단의 적절성에 대한 비판적 검토도 없고 예측가능한 결과에 내재하는 奇運(irony)에 대한 비판적 고려 없이 어떤 하나의 가치를 그 목저으로 설징한다는 섬에서는 불합리하다. 행위는 선택된 목적의 급박한 사정과 조화되어야 한다는 것만이 중요하다. 이런 행위는 그 목적이 절대가치와 더 가까워질수록 점차 불합리하게 된다.

이에 비해 목적합리적 행위는 일단 목적이 설정되면 어떤 수단이 목적 달성에 가장 효과적인지를 고려하고, 행위로 인해 나타나는 예측가능한 결과의 양상에 대한 고려를 충분히 하고서 그에 따라 가장 적절한 행동을 선택하여 수행한다. 즉 어떤 일을 만났을 때 대립 갈등하는 목적 그리고 다양한 경합적 수단, 그리고 행위자의 의도와 완전히 빗나가거나 바라지 않은 결과를 가져올 수도 있는 경우의 결과를 고려한다는 것이다. 물론 이것은 이념형적 정의이다. 목적은 이미 정해진 상태에서 수단의 선택에 있어서만 목적합리적일 수도 있고, 목적의 선택은 가치합리성의 관점에서 내려지고 수단의 조정에 있어서만이 목적합리적 행위가 선택될 수도 있다.

퇴계를 비롯한 성리학적 사상가들은 理라는 형이상학적 원리에 의해 정당화되는 도덕적 가치를 절대화하고, 그러한 가치의 추구를 절대적 의무로 설정하고서 그것에 대한 헌신을 고귀하게 여기는 가치합리성이 강조된다. 이에 비해 다산에 있어서는 주어진 문제나 과제를 풀어나가는 데 있어서 그 목적 달성에 가장 적합한 효율적 수단이 무엇이겠는가 하는 관점에서 사고하는 목적합리성의 추구 경향이 강하게 나타난다.

퇴계와 다산의 사상적 차이는 시대적 거리와 개인의 기질 그리고 철학 자체의 차이 등으로 생각해 볼 수 있겠다. 두 사상이 대립적이지만 그러나 모순되는 것만은 아니다. 퇴계에도 다산적인 것이, 다산에도 퇴계적인 것이 잠복되어 있다. 단지 그것이 지배적이지 않을 뿐이다. 여기서 두 사람의 철학의 공통성을 생각해 보자. 둘 다 순수한 인식적 가치를 추구하기보다는 대단히 실천지향적이라는 점에서는 공통적이다. 그러나 퇴계에 있어서 실천은 내면적·심학적 수양의 방향으로 인격적 덕성의 함양을 위한 실천이고, 다산의 경우에는 외면적·사회적 선의 증대를 위한 실천의 의미가 강하다. 그러나 이들에 있어서 실천은 치밀하고 방대한 이론적 기초 위에서 이루어진 실천이지, 단순한 즉흥적 행동이 아니다.

인간 사고의 두 원형으로서의 향내성과 향외성의 철학은 형이상학적 원리로부터의 하향적 이상주의의 철학과 구체적 현실로부터의 상향적 현실주의의 철학으로도 설명될 수 있다. 이러한 논리를 한층 보편화시켜서 실사주의(實事主義)[1] 對 정신주의 철학의 대립으로 향외성과 향내성의 철학의 변별성의 본질을 설명할 수도 있다.

정신주의에 있어서는 외부세계에 있는 구체적 사물이나 특수한 경험은 그 자체로서 가장 실재적인 것이 아니다. 참다운 실재는 정신의 직관에 의해서 파악되는 보편적 관념이나 정신적 절대자이다. 모든 현상은 이 보편적 관념이나 절대자의 외화(外化) 또는 산물이거나 아니면 그것에 존재론적으로 의존한다. 절대자나 보편적 관념은 감각을 통해서 외부세계로부터 파악되는 것이 아니라, 정신에 의한 내적 직관이나 관여(關與)에 의해서 파악될 수밖에 없다. 따라서

---

1) '實事主義'란 용어는 일반적으로 상용되는 학술 개념은 아니다. 그러나 흔히 쓰이는 實用主義란 말 대신에 實事主義란 용어를 쓴 것은 다산의 실학이 현대미국의 실용주의와 대단히 유사한 측면을 많이 지니고 있음에도 불구하고, 정확히 일치한다고는 할 수 없기 때문이다. 그리고 다산이 일관되게 실제적 行과 事에서 외면적으로 드러나는 윤리적 행위를 강조하고, 또한 行과 事에서 實際的 쓰임이 있고 검증될 수 있는 진리를 중시하는 '實事求是'적 진리관을 가졌다는 점에서 實事主義라는 개념을 다산 철학 전체의 향외성을 잘 나타내 주는 의미로 사용할 수 있겠다.

향내적 정신세계가 외적 사물의 세계보다 존재론적으로나 인식론적으로 우선한다. 존재의 원천인 절대자에의 정신적 관여가 진정한 기쁨이고 자유이며, 이러한 정신적 가치가 가장 고귀하고 성스럽다.

정신주의에서는 외적 사물의 세계로부터 존재의 원천을 향하여 마음의 머리를 돌리는 자기재귀(la rentrée de soi)가 무엇보다 중요하다. 그러나 이러한 자기재귀는 결코 자폐적인 것이 아니다. 자기재귀를 통해서 존재의 원천과의 만남은 모든 존재가 결국 그 원천에 있어서 어머니를 같이하는 동족임을 자각하게 하기 때문이다. 이러한 일체 존재의 근원이 동일하다는 자각은 다시 자기초월(la sortie de soi)을 감행하게 한다. 더 이상 육신에 의해서 한정된 왜소한 小我가 참된 자기가 아님을 깨닫게 되기 때문이다. 그래서 육체에 의해 구속된 소아를 초월하여, 망각했던 존재의 형제를 향하여 사랑을 나누게 된다. 그래서 자기재귀(自己再歸)는 자기초월이 되고, 내면적 신비적 관여는 외적인 사랑의 행동으로 분출한다.

존재의 원천으로부터 유리되지 않고 그것과의 공감 내지 관여를 통해 정신적으로 충만한 자기초월적 자아에게 펼쳐지는 세계는 그 이전과는 전혀 다른 의미로 다가온다. 내면적 자각을 거친 정신적 삶은 결코 일상세계를 떠나지 않지만, 일상세계의 모든 것들이 새로운 의미를 띠고 존재의 신비로 다가오고, 이러한 사람에게는 세속적인 가치 기준이 무의미해진다. 그래서 세속에서 가장 하찮게 생각하는 인간이나 일과 사물이 그 반대로 고귀한 모습으로 나타날 수 있다. 따라서 聖者에게는 청소나 구두수선도 가장 신성한 일이 될 수 있는 것이다. 외적 사물, 물질적 존재는 이러한 정신적 삶의 도구에 지나지 않고 그 이상의 대등한 존재권리를 주장할 수 없다. 충만한 정신적 삶을 영위하는 자는 최소한의 물질생활도 감내한다. 이런 관점에서 우리는 '안빈낙도'라는 조선조 선비의 생활철학을 이해할 수 있다. 그리고 그러한 생활을 몸소 실천한 안회(顔回)야말로 향내적 성리학자의 이상적 인간상일 수 있었던 것이다.

전통적으로 철학이 추상적인 순수한 이념을 중심으로 하여 현실을 이념의 체계 속에서 설명하고자 하였다면, 실사주의의 철학은 이와 반대로 구체적 사실에서부터 출발한다. 이념과 원리의 관점에서 현실을 파악하는 것이 아니라 생생한 생활의 경험에서부터 모든 이론이 그 의미를 얻게 된다. 내면적 정신세계나 추상적 관념이 아니라 외적·물리적 대상세계와 생활 경험이 진정한 실재이다. 진리 역시 이러한 구체적 생활 경험과 분리되어서 그 자체로서 독자적인 타당성을 갖는 것이 아니다. 진리란 사고 또는 관념과 절대적 실재의 정적인 일치가 아니다. 진리는 관념에 귀속되는 고정된 성질이 아니라 그 실제적 결과에 비추어서 생성되는 것이다. 우리의 행동을 바르게 인도하거나 생활에 성공적인 결과를 가져오고, 다른 경험의 영역과 모순을 일으키지 않으면 그것이 진리다. 진리란 생활을 만족스럽게 영위하고, 행동을 성공적으로 인도하는 도구이고 힘이다. 철학에서 어떤 상반되는 두 가지 이론이 서로 경합한다고 할 때 실사주의자는 그 두 이론의 차이가 실제상에 어떤 차이를 가져오는가 하고 물을 것이다. 만약 그것이 현실생활에 아무런 구체적 차이를 가져오지 않는다면 그것은 게으른 할 일 없는 논쟁에 지나지 않는다. 만일 현실상에 차이를 가져온다면 어떤 이론이 더 현실에 적합하고 유용하냐 하는 것이 문제가 된다. 실사주의는 화려하고 견고한 관념의 체계를 구축하기보다는 언제 어디서나 어떤 이론에 대해서나 열려 있는 개방적인 하나의 방법이다. 따라서 교조적 명분에서 벗어나, 다양한 경험에 대해서 보다 관용적이고 개방적이며 타협적일 수 있다.

실사주의적 사고는 감각적 사실로부터 출발한다는 데에서 경험론

과 유사하고, 이면화되는 감각 기능한 구체적 증서들 중시한다는 점
에서는 실증주의와 유사하고, 실생활에서의 유용성을 기준으로 한다
는 측면에서는 공리주의와 취지를 같이 한다. 그러나 실사주의는 이
들 사상의 장점을 모으면서도 단점을 보완하려고 한다. 예컨대 실사
주의는 신과 종교 문제에 대해서 경험론이나 실증주의보다 더 개방
적이다. 신을 믿고 종교를 가짐으로써 현실생활에서 더 유용한 결과
가 주어진다면 그것에 반대할 이유가 없다. 실사주의는 완벽한 절대
적 진리, 논리적 진리, 순수하고 성스러운 진리, 정신의 진리, 사변적
진리가 아니라 현실 속에서 행동과 생활과 사업을 성공적으로 이끌
어 주는 유용성의 진리이고, 도구적 진리, 힘의 진리, 행동의 진리를
추구한다. 이러한 실사주의의 장악적 진리관의 관점에서 보면 현실
경영의 귀재인 관중(管仲)이야말로 향외적 실사주의를 삶 속에서 가
장 잘 구현한 인물이라고 할 수 있을 것이다. 다산이 관중을 좋아한
것은 우연이 아니었다.

　다음은 퇴계의 향내적 정신주의의 철학이 극단화될 경우 어떤 문
제가 초래될 수 있는가에 대해서 생각해 보자.[2]
　지나친 향내적 주체성의 강조는 구체적 현실 세계와 화해하지 못
하고 현실의 객관적 질서로부터 내면세계로 도피하는 퇴영적 이데
올로기가 될 수 있다. 그리하여 그것은 영혼의 구원과 정화를 가져
올 수는 있을지 모르나 현실적으로 대단히 공허하고 빈곤한 이상주

---

2) 향내적 사유와 향외적 사유의 한계에 대해서는 다음의 저서와 논문을 참
　조. 朴鍾鴻, 《哲學槪說》(박영사, 1992), 263~273면: 曹街京, 《實存哲學》(박
　영사, 1993), 353~449면: 김형효, 《맹자와 순자의 철학사상》(삼지원,
　1990), 183~184면 및 "孟子的인 것과 荀子的인 것"(《정신문화연구》 51호,
　한국정신문화연구원, 1993), 44~46면.

의에 빠져서, 현실적 인간이 부딪칠 수밖에 없는 정치경제적 갈등과 쟁점의 해결 및 도전의 극복에 무력할 수 있다. 정신적 삶이 창조적이라는 것도 그 창조성이 노동과 제작 행위를 통해 구체적 현실과 매개되지 못할 때 그것은 어디까지나 주관적 의미부여로서만 창조적이지 객관적 창조가 되지 못한다. 지나친 향내적 태도는 금욕주의나 과잉도덕주의 또는 종교신비주의나 반과학주의로 경도되어 건전한 개방적 진리 탐구를 배척하는 독선적 이데올로기가 되거나, 현실도피에 의해 현실의 불의한 체제를 수동적으로 방관함으로써 결과적으로 그것을 합리화하는 체제이데올로기가 될 수 있다. 그것은 역설적으로 영혼의 구원으로부터 더 멀어지게 하는 현실의 도래를 가져올 수 있다.

반대로 다산의 향외적 실사주의의 철학이 절대화될 경우 어떤 한계를 맞게 되는가? 향외적 객관성이 지나치게 강조되면 감각 가능한 외적 현실만을 참된 실재로 인정하여 존재를 물질적 법칙의 체계로 환원시키고, 인간 역시 향내적 실존성을 완전히 무시하고 하나의 고도의 지능을 장착한 일종의 기계로 설명하려고 시도하게 된다. 인간을 포함하여 모든 것이 객관적 인식의 대상이 될 수 있다고 보고, 또한 감각적 경험으로써 입증할 수 없는 모든 언명은 무의미하다는 실증주의적 인식론을 주장하게 된다. 그리고 인류의 모든 문제는 과학기술의 발전에 의해서만 해결될 수 있다는 과학만능주의로 치달아 인간의 종교적 요구에 대해서는 외면한다. 다른 한편에서는 일체의 진리를 역사화, 사회화, 상대화시켜서 절대적 가치와 존재의 신비를 망각하고 마침내 허무주의 내지 쾌락주의에 빠지게 될 수 있다. 도덕적 기초가 결여된 실정법(제도) 만능주의는 현실의 구원은커녕 사회질서의 근본 자체를 붕괴시킬 수 있을 것이다.

합리화(rationalization)를 본질로 하는 서구적 근대화는 계몽주의의 낙관적 희망과는 다르게 역사의 총체적 진보를 가져오지 못했다. 오히려 합리화의 심화는 갈수록 비이성적이고 비인간적인 현상의 증대를 가져왔다. 인간의 필요에 의해서 만들어진 기계에 의해서 인간이 오히려 조종되고, 주민의 사회적 필요에 의해서 추진된 제도화·관료화는 오히려 행정기구의 비대한 팽창과 관료화로 사회적 의사소통의 동맥경화증 증세를 보이고 있고, 빈곤으로부터의 해방과 물질적 풍요의 꿈으로 시작된 산업화는 자연의 회복 불가능한 파괴를 가져왔으며, 무엇보다 인간과 인간 사이의 원자화·고립화·물화·인격의 도구화로 비인간적 문화의 심화를 동반하였다. 이러한 현상을 막스 베버는 합리화의 역리(paradox)로서, 그리고 어쩔 수 없는 근대화의 필연적 추세로서 비관하고, 단지 추상적으로 막연히 카리스마적 영웅의 출현에 의한 구원 가능성을 암시했을 뿐이고 적극적 대책을 결여하였다. 하버마스는 이것을 도구적 합리성에 의해 작동하는 관료행정과 경제기구가 중심이 된 '체계'(system)에 의한 '생활세계'(life world)의 식민화로 진단하고, 유아론적(唯我論的)이 아닌 상호주관적(intersubjective)인 의사소통적 이성(communicative reason)을 활성화시킴으로써 그러한 식민화 상태의 극복을 주장한다. 그러나 하버마스의 주장처럼 단순히 의사소통적 이성이 활성화된다고 하여 비인간화 현상이 극복되리라고 보기는 어렵다.

　보다 더 높은 효율성과 생산성의 성취를 목적으로 외적 세계에 대한 지배를 확대해 나가는 근대화의 심화는 전근대사회의 인간들이 누렸던 삶에 대한 외경과 절대적 믿음의 체계를 붕괴시켰다. 그래서 합리화된 인간은 그의 삶의 모든 것이 일시적이고 불확실하다는 것을 잘 안다. 늘 새로운 약속으로 미래는 아름답게 포장되는 대신에 현실의 인간은 쉼없는 노동과 불안 속에 싸여서 행복은 늘 훗날의 것으로 유보될 뿐이다. 아니면 부단한 새로운 소비 그 자체가 행복으로 가장되거나 쾌락이 기쁨을 대신한다. 生에 확신을 주는 모든 의미는 산산이 무너져 버렸다. 진보가 없는 것은 아니지만 그것은 양적 측정이 가능한 과학 기술의 영역에서만 그러할 뿐이지 순수하게 질적인 것에 대해서는 그렇지 못하다. 과학기술의 진보와 함께 실재에 대한 신비감은 상실되었다. 그래서 실재는 황량하고 평면적이고 공리주의적인 것으로 되어 버렸다. 공허해진 인간 영혼을 사람들은 무엇에 정신없이 몰입하는 활동을 통해서, 또는 다양한 대체물을 찾아서 채워나가려고 한다. 이와 같이 (합목적적) 합리화가 심화될수록 (가치론적으로는) 더욱 비이성화 되는 근대의 역리는 현대사회의 근본문제로 제시된다.

현대인에게는 감각적 외부세계가 전부라는 사고를 벗어나, 인간의 내면세계에서 근원적·정신적 절대자에의 관여를 회복하여 삶의 정신적 차원을 재발견하는 향내적 자각이 무엇보다 중요한 과제이다. 이러한 문제와 관련하여 퇴계와 다산의 철학은 어떤 답을 줄 수 있겠는가? 최소한 퇴계의 향내적 철학은 인간의 존엄성과 도덕적 주체성에 대한 신념을 고취시키고, 또한 향외로만 치달아서 망각한 自己의 중심을 실천적인 심학적 수양에 의해서 재발견함으로써 존재론적 평정을 회복하는 하나의 중요한 계기를 부여할 수 있겠다. 다산 역시 향외적 작위를 추구하는 실용주의적 성격을 지니면서도, 내면적 실존의 자기 반성을 배제하지 않고, 양자의 역동적 조화를 추구하는 비전통적이면서도 비서구적인 세계관의 모형을 시사하고 있다.

퇴계와 다산의 철학사상은 형식논리적으로는 서로 조화될 수 없는 상이한 인식의 체계로서 결코 강조점의 차이 정도로만 볼 수는 없다. 즉 양자 사이에는 인식론적 단절(epistemological discontinuity)이 있다. 다산에 오면 실학은 더 이상 성리학적 인식의 준거틀에 의해서는 현실을 설명할 수 없다고 보고 새로운 사유의 체계를 형성하게 된다. 그러한 새로운 인식체계의 형성에 있어서 서학의 영향이 없지 않았다. 다산이 《天主實義》의 영향을 받은 것은 부정할 수 없는 사실이다. 그러나 이러한 영향은 실학적 전통의 내적 발전과정에서 내부적 필요에 의해서 선택적으로 이루어진 것이다. 이는 다산이 유교적 전통과 완전히 배치되는 천주교의 내세지향적 성격이나 천당-지옥 등의 관념에 대해서는 관심을 보이지 않는 것에서도 알 수 있다.

근대성과의 관계에서 보면 다산의 철학이 퇴계의 그것보다 유리한 위치에 있는 것이 사실이지만, 철학사상은 그 자체의 고유한 가치에 따라 평가되어야지 반드시 현재적 기준에서만 보려고 해서는 안 된다. 퇴계의 정신주의 철학은 그 자체로서 고유한 가치를 지니고 있다. 뿐만 아니라 모든 것이 외형적 척도에 의해서만 평가되는 현대사회에서, 생활의 외형적 편의의 증가에도 불구하고 참된 자아와 존재를 망각하고 정신적으로는 더욱 공허해지기 쉬운 시대를 살고 있는 현대인에게 존재론적 성찰과 정신적 가치의 회복을 위해서 더욱 중요한 의미를 지닌다.

그러면 향내성과 향외성의 철학은 종합될 수 있는가? 이것은 대단히 어려운 문제이다. 근본적 가치관과 인식의 틀을 달리하는 상이한 사유체계를 종합하는 것은 적어도 형식논리상으로는 불가능하다. 그러나 두 사상이 모두 현실을 해석하는 데 있어서 나름의 정합적 논리체계와 설득력과 고유한 가치를 지니고 있으므로 어느 한쪽을 택하고 다른 한쪽을 무시할 수는 없는 것이다. 마치 향내적 인간과 향외적 인간이 어느 사회에서나 있을 수밖에 없고, 또 같은 사람에게도 두 가지 태도가 의식과 무의식에서 공존할 수 있는 것처럼. 그러면 두 사상체계를 동시에 포용하는 '중용의 논리'는 어떻게 가능할까? 이것은 철학의 영원한 과제이다. 그러나 향외성이 두드러지면 향내적 사유의 향기가 사라지고, 반대로 향내적 사유에 몰두하게 되면 향외적 현실에 어두워지는 듯하다. 문제는 두 철학이 각기 지니고 있는 철학적 빛과 그늘, 힘과 짐, 생리와 병리를 명확히 인식하여 우리로 하여금 개인적으로나 사회적으로 어느 한 극단에 빠져 정신적으로나 현실적으로 '건강한 역동적 균형성'을 상실하는 일이 없도록 하는 것이 무엇보다 중요하다고 하겠다.

역사는 향내적 정신주의와 향외적 실사주의라는 두 대립되는 철학이 어느 한 방향으로 극단화되었을 때가 아니라 적절한 균형을 이루었을 때가 개인적으로나 사회적으로 바람직한 상태였음을 보여주고 있다. 퇴계는 그 시대가 권력을 향한 탐욕으로 비극이 초래되었던 만큼 그것을 내면적 반성에 의해서 중심을 잡으려고 했다면, 다산은 그 시대 지식인들이 향내적인 수양과 관념적 이론탐구에만 기울어져서 현실의 갈등을 외면하는 데서 위기의 징후를 읽었으므로 향외적인 철학으로 균형을 잡아주어야 하는 시대정신에 충실하고자 한 것으로 해석된다.

지식사회학적으로 보면 퇴계의 향내적 철학사상은 사회경제적 변화가 완만한 안정된 전통적 공동사회, 레비-스트로스(Claude Lévi-Strauss)가 말한 '차가운 사회' 혹은 '기계적 사회'의 세계관과 친화성을 갖고, 다산의 향외적 철학은 정치사회적 변화와 동요가 격렬한 근대적 이익사회, 즉 '뜨거운 사회' 혹은 '열역학적 사회'의 세계관과 친화성을 갖는다.[3]

---

3) '차가운 사회'란 "그 사회가 안고 있는 제도 때문에 거의 자동적인 방식으로 역사적 요인들이 그런 사회의 균형과 연속성에 가할 수 있는 결과를 폐기시키려고 하는 사회"이고 '뜨거운 사회'란 "그 사회의 발전의 동력을 만들기 위해 역사적 생성을 결정적으로 내면화"하는 사회이다. 金炯孝, 《構造主義의 思惟體系와 思想》(인간사랑, 1989), 45면 재인용.

제4부 다산 경학의 세계

다산의 《周易四箋》

《周易四箋》은 다산이 절차탁마의 공을 들여 완성한
《주역》에 대한 새로운 해독서이다.

제1장 다산의 《尙書》 연구와 역사에 대한 비전
—《尙書古訓》과 《尙書知遠錄》을 중심으로 —

제1절 다산은 왜 《상서》를 깊이 연구하였을까

다산은 〈自撰墓誌銘〉에서 자신의 호를 사암(俟菴)이라고 하였다. 무엇을 그렇게 간절하게 기다렸기에 자신의 호를 '기다릴 俟'字를 써서 사암이라고 했을까? 그가 기다린 것은 새로운 시대였을까? 아니면 자신의 정치적 복권이었을까? 아니면 당대에는 아무도 제대로 이해해 주지 않는 그의 사상이 언젠가 이해되기를 기다린 것일까? 만약 그가 기다린 것이 자신의 사상이 제대로 이해되고 평가되는 것이었다면 그의 사상은 오늘날 과연 온전하게 이해되고 있는 것인가? 물론 다산의 학문과 사상에 대해서 수많은 논문들이 쏟아지고 있고, 그는 한국 철학사상사에서 실학의 집대성자로서 확고한 위치를 점하고 있다. 많은 사람들이 그를 연구하고 많은 대중들이 그를 입으로 칭송하는 것과 그의 사상의 전모가 온전히 오늘날 밝혀졌느냐 하는 것은 별개의 문제이다. 과연 그가 살아 있었다면 자기 사상의 가장 깊은 핵심을 무엇이라고 말했을까? 오늘 우리가 통상적으로 학계에서 언급하고 있는 수준과 주제가 다산 자신의 생각과 일치할 것인가?

다산의 사상은 내용상의 급진성·진보성에도 불구하고 사상을 진술하는 방식은 다분히 전통적이다. 우리는 다산이라는 역사적 실존의 사상을 이해함에 있어서 그가 몸담고 있던 조선 후기 봉건체제의 극도의 이데올로기적 억압을 심각하게 고려하지 않으면 안 된다. 특히 주류 철학에 속하지 않고 일찍이 젊은 시절부터 사상적으로 이단의 딱지가 붙여진 사람에게 있어서는 사상의 진보성에 비례해서 그 사상을 표현하는 방법은 더욱 신중하지 않으면 안 된다.

유교 특히 성리학을 국교로 삼고 있던 조선왕조에 있어서 지적 권위의 원천은 크게 셋으로 나뉘어진다. 첫째는 요순이다. 공자도 스스로의 학문이 요순의 것을 조술했을 뿐이라고 하였으니 요순의 권위는 유교의 사상적 원천으로서 누구도 부정할 수 없다. 둘째는 공자이다. 공자는 유교를 학문적으로 기초짓고 집대성하였으니 그의 권위는 유교의 역사와 운명을 같이할 수밖에 없다. 끝으로 주희가 있다. 주희는 실질적으로 조선조에 있어서 지적 권위를 독점했다고 해도 과언은 아니다. 잘 알려진 바와 같이 다산은 주희의 사상에 대해서 근본적으로 비판적인 입장에 서 있었다. 그가 주희를 비판하고 자신의 사상을 새로이 천명하기 위해서는 공자로 돌아가거나 아니면 다시 요순으로 소급해 올라가서 그들의 권위에 기대어서만이 주희를 비판할 수 있는 안전한 근거를 확보할 수 있었다. 그 이외의 다른 대안은 그의 시대에 가능하지 않았다. 여기서 우리는 그가 왜 《尙書》와 《論語》에 그토록 많은 학문적 정열을 경주하였는지를 이해할 수 있다.

요순과 공자를 어떻게 볼 것인가 하는 문제는 역사의 이념을 무엇으로 설정하고 그것의 실현을 위한 방법론을 어떻게 확립할 것인가 하는 실천 문제와 본질적 연관성을 지니고 있다. 여기서 다산의 공자관과 요순관의 중요성은 자명해진다. 특히 그는 《尙書》의 심층적 해석을 통해 요순시대의 은폐된 본질을 발견하고 지적으로 열광하고 환희에 빠진 것이다. 그의 요순관은 객관적 근거가 없지 않으나, 그보다는 사실 요순 속에서 그토록 깊고 간절히 생각해 온 자기 자신의 사상을 발견했으며, 그것이 새로운 시대를 여는 가장 최선의 사상이라고 여겼다. 많은 철학자들이 그러했듯이 다산도 스스로의 철학사상이 우주와 인간과 역사의 가장 심오하고도 중요한 베일을 벗겼다고 자신했던 것이다.

동아시아의 철학자들은 역사적 인물과 사건의 전형과 실례를 통해서 구체적으로 사유하기를 좋아한다. 추상적 관념에 의한 명증한 논리적 사유보다는 역사현실에 접목되어 있는 구체적인 역사적 사유를 운명으로 하고 있었다. 이 점에서는 다산이 주자학자보다 다소 더 전통적이다. 동아시아에서 철학은 역사학과 본질적 연관성을 맺으면서 발전해 왔지만, 서양의 철학사에서는 역사학보다는 기하학 내지 논리학이 철학과 깊은 내적 연관성을 발전시켜 왔다. 그래서 서양철학의 역사에서 보면 철학자들에게 역사는 큰 관심의 대상이 되지 못했다. 플라톤(Platon)에 있어서 역사세계는 이데아(Idea)의 진리와는 거리가 먼 독사(doxa)의 세계였다. 아우구스티누스(Augustinus)는 역사를 神國과 都市의 대립으로 설명하지만 그의 주관심은 신국이지 결코 세속의 역사는 아니었다. 근대 철학자로서 흄(Hume)과 밀(Mill) 같은 경험론 계통의 철학자들은 역사에 일정한 관심을 보여주었으나, 데카르트(R. Descartes)나 스피노자(Spinoza)와 같은 합리론자들에게는 역사가 그다지 중요한 철학적 관심의 대상이 아니었다. 오히려 그들의 사유는 비역사적이었다. 헤겔(Hegel)에 와서 역사는 철학자의 중요한 사변의 대상이 된다. 헤겔에 따르면 세계정신(Weltgeist)은 시간을 통해서 역사적으로 자기를 실현해 가는 途上에 있다. 역사의 우연적 사건의 이면에는 理性의 狡智(List der Vernunft)가 관여하고 있다. 이성의 눈으로 역사를 보면 역사 역시 그 외형적 파란의 연속 속에서도 이성의 논리를 보여준다는 것이다.

그러나 동양의 유교철학자들에게 있어서는 역사란 처음부터 중요한 문제였다. 孔子는 《春秋》를 저술한 것으로 알려져 있다. 맹자나 순자도 역사에 대한 관심은 공자 못지 않았다. 유학자들은 스스로를 현실역사의 선악에 대한 정신적 심판자로서, 그리고 역사의 정신적 안내자로서 자부하였다. 주희는 그의 철학을 정립하고서는 궁극적으로 자기 철학의 잣대에 의해서 현실을 분석하고 설명하고, 역사를 통해 자신의 이론을 검증하고자 하였다. 주희에 있어서는 이학적 사고가 역사적 사고에 우선한다. 그는 유교경전에 나오는 역사학적·정치학적 명제를 보편적인 철학적 문제로 번역하는 데 탁월한 능력을 보여주었다. 주희와는 반대로 다산은 유교의 주요한 개념들을 정치적 맥락 속으로 역사화시켜 해독함으로써 철학적 사고에 대한 역사적 사고의 우위라는 특성을 보여주었다.

다산은 18년간 유배 생활을 하면서 四書 六經에 대한 경학적 연구에 몰두하였다. 그래서 그 성과로서 《周易四箋》·《喪禮四箋》·《詩經講義補》·《春秋考徵》·《論語古今注》·《孟子要義》·《大學公義》·《中庸自箴》·《中庸講義補》·《心經密驗》·《小學枝言》·《樂書孤存》·《尙書古訓》 등을 차례로 완성했다. 그의 경학에 대한 연구는 그 범위에 있어서 주희를 능가하며 질적으로도 새로운 지평을 열었다. 義理의 탐구에 편향된 송대 경학, 訓詁에 몰두하고 참위설에 무비판적으로 감염된 한대 경학, 漢宋의 절충을 내세우면서도 漢學을 따라 고증에 치우친

淸代 實學의 한계를 의식하고 이들 비판적으로 종합하고자 하였다. 다산은 경학에 대한 폭넓은 연구를 통해 讖緯說·陰陽五行說·佛敎·道家·理氣論 등에 의해 영향받기 이전의 사실 그 자체로서의 고대 문화의 실체를 복원하는 데 일차적으로 관심을 기울였다. 그리고 이러한 연구를 통해 현실을 바라보는 새로운 비전을 얻게 된 것이다. 가장 고전적인 것 속에서 가장 창조적인 시각을 발견했던 것이다. 이는 마치 서구의 중세 말기에 있었던 고대문화의 르네상스가 근대를 여는 정신적 에너지를 제공한 것과 유사하다. 경학에 대한 심층적 탐구를 토대로 그는 현실을 개혁하기 위한 실천적 경세 분야로 관심을 전환하여 《經世遺表》·《牧民心書》·《欽欽新書》 등을 저술하였다.

다산은 경학 중에서도 특히 《尙書》의 연구에 심취하여 요순시대에 대한 심층적 연구를 통해 성리학적 유교의 문화관·역사관 자체를 송두리째 부정하는 논거를 발견하였다. 그는 《상서》 연구를 통해 과거를 연구하는 것이 아니라 미래의 비전을 찾고자 하였다. 다른 한편 그는 자신의 사상의 요체를 《상서》의 역사적 사실에 기대어 정당화하고자 하였다. 이것만이 그를 과격한 이단으로 박해하는 현실에 맞서 자신의 생명을 지키면서 사상적 입장을 정당화하는 유일한 방법이었다. 우리는 다산의 상서관에 대한 연구를 통해 그의 숨은 뜻을 암호를 해독하듯이 찾아 나가지 않으면 안 된다. 푸코(M. Foucault)가 계보학의 방법으로 서구 합리주의의 숨겨진 허구를 밝혔듯이 다산은 고증학의 방법으로 성리학적 형이상학과 역사관과 정치사상의 허구를 폭로하고자 하였다. 그에 따르면 성리학은 성인을 지나치게 고상하게 파악함으로써 보통 사람들이 성인이 되는 길을 오히려 가로막았고, 요순의 至治를 지나치게 이상화함으로써 후대 왕으로 하여금 감히 정치적 개혁의 길을 가려는 시도 자체를 포

기하게 만들었다. 이 점에서 현실의 차가운 질서에 어두운 채 명분
에 급급하고 고담준론(高談峻論)만을 즐기는 세속적 성리학자들은
우활한 유학자(迂儒)요, 썩은 유학자(腐儒)라고 극언을 서슴지 않았
다.

우리는 다산이 《상서》 연구를 통해서 성취한 역사에 대한 새로운
비전이 무엇인가 하는 주제를 중심으로 그의 역사현실에 대한 이념
적 시각을 분석하고자 한다.

제2절 다산의 《尙書》 연구와 해석방법상의 특성

다산의 역사에 대한 비전이 무엇인지를 탐구하기에 앞서 먼저 그
의 《尙書》 관련 저술 문헌과 경전해석의 방법 문제에 관해 검토할
필요가 있다.[1]

다산은 그의 유배 시기(1801~1818)에 《상서》와 관련되는 것으로
서 《梅氏書平》(1810년 봄), 《尙書古訓》(1810년 가을), 《尙書知遠錄》
(1811년 봄)을 저술하였다. 《梅氏書平》은 東晉 사람 梅賾이 지은 梅氏
尙書 58편 가운데 伏生의 今文尙書에 비해 늘어난 25편이 僞作임을
논증한 것이다. 《尙書古訓》은 漢代 歐陽生·大小夏侯 등 今文尙書家의
주석과 馬融·鄭玄 등 古文尙書家의 주석을 편집한 것이다. 《尙書知遠
錄》은 漢代의 古訓을 東晉 梅賾 및 宋代 蔡沈의 說과 비교하여 옳은
쪽을 취사선택하고 어느 것도 마땅하지 않을 경우에는 자신의 견해
와 주장을 제시하기도 하였다. 특히 《尙書知遠錄》은 다산의 주관적인
견해가 비교적 자유롭고 강하게 진술되어 있어서 주목된다.

---

1) 丁若鏞의 尙書硏究 文獻과 관련된 문제에 대해서는 趙誠乙의 "丁若鏞의
尙書硏究 文獻의 檢討"(《東方學志》 54·55·56 합본, 1987) 및 "丁若鏞
의 尙書今古文硏究"(《東方學志》 61, 1989)를 참조.

解配 후에도 다산은 申綽·洪奭周 등과 학문적 교유를 하면서 자극을 받아 유배시기의 《상서》 관련 저술을 개정 보완하는 작업에 착수하였다. 그리하여 《閻氏古文尙書疏證鈔》(홍석주가 보내 준 閻若璩의 《尙書古文疏證》을 보고 중요한 대목을 초록하고 자신의 按說을 부기한 것)를 새로 지은 것을 비롯해서, 73세(1834년)에는 《尙書古訓》과 《尙書知遠錄》을 개수 합편하여 合本 《尙書古訓》을 만들었으며, 《梅氏書平》도 정정하였다. 이처럼 다산의 《상서》 연구는 두 방향으로 진행된다. 하나는 매색본 《고문상서》가 위작임을 문헌 비판을 통해 입증하는 것이고, 다른 하나는 《금문상서》의 의미를 객관적으로 재해석하는 작업이다.

다산은 어떤 주석가에 비해서도 《상서》 전반을 체계적으로 이해하고 있으며, 컨텍스트와 연관시켜 구체적으로 해석하고, 자기의 현실의식을 반영하여 주관적 견해를 강도 높게 진술하고 있다. 그의 《상서》 연구에 있어서 드러난 해석방법상의 특성을 정리해 보면 다음과 같다.

첫째, 고증학적 방법의 엄밀성이다. 다산은 텍스트 해석에 있어서 일차적으로 글자 하나하나의 뜻(훈고)을 실증적으로 밝히기 위해 노력했다. 왜냐하면 단어의 훈고가 분명해야 그것으로 이루어진 구절의 의미를 풀 수 있고, 구절의 의미가 통해야 그 다음으로 章의 뜻을 분석할 수 있고, 章의 뜻이 통해야 그 다음에 篇의 大義가 드러날 수 있다고 생각하기 때문이다.[2]

그리고 考異(문자가 다른 경우), 考誤(뜻이 잘못된 경우), 考證(어떤 주장을 입증하기 위한 증거를 제시할 경우), 考訂(訂正이 필요한

---

2) 《尙書古訓》 권 21, 1면 〈尙書知遠錄序說〉: "余惟讀書之法, 必先明訓詁, 詁訓者字義也. 字義通而后句可解, 句義通而后章可析, 章義通而后篇之大義斯見, 諸經盡然而書爲甚, 余所以先致力於詁訓者此也." 참조.

218

경우), 考辨(서로 경합하는 주장들에 대한 변증), 論曰訂曰(기존의 해석을 비판하고 자기 주장을 제시할 경우), 衍義(經旨에 구애되지 않고 문장에 따라 자기 생각을 부연한 경우) 등으로 구분하여 문장의 성격을 분명히 변별하고 있다.[3] 그리고 비교 텍스트의 방법을 사용하여 어떤 텍스트의 의미를 구명함에 있어서 그것을 동시대의 다른 텍스트 또는 같거나 유사한 주제를 다룬 다른 텍스트와 비교 분석함으로써 모순되는 문장의 진위를 판별하고 애매한 문장의 의미를 유추를 통해 분명히 하고자 하였다.

둘째, 義理와 考證의 비판적 종합이다. 宋學은 경전의 의미를 의리를 중심으로 해석하였고, 청대의 고증학은 송학의 이러한 태도를 주관적인 것으로 비판하여 부정하고 訓詁를 강조하는 漢學을 숭상하였다. 이에 비해 다산은 송학의 의리적 관점의 해석이 경우에 따라서는 한학이 밝히지 못한 의미를 해명했다고 긍정적으로 평가하기도 하고, 또 어떤 경우에는 한학의 해석이 송학의 그것에 비해 더욱 실증적이고 객관적이라고 평가하기도 한다. 그리고 양쪽이 모두 불합리하다고 판단되면 스스로의 自說을 제시하기도 한다. 이처럼 정약용은 경전의 해석에 있어서 한학과 송학의 어느 일변에 치우치지 않고 양쪽의 성과와 방법을 비판적으로 종합하고자 하였다.

셋째, 今天과 古天 不同의 原理를 들 수 있다. 경전의 해석에 있어서 학자들이 범하기 쉬운 오류 중 하나는 당대의 문화를 준거로 해서 고대의 문화를 해석하는 것이다. 이것은 문화란 것이 역사의 산물임을 인식하지 못하고 당대의 제도와 규범을 보편적으로 타당한 것으로 생각하여 고대의 경전 해석에 무비판적으로 확대 적용하는 오류이다. 이러한 오류를 벗어나야 고대 문화의 실체를 선입견 없이

---

3) 《尙書古訓(序例)》, 권21, 2~3면 〈尙書古訓凡例〉 참조.

사실대로 접근할 수 있다.

넷째, 人情古今不殊의 原理이다. 비록 제도가 시대에 따라 변화해 온 것이 사실이지만 그럼에도 불구하고 인간 사회에는 고금을 막론하고 보편적인 현상이 있을 수 있다. 인간의 본성 자체가 옛날이나 지금이나 근본적으로 변화한 것은 아니기 때문이다. 인간 본성 자체가 크게 변화하지 않았다면 그러한 인간들로 이루어진 사회생활의 근본문제도 시대적 변화를 초월하여 공통점이 없다고 볼 수 없다. 이러한 원리에 입각해서 볼 때 우리는 고대 경전의 세계를 훨씬 더 사실적으로 바라볼 수 있다. 그리고 고대에 훌륭하게 통용되었던 제도는 지금에 와서도 수정하여 다시 현실에 적용할 수 있다는 결론이 나온다. 다산이 그토록 고전의 세계에 몰두했던 것도 바로 이러한 믿음 때문이다.

다섯째, 철저한 비판의식이다. 경전의 해석에 있어서 다산은 어떤 주석이나 학설이 권위 있는 학자에 의해 제시되었다고 해서 결코 무비판적으로 수용하지는 않는다. 맹자의 주장이든 주희 이론이든 馬融이나 鄭玄의 학설이든 간에 그리고 아무리 오랜 세월 동안 定說로 굳어진 해석이라고 하더라도 그것이 합리적 추론에 합치되지 않으면 받아들이지 않는다. 전통적 권위에 대한 철저한 비판의식은 경전에 대한 새로운 시각을 가능하게 하였다.

여섯째, 주체성과 실용성의 원리이다. 고전을 연구하고 해석하는 근본 목적은 어디에 있는가? 텍스트 자체의 객관적 사실을 탐구함으로써 지적 호기심을 충족시키는 것인가? 다산은 수많은 경전에 대해 깊은 연구와 새로운 해석을 발전시켰지만, 그러한 노력의 이면에는 당시의 조선사회가 시대적으로 당면한 제문제의 근본 원인을 진단하고 그 해답을 구하려는 주체적이고 실용적인 문제의식이 깔려 있었다. 이 점에서 다산의 경학은 스스로도 다음과 같이 밝혔듯이 실학적 경학으로서의 특성을 선명하게 지니고 있다.

> 字句를 訓詁하는 것은 멀리 옛날 帝王의 일을 알기 위함이다. 알아 어
> 찌하자는 것인가? 장차 현재에 시행하고자 함이다. 과거와 현재가 서로
> 합치되지 않는 것은 어찌할 것인가? 제대로 알지 못하기 때문에 과거와
> 현재가 서로 맞지 않는 것이다. 만일 제대로 과거의 역사를 인식하기만
> 하면 현재는 과거와 같다. 考績法과 같은 것이 바로 그러한 예다.[4]

제3절 《尙書》 연구를 중심으로 본 다산의 역사에 대한 비전

1) 堯舜時代의 실상

堯舜時代는 유교적 역사관에서 볼 때 역사의 황금시기이다. 이러
한 요순시대를 어떻게 해석하느냐 하는 것은 역사의 이상을 무엇으
로 어떻게 인식하느냐 하는 문제와 깊은 연관성을 지닌다. 우리는 .
堯舜時代에 대한 다산의 인식을 고찰함으로써 그의 역사관이 어떻게
다른 유학자들의 그것과 구별되는지를 비교해 볼 수 있다. 堯舜의
정치는 덕에 의해 無爲로 태평성대를 이루었으므로 인위적 방법의
정치는 요순정치의 이념과 배치된다고 많은 유학자들은 주장한다.
요순의 無爲政治論의 근거는 《논어》에 나오는 공자의 다음과 같은
명제이다. "작위하지 않고 정치를 한 사람은 舜임금일 것이다. 따로
무엇을 하였겠는가? 공손한 태도로 南面하고 있었을 따름이다."[5]

이에 대해서 朱熹는 '無爲而治'란 성인의 덕이 지극해서 백성이
스스로 교화되어 따로 작위할 필요가 없는 것이라고 해석한다. 공자

---

4) 《尙書古訓》, 권 21, 1면 〈尙書知遠錄序說〉
5) 《論語》〈衛靈公〉: "子曰: 無爲而治者其舜與. 夫何爲哉? 恭己正南面而已矣."

의 이 명제를 근거로 사람들은 흔히 요순시대란 "요와 순은 모두 팔짱을 끼고 공손한 모습으로 아무 말없이 띠지붕 밑에 앉아 있어도 그 德化가 전파되는 것이 마치 향기로운 바람이 사람을 감싸는 것과 같았다"[6]고 생각하여 이를 구실로 작위적 정치를 반대하는 것이다.

이에 대해서 다산은 《상서》〈堯典〉·〈皐陶謨〉 등에 나오는 사실들을 들어서 堯舜은 天下 사람들로 하여금 쉴 틈 없이 일하게 하고 조심하게 하여 작은 거짓이나 허술함도 용납하지 않았음을 역설한다. 요순이야말로 유사 이래로 가장 열정적으로 작위적 정치를 하였음에도 불구하고 그를 '無爲而治'의 성군으로 보는 것은 정치를 오도하는 것이라고 비판한다.[7]

다산 역시 堯舜을 언급하기를 좋아한다. 그러나 다산이 생각하는 요순은 주희의 그것과는 관점이 사뭇 다르다. 朱熹가 《상서》에서 발견한 요순의 이상정치의 핵심은 "人心惟危 道心惟微 惟精惟一 允執厥中"이라는 관념적 원리이다. 주희에게 요순은 이상적 인격과 도덕적 덕치의 화신이다. 그러나 다산에 따르면 "人心惟危 道心惟微 惟精惟一 允執厥中"은 후대에 짜맞추어진 僞古文에 불과하다.[8]

堯舜의 至治의 비결은 考績法을 이용하여 인간의 행동을 효율적으로 동기 유발시키고 통제하는 데 성공했기 때문이라고 다산은 인식한다.[9] 고적법이란 관리들이 자기의 공적인 업적을 왕에게 직접 면전에서 진술하면 왕은 그것을 듣고 사관은 그것을 기록했다가 京官

---

6) 《茶山詩文集》 권12, 39면 〈邦禮艸本序〉: "堯與舜皆拱手恭己, 玄然默然以端坐於茅茨之屋, 而其德化之所漸被若薰風之襲人."
7) 《茶山詩文集》 권12, 39면 〈邦禮艸本序〉: "余觀之 … 此天下之所以日腐而不能新也." 참조.
8) 《梅氏書平》 권2, 21~28면 참조.

222

은 삼년에 한번, 諸侯는 오년에 한번 왕이 진술 내용의 사실여부를 확인하여 평가한다. 이러한 확인조사와 평가를 고적이라고 하는데 세 차례 고적을 하고는 종합 평가하여 실적이 우수한 사람은 상을 주고 승진시키며 일을 제대로 못하는 사람은 강등시키거나 삭탈관직하는 정책이다.(三載考績 三考黜陟)[10] 3번씩이나 기회를 주는 것은 일단 공직을 맡기면 소신껏 자기 능력을 펼 수 있게끔 최소한의 기간을 주어야 할 필요성 때문이다.[11]

후대에도 고적법과 유사한 제도가 있긴 하지만, 요순시대의 그것의 특징은 문서로 하거나 대리로 하거나 하지 않고 반드시 왕 앞에서 직접 구두로 하게 해서 감히 속일 수 없게 한다. 그리고 미관말직뿐만 아니라 아무리 관직이 높은 원로대신이라고 하더라도 예외없이 고적법을 적용하며,[12] 그 결과는 9등급으로 나누어 평가하여[13] 인사고과의 자료로 삼는다는 것이다. 아무리 원훈대신이라고 하더라도 예외없이 엄하게 관리들의 업적을 심사하고 그 결과에 따라 상벌을 내리는 것은, 공무는 하늘의 일이라 병폐로 허송할 수 없고(天工不可以瘝曠也), 백성에 관계되는 일은 멋대로 이완되게 방치할 수 없기 때문이라고 설명한다(民事不可使縱弛也).[14]

이러한 훌륭한 고적법이 周의 문물이 쇠퇴하면서 춘추시대 이래로 사라졌으며, 따라서 공직의 업무 기강이 해이해지고 무사안일에

---

9) 《尙書古訓》권2, 3면: "論曰: "唐虞之治考績而已…此之謂明試以功也" 참조.
10) 《尙書古訓》권2, 3면 참조.
11) 《尙書古訓》권2, 28~29면 참조.
12) 《尙書古訓》권2, 27~28면 참조.
13) 《尙書古訓》권2, 29면 참조.
14) 《尙書古訓》권2, 28면.

빠져 온갖 병폐가 발생하게 되었다고 진단한다. 공직자의 도덕적 동기의 순수함보다는 결과적으로 드러난 실적의 성취도에 따라서 관료를 평가해서 상벌을 주는 고적법은, 드러난 공적의 객관적 평가와 상벌을 연계시키는 법가적 원칙과 잘 부합되는 것이다.

그리고 다산에 따르면 舜이 등극하여 처음 한 일은 다름이 아니라 度量衡(璿璣玉衡)의 통일이었다.[15] 《상서》 〈堯典〉에 "在璿璣玉衡以齊七政"라는 문장이 있다. 이 문장에서 '선기옥형'을 渾天儀와 같은 天文機器로 보고(馬融), 칠정을 日月五星으로 해석하는 것(鄭玄)을 반대하고 다산은 전혀 다른 새로운 해석을 제시한다. 다산에 따르면 혼천의와 같은 정교한 기기는 銅이 아니면 만들 수 없어서 美玉으로는 제작이 불가능하다는 것이다.[16] 선기옥형의 선기는 옥으로 된 자(尺度)이고, 옥형은 옥으로 된 저울(權秤)이라고 주장한다. 그리고 七政은 〈홍범〉의 八政과 같은 것, 즉 財賦를 거두고 쓰는 재정관리라고 해석한다. 자와 저울 없이는 곡식의 양을 정확히 측정할 수 없고, 재화를 정확히 계산할 수 없으며, 제사와 빈객을 모시는 일, 司空·司徒·司寇의 일 등등 이것 없이는 아무것도 가지런히 되지 않으므로 천하에 이것보다 더 큰 것이 없다고 다산은 주장한다. "도량형이 정밀하면 천하가 다스려지고 도량형이 정밀하지 않으면 간교한 거짓과 사기, 분쟁과 소송이 일어난다."[17]

요컨대 다산에 따르면 도량형을 통일하고 고적법을 엄하게 적용

---

15) 《尙書古訓》 권1, 29면: "舜受堯禪, 其一初大政之必在於尺度權衡又何疑哉" 참조.
16) 《尙書古訓》 권1, 28면: "蓋其機軸環轉之巧, 牙輪刻鏤之工, 非銅不可也" 참조.
17) 《尙書古訓》 권1, 29면: "度量衡精則天下治, 度量衡不精則奸僞詐竊紛爭辨訟起焉."

하여 경제와 행정이 합리적이고 효율적으로 빈틈없이 수행될 수 있도록 하는 것이 정치의 근본이라는 것이다. 고적법이나 도량형의 통일은 모두 德治보다는 法治와 관계가 더 밀접한 것이다. 이처럼 분발해서 작위적 정치를 수행했던 舜에 대해 단순히《논어》의 孔子 말씀한 구절을 근거로 '無爲而治'라고 규정하는 것은 요순시대의 본질에 대한 중대한 오해를 야기시킨다. 이러한 오해야말로 후대의 정치를 오도하는 잘못된 역사관의 시작으로 보고, 다산은 요순이 '事功'에 힘쓴 '有爲'의 정치를 하였음을 實例를 들어서 다음과 같이 주장한다.

> 내가 보건대 역사 이래로 분발하여 事功에 힘쓴 사람으로서 요순만한 이가 없다. 해와 달을 관측하게 하고, 농사를 관찰하게 하고, 현자를 발탁하여 직무를 부여하고, 수해를 다스리고, 오년에 한번 지방을 순시하고, 매년 입조를 받고, 일을 물어서 말의 진실성을 고찰했다. 산을 파고 물을 다스리고 밭도랑을 치고 봇도랑을 트며, 가르침을 세우고 형벌을 밝게 하고, 예악을 제작하고, 흉칙한 사람을 벌주고 아첨하는 사람을 물리치고, 풀·나무·새·짐승·물고기에 이르기까지 사람을 택해서 임무를 맡겨 관리하지 않음이 없고, 공적을 계산하고 성과를 재촉하는 등 마음씀과 힘씀이 '奮發'이라고 함직하다. 그런데도 후세에 정치의 도리를 말하는 자가《論語》의 '舜恭己無爲' 한 구절을 잘못 해석하여, '守成之法'으로 조용히 눌러 앉아 있음(靜鎭)만한 것이 없다고 일컫는다.[18]

---

18)《尙書古訓》권2, 16면: "余觀, 開荒以來奮發事功莫如堯舜 … 遂謂守成之法莫如靜鎭."

2) 징치의 본질과 시배의 성당성 문제

정치란 무엇인가? 다산은 정치의 본질과 목적을 무엇으로 보았을까? 다산은 《尚書古訓》에서 경제문제가 정치의 핵심이라고 단언한다 (財用大政也). 그에 따르면 고금을 막론하고 政이란 이름이 들어간 것은 모두 財賦를 거두고 쓰는 것과 같은 종류이다.[19] 洪範 九疇 가운데 세 번째인 八政도 모두 財用을 거두고 쓰는 문제로 본다.[20] 하늘이 인간에게 五行이라는 자연 자원을 주었는데 사람은 政事를 닦아서 그것을 잘 관리하고 활용하여 삶을 풍부하게 해야 한다는 것이다. 또 《尚書古訓》의 다른 대목에서 정약용은 천하를 다스리는 대원칙으로 두 가지(治天下之大經大法唯斯二者)를 들고 있다. 인사관리(用人: 知人: 官人)와 경제관리(理財: 安民: 惠民)가 바로 그것이다. 즉 공직을 맡을 사람을 올바르게 등용하여 효율적으로 관리하고, 일반 백성들의 경제를 풍족하게 하여 그들의 삶을 편하고 안정되게 해주는 것이 정치의 二大 목적이요 과제라는 것이다.

다산은 〈原政〉에서 정치란 바르게 하는 것(政者正也)이라는 孔子의 정신을 이어받아, 정치의 목적을 보다 구체화시켜 크게 여섯 가지를 들고 있다.[21] 그것을 요약하면 경제적 가치의 정의로운 분배구조, 통상과 유통의 활성화, 강자의 횡포로부터 약자의 보호, 형벌과 포상의 엄격한 적용, 능력에 따른 합리적인 인사정책, 자연의 합리적 관리와 효율적 이용으로 경제적 복지를 증진시키는 것 등이다. 이처럼 다산에 있어서 정치의 목적은 관념적이고 추상적이기보다는 구체적인 현실의 민생문제에 있다. 보통 사람들의 구체적 삶에 가장 관련

---

19) 《尚書古訓》 권1, 28면: "自古及今, 凡以政爲名者, 皆財賦斂散之類."
20) 《尚書古訓》 권4, 34면 참조.
21) 《茶山詩文集》 권10, 1~2면 〈原政〉 참조.

이 큰 경제문제가 중심을 이루고 있다. 경제문제에 있어서 한편으로는 경제적 가치의 분배를 둘러싸고 正義에 대한 강력한 요구를 하는가 하면, 다른 한편에서는 경제적 가치를 양적으로 증대시켜 삶을 풍요롭게 하려는 경제발전에 대한 문제를 제기하고 있다. 이러한 목적의 실현을 추구하는 것이 곧 王道政治라고 다산은 〈原政〉에서 주장한다.

지배의 정당성은 어디서 오는가? 다산은 이 문제를 어떻게 생각했을까? 《상서》〈堯典〉의 "受終于文祖"를 해석하면서 다산은 五帝의 禮와 三王의 禮의 차이를 본질적으로 구분한다. 요컨대 三王의 시대는 권력을 세습하고 제법(祭法)도 혈연에 의한 계승을 중시하나, 五帝는 권력을 선양하고 그 제법도 신성도통(神聖道統)에 의한 계승을 중시한다. 이러한 중요한 차이를 고려하지 않고서 三王의 방식으로 五帝의 권력승계와 祭法 문제를 판단해서는 안 된다고 다산은 강조한다.[22] 하물며 郊·社 두 제사는 또한 宗廟의 禮와는 확연하게 다르다.

> 郊에서 祭天하는 경우에는 聖人이 配食하였으니 夏의 鯀과 殷의 冥이 그러하다. 社에서의 祈天은 聖人이 腏食하였으니 夏의 柱와 殷의 棄가 그러하다. 그러나 三王 이후 郊禘祖宗을 다 祖考로 하고, 오직 社稷은 오히려 古法을 준수하였다. 그래서 천하를 얻은 자가 句龍과 周棄의 자손이 아니어도 句龍과 周棄를 감히 바꾸지 않았으니 눈과 귀에 익숙해진 때문이다. 五帝의 시대 郊禘祖宗은 다 그렇지 않음이 없었다. 요와 제곡이 비록 虞의 祖가 아니지만 이러한 사실이 虞氏가 그들을 宗之郊之하는 것을 가로막지 않는다. 대개 五帝가 천하를 다스림에 전욱·

---

22) 《尚書知遠錄》(與猶堂全書補遺五, 경인문화사) 25면 참조.

제곡·요·순이 비록 모두 黃帝의 사손이었기는 하나 중요한 것은 道
에 있고 功에 있고 德에 있었지 결코 혈연에 있는 것이 아니었다. 만일
顓頊으로 하여금 昌意를 숭배케 하고, 帝嚳으로 하여금 橋極·玄囂를
숭배케 하고, 舜으로 하여금 瞽叟와 橋牛·句望·敬康 등을 숭배케 하
여 권력을 잡자마자 七廟를 세우고 또 권력이 옮겨지자마자 그 이전의
왕의 종묘를 헐어서 없애는 것이 마치 후세의 혁명의 법과 같은즉 어찌
이른바 '以聖傳聖'이라 할 수 있을 것인가? 오제의 시대에는 이런 일
이 반드시 있지 않았을 것임을 나는 믿는다. 虞氏가 郊嚳하고 宗堯하는
것을 어찌 의심하는가?[23]

　禘祭에 대해서 누가 공자에게 묻자 공자는 알지 못한다고 답하고
서, 그것에 대해 아는 자가 천하를 운영하는 것은 손바닥을 보는 것
처럼 쉽다고 말했다.[24] 공자는 왜 禘祭에 대해서 알지 못한다고 대
답을 회피했을까? 禘祭가 무엇이기에 그렇게 중요하다고 공자는 인
식했을까? 공자가 禘에 대해서 자세히 말하지 않고 알지 못한다고
대답한 것은, 郊禘의 禮가 古와 今이 다른 까닭에 三王의 시대에 태
어나서 五帝의 義를 말하는 것은 신하의 직분에 있는 자로서 감히
입밖에 낼 수 없었기 때문이라고 다산은 설명한다.[25]

　　"오제의 시대는 堂堂의 종사도 역시 오직 道와 德을 물었고 神과 聖을
　물었는데 하물며 郊天이야! 郊天祖宗의 네 禮가 하늘과 짝하지 않은 것

---

23)《尙書知遠錄》25~26면.
24)《論語》〈八佾〉: "或問禘之說. 子曰不知也. 知其說者之於天下也, 其如示諸
　斯乎指其掌."
25)《尙書知遠錄》26면 참조.

이 없었다. 配天은 반드시 神聖으로 하는데 신성이 어찌 반드시 매번 一家에 모이겠는가?"[26]

라고 하여 다산은 권력의 혈연적 승계에 대해 간접적으로 비판적 태도를 숨기지 않는다.

귀신은 같은 族類가 아니면 흠향하지 않는데 文祖의 廟에서 조상이 아닌 사람을 제사하면 어찌 흠향하겠는가? 이러한 의문에 대해 다산은, 社稷의 제사에서 句龍과 姬棄는 百世가 되어도 바뀌지 않고, 文廟에서 공자·맹자·안자·증자를 모든 왕이 공동으로 제사하는 것 역시 같은 族類가 아니지만 그럼에도 불구하고 그들을 제사지내는 것이 문제가 되지 않는다는 사실을 예로 들면서, 舜 당시의 文祖의 廟는 후대의 文廟나 社稷의 경우와 마찬가지로 혈연성을 초월하는 것이었다고 주장한다.[27]

儒家에서는 長子에 의한 권력의 혈연적 승계를 문제시하지 않는다. 단지 심각한 인륜적 문제가 있을 때만이 反正이 용납된다. 이 문제에 관한 한 주자학자들도 예외는 아니다. 다산은 명시적으로 이 문제를 거론하지는 않았지만, 그의 저술 곳곳의 행간을 통해 자기 견해를 은밀히 비추고 있음을 볼 수 있다. 특히 《尙書古訓》에 이와 관련된 문제가 몇 군데 나온다. 맹자는, 舜은 堯가 돌아가자 삼년상을 마치고 나서 요의 아들이 임금이 되도록 하기 위해 南河의 남쪽으로 피하였으나, 천하의 제후들이 조회하러 요의 아들에게가 아니라 순에게로 가고 송사하려는 사람도 순에게 가고 공덕을 찬송하는 자도 순의 공덕을 노래하니 그런 뒤에야 비로소 천자의 자리에 올

---

26) 《尙書知遠錄》 26면.
27) 《尙書古訓》 권1, 26면.

랐다고 했다.[28]

맹자의 이와 같은 진술은 요순 시대에도 권력은 혈연적으로 계승되었다는 관념을 무의식적으로 전제하고 있다. 최소한 이 대목에서 맹자는 권력의 혈연적 승계를 무비판적으로 전제하고 있는 것이다. 그러나 다산은 이 문제를 예리하게 따지고 있다. 夏의 啓 이전에는 天下를 반드시 아들에게 전하는 것이 결코 관례가 아니었는데도 불구하고 순이 왜 요의 아들에게 양보할 필요가 있었겠는가라고 정약용은 회의하면서,[29] 《孟子》 일곱편은 맹자가 직접 쓴 것이 아니므로 꼭 믿을 것은 못 된다고 말함으로써 맹자의 왕위 계승 문제에 대한 태도를 비판한다.[30]

요컨대 다산은 천하를 공적인 공기(公器)로 보는 방식(官天下)과 사적인 것으로 간주하는(私物視) 방식(私天下)을 대조하면서, 최고 권력의 정당성은 능력(德)과 업적(功)으로부터 나와야 한다고 본다. 최고의 능력과 업적을 검증받은 사람에게 권력이 이양되어야 하며, 그러기 위해서는 일가(一家)에 의한 혈연적 승계는 적합하지 못하다고 생각한다. 五帝는 최고권력의 자리를 관공서(官署)나 정거장(驛亭)과 같은 종류의 것으로 인식했다고 다산은 비유한다.[31]

관공서나 정거장은 잠시 머무르다가 적합한 후임자에게 위임하고 떠나야 하는 공적인 곳이지, 혼자서 독차지하고서 자손대대로 물려줄 수 있는 성질의 것이 아니다. 이런 관점에서 볼 때 나라의 제사 역시 최고의 덕과 공이 있는 사람에게만 하늘과 짝하여 지낼 수 있는 것이고, 종묘는 성씨와 관계없이 나라를 위해 혁혁한 공을 세운

---

28) 《孟子》〈萬章 上〉참조.
29) 《尚書古訓》권2, 13면: "夏啓以前天下不必傳子, 何讓乎舜之子矣." 참조.
30) 《尚書古訓》권2, 13면 참조.
31) 《尚書古訓》권2, 14면 참조.

사람들을 함께 모시는 곳이다. 후손 중에 군주가 나왔다고 해서 아무런 공덕도 없는 사람을 단지 조상이라는 이유만으로 하늘과 짝하여 제사하거나, 대대로 종묘에서 제사를 지내는 것은 옛날의 진정한 제법(祭法)이 아니라고 인식한다. 五帝와 三王의 시대를 이처럼 차별화하는 다산의 역사의식의 이면에는 현실적으로 이루어지고 있는 '傳統的 權威의 正當性'에 근거한 혈연 위주의 권력승계 방식에 대한 비판의식과 함께, 합리적 기준에 의한 새로운 권위의 정당성 모색이라는 이중적 의도가 내재하고 있는 것으로 보인다.

이상에서 볼 수 있는 바와 같이 다산은 《尙書知遠錄》과 《尙書古訓》의 곳곳에서 권력의 정당성이 어디에서 유래하는가 하는 정당성의 원천에 대한 문제를 강하게 제기하고 있다. 요순시대의 역사적 사실을 근거로 내세우면서 천하란 결코 어떤 한 두 사가(私家)에 의해서 전승될 수 없는 公器이며, 대권의 자리란 독점적 주인이 있을 수 없고 누구나 잠시 머물렀다 떠나야 하는 관공서나 정거장과 같은 공적인 것임을 다산은 강조한다. 그리고 지배의 정당성의 원천은 우연적 · 선천적 혈연성이 아니라, 검증된 능력이나 객관적 업적과 같은 합리적 기준에 근거해야 한다는 주장을 강력하게 시사하고 있다. 이러한 발상은 당시의 봉건적인 정치 체제하에서는 매우 위험한 생각이었다. 그런 까닭에 요순의 권위에 철저하게 의지해서 간접적 표현으로써 다산은 자신의 사상을 개진할 수밖에 없었던 것이다.

3) 혁명과 개혁

다산이 조선 후기의 허물어진 국가체제의 일대 개혁을 구상하면서 역사 속에서의 개혁과 혁명의 문제를 어떻게 인식하였는지 고찰해 볼 필요가 있다. 《尙書古訓》에 나타난 것을 보면 그는 역사 속에서 개혁과 혁명을 주도했던 인물과 사건들에 대해 깊은 관심을 지니고 있었다. 특히 요순의 개혁, 殷의 전도를 통한 개혁, 역성혁명을 주도한 湯王과 武王에 대한 깊은 공감적 이해는 그의 개혁과 혁명에 대한 역사의식을 반영하는 것으로 보인다.

혁명의 문제를 다루기 전에 먼저 우리는 다산이 국가권력의 기원 문제를 어떤 논리로 설명하였는지 고찰할 필요가 있다. 권력은 하늘 로부터 주어진 것도 우연적으로 얻어진 것도 아니다. 다산에 따르면 태초에 백성들이 모여서 사회생활을 하다가 자신들의 공동의 필요 에 의해 사회적 문제 해결을 위해 도움이 되는 유능한 자를 단계적 으로 里正→黨正→州長→國君→方伯→皇王 순으로 지도자로 추대 해 가는 과정에서 국가권력 또는 왕권이 형성되었다고 설명한다.[32]

국가권력의 기원에 대한 이러한 설명이 객관적인 역사적 사실과 일치하는지 여부의 문제는 그다지 중요하지 않다. 왜냐하면 이것은 역사적 사실의 문제이기보다는 권력의 존재 근거에 대한 정치철학 적 가설이기 때문이다. 하여간 위의 논리에 따르면 권력의 존재근거 는 바로 백성들에게 있다. 백성들의 생활에 유익한 결과를 가져오는 한에서 권력의 정당성은 인정된다. 그런데 만약 백성들을 위해 사회 문제를 해결하는 데 정치적 지도력을 제대로 발휘하지 못하여 사회 집단 사이에 갈등이 야기되거나(不協[33]), 아니면 권력을 사적 목적 을 위해 멋대로 남용하여 백성을 괴롭게 되면('暴虐淫荒以殘害萬 民'[34]) 이는 권력이 스스로 존립근거를 부정하는 것이다. 따라서 이 럴 경우에 새로운 리더십으로 교체되지 않으면 안 된다. 이러한 교 체의 과정이 평화적으로 순순하게 이루어지면 정치적으로 큰 문제 가 없다. 그러나 부정과 권력남용이 구조화되어 있어서 그것의 평화

---

32) 《茶山詩文集》 권10, 〈原牧〉 참조.
33) 《茶山詩文集》 권11, 〈湯論〉 참조.
34) 《梅氏書平》 권4, 8면 〈逸周書克殷篇辨〉

적 해결이 어렵게 되면 폭력을 수반하는 강제적인 권력교체와 이에 따른 새로운 권력구조와 사회제도의 창출이 불가피하게 된다. 그러나 폭력적 방법에 의한 권력의 교체가 곧 혁명을 의미하는 것은 아니다. 사적 야심의 충족을 위해 왕권을 쟁탈하는 것과 민중의 의사를 존중하고 천명을 받들어서 이루어지는 혁명은 본질적으로 차원이 다르다. 민의에 따른 진정한 혁명적 변화의 사례는 殷의 湯王과 周의 武王이 일반적으로 많이 알려져 있다. 그러나 다산에 따르면 민의에 따른 혁명은 湯보다 훨씬 이전부터 있어 온 역사적 관례이다.

> 神農氏의 세상이 쇠퇴하자 黃帝가 들고일어나 싸워서 이기자 제후들은 그를 천자로 추대하였고, 高辛氏의 세상이 쇠퇴하여 帝摯가 미약해지자 제후가 조문하지 않고 堯가 일어나도 문제삼지 않았다. 夏后氏의 세상이 쇠퇴하여 太康이 나라를 잃고 백여 년 간 지나 小康이 다시 나라를 중흥시키자 제후들은 다시 조문을 가고, 桀에 이르러 포학해지자 湯은 侯戴(제후에 의한 새로운 지도자 추대 제도)를 알고 桀을 쳐서 권력을 교체하였다. 殷도 중간에 쇠미하여 제후들이 조문하지 않았으나 다시 발분하여 나라를 중흥시켰고, 紂에 이르러 다시 포학해지자 武王은 侯戴를 알고 紂를 쳐서 권력을 교체하였다.[35)]

권력이 백성들을 위해 공적으로 정당하게 사용되지 못하고 사적 목적을 위해 남용될 때 그것은 혁명의 대상이 될 수밖에 없으며, 이러한 혁명의 전통은 오래 된 정치적 관례이지 결코 탕왕이나 무왕이 처음 시작한 특이한 이변이 아님을 다산은 강조하는 것이다. 왕

---

35) 《梅氏書平》 권4, 8면.

조의 지속은 내적으로 자기 모순을 잉태하고 있기 때문에 스스로 개혁을 통해 거듭나지 않으면 결국은 외부로부터의 타율적 혁명의 대상이 되고 만다. 그러지 않기 위해서는 개혁을 통한 부단한 자기 쇄신의 노력이 필요하다.

다산에 따르면 물(物)은 오래 되면 헐어지고, 도구는 오래 되면 허물어지고, 법이 오래 되면 해어지고, 令도 오래 가면 농간이 생기는 것은 보편적 현상이다. 따라서 나라를 건국하고 도읍을 건설하여 평화스런 날이 지속되면 명문귀족들은 기세를 믿고 영화를 제멋대로 하고, 간사한 서리들은 법을 희롱하고, 군주 역시 즐기고 나태하고 오만해지기 쉽다. 그러므로 개혁을 통해서 친하의 이목을 새롭게 일신시켜야 퇴락한 기강을 다시 되잡을 수 있다고 본다. 殷나라가 장구한 역사 동안 국운을 유지할 수 있었던 것도 천도를 통해 국정을 부단히 개혁하였기 때문이라고 다산은 설명한다.[36]

요컨대 아무리 좋은 제도라고 하더라도 그것이 장기화되면 반드시 모순이 발생하므로 개혁을 통해 이를 바로잡지 않으면 안 된다는 것이 역사의 영원한 개혁을 주장하는 다산의 논리이다.

堯舜은 온갖 어려움을 무릅쓰고 작위적 개혁의 프로젝트를 실행하여 성공시킨 국가건설과 개혁의 화신으로 평가된다. 다산은 미래 역사의 비전을 실천할 군주상을 堯舜에 투사하여 堯舜時代의 개혁을 다음과 같이 정리한다.

요순 두 성왕은 新法을 제정하여 九州를 一家로 통일하고, 지역마다 서로 다른 수많은 규범을 하나의 法으로 통일하고, 경사진 곳을 바르게 하고 어지럽게 뒤섞인 것을 청소해서 공평하게 정리하고, 들판을 우물

---

36) 《尙書古訓》 권4, 5면 참조.

井字 모양으로 정리하고, 집터를 정리해 마을을 만들고, 禹와 稷 등 數
人으로 하여금 밭도랑을 치고 봇도랑을 트고 봇도랑을 파서 내에 이르
게 하고, 냇물이 터지면 그것을 흐르도록 하고 제방을 쌓고, 못과 저수
지에 물이 넘치면 물을 소통시키고 제방을 막으며, 토질의 비옥함과 메
마름을 잘 살펴서 밭의 등급을 바르게 정하고, 백성의 형편을 조사하여
세금의 등급을 매겼다.[37)]

요순은 덕으로 無爲의 정치를 한 것이 아니라, 이처럼 작위적 계
획에 따라 개혁의 성공을 위해 분투했음을 강조하면서, 후대에 요순
을 빙자하여 개혁적 노력을 포기하도록 하는 속유들을 다산은 질타
한다. 그리고 개혁이든 혁명이든 그것이 민을 위한 정당하고 성공적
인 개혁이나 혁명이 되기 위해서는 천명을 읽고 그것을 지성으로
받드는 창조적 소수의 역할이 소중함을 다산은 역사적 사례를 통해
서 예시한다. 즉 小康은 靡를 얻어서 禹임금의 전통을 회복했고, 太
戊는 伊陟을 얻어서 殷의 기강을 바로잡았고, 湯은 伊尹을 얻어서 夏
왕조를 교체하였고, 文王과 武王은 尙父(강태공)를 얻어서 商의 학정
을 일소하였다.[38)]

최고 정치지도자인 王은 민의 의사를 대변하고 민의 이익을 옹호
하는 대표자 내지 관리자의 역할에 지나지 않는다. 그러한 역할에
충실하는 한에서만 권력은 정당성을 유지할 수 있다. 이러한 민주주
의적 역사 비전에 비추어 보면 당시의 정치현실은 너무나 반민주적
이었다. 마치 절대 다수의 백성이 소수 지배집단을 위해서 존재하는
것처럼 본말이 전도되었던 것이다. 이러한 모순된 현실에 맞서 다산

---

37) 《尙書古訓》 권3, 33면.
38) 《梅氏書平》 권4, 8면 참조.

은, "목민관이 백성을 위해 존재하는가? 아니면 목민관을 위해 백성이 존재하는가?" 하는 근본적 질문을 던졌다. 그리고 이렇게 전도된 역사의 흐름을 바로잡기 위한 전면적 개혁의 이념과 그것을 현실화할 구체적 정책을 《尙書》와 《周禮》의 창조적 해석을 통해 발견하고자 하였던 것이다.

제4절 맺음말

《尙書古訓》에 비유적으로 나타난 것을 보면, 다산은 堯가 舜에게 舜이 禹에게 그랬던 것처럼 권력은 가장 有能하고 공적이 많은 사람에게 계승되어야 한다는 사상을 지녔다. 그리고 군주의 권력의 정당성은 업무 추진에 있어서 민의를 얼마나 잘 대변하느냐에 달려 있으며, 그것이 적절하지 못하면 제후들의 합의에 의해 다시 최고 능력자가 새로 평화적으로 추대될 수 있고, 정치보복은 없는 그러한 정치체를 구상하였다.

다른 한편 다산이 강력한 권력을 지닌 군주를 옹호한 것은, 현실적으로 신권의 강화가 권력의 분산을 가져오고 나아가 통치집단의 기득권을 위해 민을 착취하는 형태로 나타났기 때문이다. 그래서 민의 이익을 수호하기 위해서는 천명을 받들어 민익을 존중하는 계명된 군주에 의해 혁명적으로 제도를 개혁하고 관료기구를 활성화할 필요가 있었기 때문이다. 왕권 중심이라고 하더라도 이것이 곧 특정한 인물의 카리스마에 의존하는 인치적 정치를 의미하는 것은 아니다. 오히려 철저하게 합리적인 규범과 제도에 의해 작동되는 관료적 시스템에 의해 정치는 운영되어야 한다. 단지 그러한 장치가 공정하고 원활하게 작동하기 위해서는 그 배경에 강한 권력을 보유한 왕권이 전제되어야 한다는 것이다. 다산은 종국적으로는 민권과 민익

236

을 지향하는 사회를 추구하지만, 이를 위한 방법론적 측면에서는 강력한 왕권과 사심 없이 공익을 받들 수 있는 유능한 엘리트 관료를 중시한다. 그는 위로부터의 개혁의 가능성을 신뢰하고 기대하였다. 이것은 그가 正祖라는 왕을 보좌한 경험과도 밀접한 관련이 있다고 보여진다. 그는 제2의 강력한 正祖의 도래를 역사 속에서 기대했는지 모른다.

다산은 정치의 목적을 고상한 이상주의나 형이상학적 원리보다는 철저하게 실용주의적 관점에서 설정한다. 자연을 효율적으로 관리하고 이용하여 풍요롭게 살 수 있고, 정치사회 제도가 합리화되어서 정의롭게 운영되고, 경제적으로는 노동에 비례하는 분배정의가 실현되고, 사회적으로는 신분 때문에 능력 발휘의 기회가 제한되지 않으며, 민이 정치적으로 주체로 인정되는 세계가 역사의 이상이다. 그리하여 인간의 기본적 욕망이 합리적으로 충족될 수 있는 사회가 되어야 한다. 이렇게 풍요롭고 합리적이고 정의로운 사회구조 위에서 孝弟慈의 도덕적 공동체를 실현하는 것, 이것이 다산이 역사에서 지향하고자 하는 비전이라고 하겠다. 이러한 목적을 달성함에 있어서 역사발전의 추진력으로 기술의 역할을 다산은 대단히 중시한다. 기술의 발전은 생산성을 제고시킴으로써 삶의 편의를 향상시켜서 역사발전의 물질적 기반을 제공해 주기 때문이다.[39] 이러한 다산의 역사 비전은 유교적 근대성의 좋은 모델을 제시한 것으로 평가된다.

이데올로기로서의 유교는 법가나 묵가나 도가나 서학과 날카롭게 대립하고 그것들에 대해 비판적 자세를 보인다. 그러나 실천적 실용주의로서의 유교에서는 이것들을 적절한 방식으로 유교의 틀에 포용한다. 법가의 사상적 선구자 중 하나로 간주되는 관중에 대해서도

39) 《茶山詩文集》 권12, 10~12면 〈技藝論〉 참조.

정약용은 그의 사상이 유가와 근본은 같다고 한다.[40] 그리고 楊朱와 墨翟의 처신에 대해서도 그것이 결코 그 자체로 잘못된 것은 아니고, 단지 역사적 상황의 상대성을 고려하는 융통성 없이 한 가지 방식에만 집착하는 것이 문제라고 본다.[41]

실용주의적 관점에서 볼 때 법가는 유가와 모순되는 것으로서 배척되어야 하기보다는, 현실 경영을 위해 중요하게 고려되지 않으면 안 된다. 같은 논리로 西學이라고 굳이 배타적으로 생각할 필요도 없고, 송학에 형이상학적 문제가 있다고 해서 그것의 중요한 성취마저 부정할 필요는 없는 것이다. 다산은 실존적·사회적 삶의 현실을 개선한다는 대의에 비추어서 어떤 것도 이데올로기적 편견 없이 실용주의적으로 포용하여, 유연하면서도 풍성하고 내실 있는 사상의 직물을 짜고자 하였던 것이다. 이러한 실용주의적 입장에 따르면, 유가와 법가, 유가와 묵가, 유학과 서학, 한학과 송학의 구분은 절대적이 될 수가 없다.

공산주의의 몰락은 후쿠야마(Fransis Fukuyama)의 주장처럼 자유민주주의의 승리를 입증하는 것은 아니다. 공산주의와 자유민주주의는 서구 근대성(modernity)이 낳은 쌍생아이다. 그 하나가 붕괴하였는데 다른 하나가 온전하게 지속되리라고 기대하기는 어렵다. 비록 공산주의가 현실역사에서 붕괴했다고 하지만 자유민주주의가 안고 있는 구조적 문제점이 본질적으로 개선된 것은 없다. 공동체의 권위를 존중할 줄 모르는 개인주의, 끝을 모르는 탐욕적 소유주의, 절제가 전제되지 않은 방종에 가까운 자유주의, 자연과의 공존의 매듭을 스스로 단절해 버린 반생태학적 휴머니즘 등등의 만연은 정신적 공

---

40) 《孟子要義》 권1, 8면: "管子孟子其末趣雖殊, 其本皆學先王之道, 故所言多同."
41) 《孟子要義》 권1, 44면 참조.

238

동체의 붕괴와 가정의 파괴를 비롯하여 소외감과 허무주의의 만연, 폭력과 쾌락의 상업화·일상화, 생태계의 파괴 등으로 문명의 뿌리를 위협하고 있다.

이러한 상황에서 우리 한국의 문화적 비전은 무엇인가? 유교적 휴머니즘은 인간을 중심으로 하면서도 천·지·인의 조화를 늘 염두에 두며, 개인의 도덕적 자율성을 밑둥치로 하면서도 가족 및 사회 공동체와의 관계성을 심각하게 고려한다. 유교적 민주주의는 개인의 권리를 배타적 특권으로 인정하지 않으면서도 국가의 권위를 절대화하여 개인을 도구화하지도 않는다. 유교 문명이 비록 그 내재적 문맥 속에서 근대사회를 발전시키는 데는 실패했지만, 근대 문명의 위기 국면을 맞이하여 그것을 새로운 단계로 이끌어 나가는 데는 중요한 역할을 할 수 있으리라고 본다. 특히 법가적 현실주의를 유가적 도덕주의와 조화시킨 다산 식의 실용주의적 유교는, 다른 어떤 유교사상에 비해서도 오늘의 문제를 풀어 가는 데 있어서 유력한 사상적 대안으로 발전될 가능성을 내포하고 있다.

제2장 다산의 역학사상과 그 실학적 의미

제1절 머리말

正祖 사후 천주교에 대한 대대적 탄압이 가해지면서 다산 정약용은 강진으로 유배되었다. 유배지에서의 다산은, 외면적으로만 보면 현실역사에서 추방되어 궁벽한 바닷가에 쓸쓸히 소외된 일개 재야 선비에 지나지 않았다. 그러나 그는 경학에 대한 연구를 통해 다른 차원에서 현실역사와 맞서고 있었다. 다산이 경학사적으로 성취한

놀라운 업적은, 정치적으로 못다 이룬 역사의 끝을 경전 해석을 통해 이념적으로 정초 지우려는 그의 현실 변혁 의지의 산물이다. 이런 의미에서 다산이 유배 이후 자신의 신명을 다해 연구한 육경과 사서에 대한 해석은 경학사적으로나 사상사적으로나 매우 중요한 의미를 지닌다. 육경 중에서도 특히 《周易》은 난해하기로 유명하다. 《주역》처럼 난해하고 고금의 수많은 경학가들이 도전해서 나름의 주석을 발전시킨 경전을 다산이 어떻게 특유의 명료하고 경쾌한 논리로 해석하였는지 주목을 요한다.

사실 다산은 유배 이전에도 《주역》에 대한 관심은 있었다. 그러나 어떤 어려운 책도 포기하지 않고 독파한 다산이지만 《주역》만은 끝내 감히 쉽게 해독하지 못하였다. 그러다가 유배를 가서 1802년(임술년) 봄에 土喪禮를 읽고 이어 상례에 관한 여러 책을 읽다가 주나라의 古禮는 대부분 《춘추》에서 증거를 취한 것을 보고 《춘추좌씨전》을 읽다가, 《춘추》에 실려 있는 官占의 법에 대해 관심을 갖고 연구를 하는 것이 계기가 되어 보고 있던 禮書를 다 치우고 오직 《주역》에만 전심전력하였다. 그래서 1803년 봄부터는 보고 듣고 생각하는 것이 모두 《주역》으로 연결될 정도로 역의 세계에 심취하였다. 그리하여 1804년부터 갑자본·을축본·병인본·정묘본을 거쳐 1808년(가을)에 무진본을 완성하기까지 네 차례나 고쳐 쓰면서 절차탁마의 공을 다해 주역의 논리를 밝히기 위해 고심한 끝에 《周易四箋》을 완성하였다. 그리고 《周易四箋》을 쓰기 위해 조사하고 연구했던 자료들을 토대로 하여, 역학사적으로 중요한 저술과 학설에 대해 자신의 견해를 논술한 것을 중심으로 《易學緖言》을 지었다. 《周易四箋》과 《易學緖言》은 다산의 역학사상을 연구하는 핵심 자료가 된다.

1980년대 이후 우리 학계에서 다산역학에 대한 본격적 연구가 이

루어져서 다산역학의 내용과 특성에 대한 상당한 이해가 축적되었다.[42]

그러나 《周易四箋》과 《易學緖言》이 경학사적으로 지니는 의의와 그 내용의 방대함에 비추어 보면 다산역학은 아직도 많은 연구를 기다리고 있다. 또한 다산학을 실학으로 규정하면서도 역학사상에 대한 연구에 있어서는 실학과의 의미연관을 체계적으로 명확히 해명하지 못하고 있다. 우리는 다산의 역학의 본질에 대한 이해와 역학사에 대한 인식을 검토하고 다산역학의 실학적 의미를 탐색하고자 한다.

---

42) 다산역학에 대한 주요 연구물로서 이 책에 참고한 것은 다음과 같다.

李乙浩,《茶山의 易學》(민음사, 1993)

琴章泰, "丁若鏞의 易學思想과 西學精神"(《한국실학사상연구》, 집문당, 1987)

方仁, "茶山易學思想에 對한 硏究"(한국정신문화연구원 한국학대학원 석사학위 논문, 1982)

方仁, "茶山易學에 있어서 記號와 意味"(《제6회 국제학술회의논문집1》, 한국정신문화연구원, 1991)

金王淵, "茶山 易學의 硏究"(고려대 대학원 석사학위 논문, 1989)

丁海王, "周易의 解釋方法에 관한 硏究"(부산대 대학원 박사학위 논문, 1990)

白英彬, "丁若鏞의 周易 解釋方法의 特徵"(한국정신문화연구원 한국학대학원 석사학위 논문, 1995)

그 밖에 최근에 나온 학위 논문으로는, 김인철, "茶山의 《周易》 解釋體系에 대한 연구"(고려대 대학원 박사학위 논문, 1999); 김영우, "丁若鏞의 易學思想 硏究"(서울대 대학원 박사학위 논문, 2000)가 있다.

제2절 다산의 周易觀

《주역》의 본래적 의미와 기능은 무엇이었을까? 그것은 주희가 이미 지적했듯이 복서(卜筮)를 위한 것이었다. 이 점에서는 다산도 견해를 같이 한다. 인간은 문명이 발달하면서 점차 자연현상이나 사회현상에 대해 법칙적 이해를 심화시키면서 그것에 대한 예측력과 통제력을 증가시켜 왔다. 그러나 고대사회에서는 미래의 일에 대한 예측 가능성이 지금보다 훨씬 낮았을 것이다. 사냥을 하고, 전쟁을 하고, 농사를 짓고 여행을 하면서 앞으로 일어날 현상에 대한 불안감은 그들로 하여금 점을 생활의 중요한 부분으로 자리매김하게 하였다.

인간들은 불확실한 미래를 두고 스스로의 능력에 한계를 느낄수록 초월적 존재에게 의존하게 된다. 즉 신의 의사를 물어서 초월자에게 선택을 내맡기려고 한다. "易은 무엇을 위하여 지었는가? 이것은 성인이 하늘의 命을 請하여 그 뜻에 따르기 위한 것이다." 역에서 하늘에 명을 청하기 위해서는 두 가지 조건이 있는데 하나는 묻는 일을 하려는 동기가 선하고 바른가 하는 여부이고, 다른 하나는 결과의 예측 가능성 문제이다. 오직 동기가 선하고 바르며 결과를 분명히 예측할 수 없는 경우에 한해서만 하늘의 뜻을 물어야 한다. 그래서 괘를 완색해 보아서 결과가 길한 것이면 "하늘이 나에게 명하여 이를 시행하게 한다."고 하고, 만일 길하지 않으면 전전긍긍하여 감히 시행해서는 안 된다. 따라서 함부로 하늘에 뜻을 물어서는 안 되는 것이다.

《尙書》·《左傳》·《周禮》·《禮記》 등에서 다산은 점과 관련된 사례

---

43) 丁若鏞, 《易學緖言》 권4, 18~19면 참조.

242

를 모아서 점의 유형을 크게 15가지로 다음과 같이 분류한다.[43] 임금을 세울 때(立君之占), 도읍을 옮길 때(遷國之占), 도읍을 세울 때(建都之占), 제사를 올릴 때(祭祀之占), 전쟁을 하려고 할 때(征戰之占), 관직을 세울 때(立官之占), 제후를 세우고 법을 제정할 때(建侯立法), 혼사가 있을 때(婚嫁之占), 질병이 있을 때(疾病之占), 수해나 가뭄 때(水旱之占), 장지를 정할 때(葬地之占), 날을 받을 때(日月之占), 빈객이나 시동을 세울 때(立賓立尸之占), 기다리거나 도달하려고 할 때(須至有占), 아기를 낳을 때(胎産有占)에 점을 보게 된다. 물론 이런 일 외에도 점을 보아야 하는 경우는 많이 있을 것이다. 문제는 하늘의 뜻을 묻기 위해서(稟命)인지, 아니면 하늘의 일을 미리 탐지하려고(探命) 하는 뜻에서 점을 보느냐 하는 것이다. 후대에 대부분의 경우 점은 후자의 입장에서 추구된다. 다산은 이런 뜻의 점은 치지 말아야 한다고 강조한다.

　문왕과 주공이 撰詞를 할 때 오직 筮人을 위해 예를 들었으므로 괘사와 효사에 점에 관한 내용이 절대 다수이다. 예를 들면 '行人之得 邑人之災'(無妄之六三)는 민간에서 재물을 잃은 것에 대한 占辭이고, '用大牲吉'(萃之象) '豚魚吉'(中孚卦)는 제사에서 쓸 희생을 점치는 점사이고, '卽鹿无虞'(屯六三) '田有禽 利執言'(師六五)는 사냥에 대한 점사이고, 그 이외에 제사·혼인·전쟁 등에 관한 점이 헤아릴 수 없이 많은 것을 들어서 《주역》이 일단 그 내용상 주류는 복서와 관련됨을 다산은 언명한다.[44]

　《주역》의 내용의 다수가 복서와 관련된 것임을 강조하지만, 그러나 다산이 《주역》에 의리의 성격이 있음을 전면 부정하는 것은 결코 아니다. 예컨대 文言은 군자의 出處進退의 의리와 屈伸存亡의 원

---

44) 《易學緖言》 권4, 25면 참조.

리를 닮고 있다. 그 이에도 人象傳같이 공자가 해석한 것은 의리를 주로 한 것이 많음을 인정한다. 역을 의리의 관점에서 본격적으로 해석한 것은 공자이지만, 乾卦에서 볼 수 있는 바와 같이 문왕·주공에 있어서도 이미 의리역의 단초가 있다. 그러므로 의리역의 궁극적 근원은 공자가 아니라 문왕과 주공이라고 다산은 말한다.[45]

그리고 '鴻漸于陸'(漸上九) '鳴鶴在陰其子和之'(中孚九二) '枯楊生荑'(大過九二) '以杞包瓜'(姤九五) 등과 같은 구절은 비유를 통해 군자의 수신과 관련된 깊은 의미를 함축하고 있다. 그래서 역을 잘 활용하는 사람은 물상의 변화를 관찰하여 자기 몸을 잘 처신하는 것도 易道의 하나라고 다산은 말한다. 그러나 《주역》의 문언과 그 외 몇몇 괘에 詠物이 있다고 해서 이것을 근거로 馬·牛·羊·豕 등 모든 물상을 의리의 관점에서 해석하는 것은 《주역》의 본뜻에 합치되지 않는다고 다산은 주장한다.[46]

역의 기원은 복서에서 출발하는데 이것을 무시하고 고상한 의리의 관점에서만 보아서는 안 된다. 그렇다고 역사(易詞) 가운데 의리를 함축하고 있거나 아니면 그렇게 확대 해석될 여지가 있는 내용이 없다고 할 수도 없다. 다산은 당시의 학자들이 역을 너무 고원한 것으로만 보는 것에 대해 비판하고 역이 지닌 다양한 총체적 모습을 강조한다.

"역은 크게는 천지를 두루 다스리고 음양의 二氣를 순조롭게 하며 사시를 질서 있게 하고, 작게는 벼룩과 파리의 나는 것을 관찰한다. 고상하게는 음양의 消息과 屈信의 이치를 증험하고 진퇴와 출처의 원리를

---

45) 丁若鏞, 《周易四箋》 권1, 40면 참조.
46) 《易學緖言》 권4, 26면 참조.

244

인식하며, 비근하게는 말과 소와 개와 닭을 얻고 잃는 것을 상고한다. 멀리는 귀신에 통달하고 천명을 고찰하며 바람과 비와 가뭄과 큰물의 원인을 인식하고, 가까이는 부자·군신·부부의 변화를 비롯해 이목구비와 사지백체의 움직임에 대처하여 징조를 미리 알 수 있다."[47]

이처럼 역은 무한히 큰 것과 작은 것, 고상한 것과 비근한 것, 고원한 것과 일상적인 것을 두루 포괄한다. 그런데 이러한 역의 다차원성을 무시하고 어느 한 측면에서만 보고 역을 '天人性命의 學'이라고 단정하거나, 또는 단순한 복서로만 규정해서는 안 된다. 총체학으로서의 역학은 개인적 차원의 수양은 물론 경세제민을 위해서도 필요하다. 인간은 현재의 주어진 현상을 분석함으로써 미래에 다가올 일들을 미리 예측하여 대비함으로써 개인이나 사회가 위험에 빠지는 것을 예방할 수 있는 것이다.

"이로써 몸을 닦아 몸에 過惡이 없고, 이로써 백성을 다스려 백성들이 利澤을 입으며, 이로써 처세하여 위험에 빠지지 않고, 이로써 사물을 관찰하여 祥殃과 禍福이 오는 것을 착오 없이 예견할 수 있는 뒤에야 바야흐로 성인의 글이라 할 수 있습니다."[48]

제3절 역학사에 대한 다산의 인식

전통적으로 역의 역사는 복희가 팔괘를 그린 것에서 비롯된다고 믿어져 왔다. 다산에 따르면 복희는 팔괘만이 아니라 64괘까지 그렸

47) 《易學緖言》 권4, 25면.
48) 《茶山詩文集》 권19, 23면 〈與尹畏心〉

으며, 괘만이 아니라 물상(物象)도 역시 공자에 의해서가 아니라 이미 복희 당시에 만들어졌다. 뿐만 아니라 괘변·효변의 법까지 복희의 시대에 일시에 일어났다고 본다. 그렇게 판단하는 근거는, 단순히 팔괘만 있어서는 쓸 수가 없고 중괘(重卦)가 있어야 쓸 수가 있으므로 팔괘와 중괘가 동시에 만들어졌다는 것이며, 또한 복희 당시에 괘변하는 법이 없었다면 '損', '益' 두 괘의 이름이 어찌 '損', '益'이 될 수가 있었겠는가 하고 괘명을 통해 괘변의 이치를 추론한다.[49]

단사(彖詞)는 文王이 효사(爻詞)는 周公이 전적으로 지은 것이 아니라, 문왕의 繫詞와 주공의 爻詞는 후인이 追補益을 했다고 다산은 본다.[50] 그리고 공자가 다시 이 두 성인의 詞를 취해서 그 깊은 뜻을 드러내 '彖傳', '象傳'이라 이름했다고 한다. 이것이 각각 上下로 되어 있어서 십익(十翼)의 넷을 이루고 이를 일러 계사전(繫辭傳)이라 한다. 文言은 공자가 지은 것으로 알려져 있는데 다산은 이 설을 부정한다. "說卦는 옛부터 전해져 온 古文이고, 文言은 穆姜이 외우던 古書이다."[51] 다산은 說卦와 文言을 역사(易詞)의 訓으로 여겨 공자의 창작설을 부정한다. 그리고 이 두 가지(설괘와 문언)가 없이는 비록 공자 같은 성인이라고 하더라도 역을 해독할 수 없다고 말한다.[52] 다산은 文言을 십익에서 제외한다.[53] 그리고 대상전(大象傳)을 소상전(小象傳)과 하나로 끌어 부치는 것은 불합리하다고 주장한다. 왜냐하면 소상전은 오로지 爻詞의 뜻을 해석하여 筮家에서 쓰기 위

---

49) 《易學緖言》 권1, 30면.

50) 《易學緖言》 권1, 31면.

51) 《易學緖言》 권1, 26면.

52) 《易學緖言》 권1, 26면.

53) 《易學緖言》 권1, 32면.

246

함이고, 대상전은 공자가 卜筮 외에 별도로 義理를 세워서 수양을 위해 쓰도록 만든 것으로서 성격이 판이하기 때문이다. 즉 소상전과 대상전은 그 성격과 용도가 확연히 구별되기 때문에 합쳐서 하나로 만드는 것은 이치에 맞지 않다고 주장한다.[54] 다산은 문언을 십익에서 제외하는 대신에 대상전을 십익의 하나로 독립시킨다.

요컨대 다산은 팔괘와 중괘가 시차를 두고 별도로 그려진 것이 아니라 동시에 그려졌으며, 물상과 괘변·효변 등 주역의 기본 논리가 복희 당시에 있었다는 것을 강조함으로써 주역의 논리가 기본적으로는 처음부터 지금과 크게 다를 바가 없는 체계적 구조를 지니고 있었다고 이해한다. 그리고 설괘전과 문언이 공자의 독창적인 창작이라기보다는 옛부터 전해 오던 내용이라고 인식함으로써 《주역》의 성립에 있어서 공자의 역할을 보다 제한적으로 이해한다.

다산은 한대(漢代) 상수역(象數易)이 왕필 이후 의리역(義理易)의 흐름 속에서 망각된 것을 다시 부활시켜 재정립하고자 하였다. 그렇다고 해서 그가 한대 상수역학을 무비판적으로 받아들이는 것은 결코 아니다. 한대 상수역학 중에 포함된 참위설, 음양재이설 등 미신적 요소는 철저하게 배격하고, 상수학의 합리적인 부분(괘변, 호체, 물상 등)만 수용한다. 다산에 따르면 한대 상수역학의 치명적 결함은 효변(爻變)의 이치를 몰랐다는 것이다. 효변의 이치에 어두운 까닭에 설괘전의 물상(物象)과 역사(易詞)가 서로 들어맞지 않고, 그래서 상수학적 해석이 왕필의 의리역에 의해 부정되는 계기를 제공하게 되었다. 왕필의 의리학적 해석은 역의 객관적인 상수학적 법칙을 무시한 채 이른바 득의망상론(得意忘象論)에 따라 주관적으로 괘의 덕을 해석하고, 나아가 노장의 사상을 역에 끌어들여 역 본래의 정

---

54) 《易學緖言》 권1, 26면.

신과 크게 어긋난 길을 길못 집어들게 된다고 다산은 비판한다. 유학은 動과 健의 철학임에 비해 도가는 靜과 虛와 柔의 철학이므로 본질적으로 그 성격이 다르다는 것이다. 왕필의 영향은 지대하여 당송(唐宋)의 역학에 크게 영향을 준다. 비록 송대의 程頤가 주역의 해석에 있어서 도가의 철학을 벗어나 유가적 이념을 회복하려고 하였으나, 그 역시 왕필의 영향으로 상수학에 부정적 태도를 취함으로써 역의 객관적 법칙을 파악하는 데 실패하였다. 소옹(邵雍)은 선천역(先天易)이라는 새로운 학설을 주장하였으나, 그것은 다산의 견해에 의하면, 주역에 대한 그릇된 해석에 근거하여 만들어진 것으로서 주역의 원래 의미와는 거리가 먼 깃이었다.

　수희는 《주역》이 본래는 복서를 위한 것임을 인정하면서도, 이천역의 의리정신과 소옹의 선천역학을 새로운 논리로 종합하면서 《주역》을 통해 이기철학의 형이상학적 근거를 확보하고자 하였다. 다산은 주희가 왕필 이래로 무시되었던 상수역학을 다시 인정한 것을 크게 칭찬한다. 그리고 자신은 주희가 은미하게 인정한 한대 상수학의 논리를 보다 공개적이고 체계적으로 공식화하였다고 주장하여 주희와의 인연을 강조한다. 그러나 실제에 있어서 다산역은 주자역과 크게 다르다. 우선 소옹의 선천역학에 대해 주희는 많은 경우 수용해서 그것을 자신의 논리로 섭취하였으나, 다산은 선천역학에 대해 철저하게 부정적인 입장을 견지한다. 그리고 주희가 부분적으로 인정한 상수역학의 법칙 즉 괘변·효변·물상·호체 등에 대해 다산은 그것을 역의 본질적 논리로 인정하고 수용하여 비판적으로 체계화하였다. 다산의 추이설(推移說)은 주희의 괘변설(卦變說)과 유사해 보이지만 중요한 점에서 차이가 있다. 주희의 역학에 있어서는 이기철학을 전제로 한 형이상학적·의리학적 지향이 근본적이라면, 다산역은 상수학적 요소가 훨씬 더 강하다고 하겠다.

248

다산은 상수역과 의리역을 모순관계로 보지 않고, 상수의 객관적 논리를 통해서 의리를 탐구하려고 함으로써 양자의 지양을 시도하였다. 그러나 외면적으로 보면 다산역학은 상수학적 요소가 두드러진다. 한대 상수역학의 성과를 총체적으로 분석하고 그 합리적 요소를 비판적으로 종합하여 역의 본래적 의미를 재구성하려는 다산의 시도는 주역해석사에 있어서 일찍이 누구도 꿈꾸기 어려웠던 대담한 기획이었다.

제4절 다산역학의 실학적 의미

程頤는 《주역》을 도덕 형이상학적으로 철두철미하게 해석하였고, 주희는 《주역》을 복서를 위한 것으로 보았지만 그의 《周易本義》역시 도덕 형이상학적 해석의 경향을 보이고 있다. 정주학은 易傳에서 太極과 陰陽, 道와 器, 命과 性 등의 관념을 추출하여 유학의 형이상학적 기초를 다지는 데 적극적으로 응용하고 있다. 결국 이들은 《주역》을 통해 '理先事後' 또는 '理先氣後'의 주리철학을 정당화하고자 한다. 이에 대해 다산은 《주역》 연구를 통해 태극 개념을 주희와 전혀 다르게 해석함으로써 결과적으로 정주학의 이념적 근거를 부정한다. 다산에 따르면 태극은 이(理)가 아니라, 천지가 나누어지기 이전에 천지(또는 天地水火)를 배태하고 있는 것이다. 태극이라는 가장 원초적인 상태가 분화하여 천지로 나누어지고, 다시 천지가 천지수화로 분화하고, 天과 火가 상호작용하여 雷와 風이 발생하고, 地와 水가 상호작용하여 山과 澤이 생성된다. 太極·兩儀·四象·八卦는 이러한 우주론적 분화 과정을 상징하는 개념일 뿐이다.[55]

---

55) 《周易四箋》 권8, 26면 참조.

다산은 天地水火의 사원설(四元說)을 적극적으로 옹호한다. 이 우주는 천지수화라는 실체로 구성되어 있다. 태극이란 천지수화를 초월해서 있는 것이 아니라, 천지수화를 배태하고 있는 존재일 뿐이다. 천지수화가 상호작용하여 뇌풍산택이 생성되고, 다시 이 여덟 가지의 상호작용으로 세계 만물의 형성과 변화를 설명한다. 다산은 천지수화의 사원설을 정당화하기 위해 이것을 상징하는 乾坤坎離 네 괘를 64괘 가운데 다른 모든 괘가 의존하는 가장 근원적인 괘로 인식해서 '四正卦' 또는 '易之四維'라고까지 높인다.

태극이라는 理가 근원적이고 理에 의해 氣의 작용이 있는 것이 아니라, 우주는 기적(氣的)인 물질의 법칙적 운동과정이라고 다산은 인식한다. 그렇다고 다산이 정신적 존재를 결코 부정하는 것은 아니다. 이 세계를 이러한 법칙에 의해 지배되도록 하는 존재로서 상제를 전제한다. 여하튼 다산의 역학사상에서는 우주의 발생과 전개에서 上帝와 四元說이 주자학의 태극·음양오행론을 대신함으로써 주자학적 우주론과 형이상학은 더 이상 절대적 의미를 지니지 못하고, 새로운 우주론과 형이상학이 모색된다.

다산의 《周易四箋》은 《주역》을 해석함에 있어서 어떤 도덕적 교훈을 찾는 데 일차적 관심을 두지는 않는다. 오히려 卦의 상징과 易詞의 언어 사이의 관계를 해명하는 데 주안점이 있다. X괘 y효에서 왜 그러한 괘사와 효사와 물상이 있고 또 있을 수밖에 없는지 그 이유를, 易理四法 즉 추이(推移)·물상(物象)·호체(互體)·효변(爻變)의 네 법칙을 적용해 상수학적으로 객관적인 해명을 하려는 것이 일차적 과제이다. 이러한 해명의 과정을 통해 계사의 내용에 대한 보다 객관적 해석이 시도된다. 즉 그는 상수학적 해석 방법을 통해 《주역》 계사의 원의미를 객관적으로 탐구하고자 하였다. 이것은 경전의 해석에 있어서 의미의 객관성을 중시하는 실학정신과 부합된다.

250

다산의 역학이해의 출발점은 철저하게 생활세계의 구체적 경험으로부터 비롯된다. 《주역》은 어떤 거창한 형이상학적 이론이나 윤리적 규범서이기 이전에 긴박한 인간 삶의 실존적 문제와 깊은 관련을 가지고 있다. 예컨대 우리는 결혼을 하거나 여행을 하거나 전쟁을 하거나 제사를 지내거나 도읍지를 옮기거나 등등 개인적으로나 사회적으로 중요한 선택의 기로에 서게 된다. 그러한 선택의 결과가 만족스러울지에 대해서는 누구도 분명히 예측하기 어렵다. 이러한 중요한 선택 앞에서 우리는 인간 존재의 유한성을 자각한다. 인간 존재의 유한성에 대한 자각은 상제에게 우리 선택의 가부를 묻게 한다. 바로 여기서 복서의 필요성이 생기고, 이러한 복서를 용이하게 하도록 하기 위해 《주역》이 발생한 것이다. 즉 백성들의 일상적 쓰임을 미리 준비하기 위한 것이다.

> "역의 도는 백성의 쓰임을 미리 하는 것이다. 일을 만나서 점을 보는 것은 그 결과의 利害를 알려고 하는 것이다."[56]

여기서 우리는 생활세계에서의 역학의 기능에 대한 두 가지 이해를 확인할 수 있다. 하나는 개인이나 사회적 차원에서 수행하는 사업의 결과를 미리 알아서 대처하려고 하는 실용적 기능이 있다. 다른 하나는 점사를 통해 자신의 행위를 반성하여 과실을 바로잡고 선을 향하는 윤리적 정진이 그것이다. 이 두 가지 모두 실천과 관련되며, 복서를 통한 윤리적 정진과 미래에 현명하게 대처하는 이면에는 상제의 존재에 대한 믿음이 전제되어 있다. 다산 실학에서 상제는 실존적 삶과 사회생활의 개선을 위한 형이상학적 근거로서의 의

---

56) 《周易四箋》 권1, 26면.

미를 지닌다.

　다산역학에 있어서 《주역》의 상(象)은 실재를 모사한 것이다. 《주역》의 이법은 실재의 이법과 깊은 관련을 맺고 있다. 사시의 변화를 본떠서 '12辟卦'가 있고 윤달을 본떠서 '再閏之卦'(中孚, 小過)가 있다. 이러한 자연세계에서의 부단한 변화를 축으로 하여 인간 만사의 천변만화한 변화가 '50衍卦'로 표상된다.

　각각의 괘는 그 자체로 독립되어 있는 것이 아니라 음양이 進退消長하는 변화의 과정 속에 있으며(12벽괘의 경우), 음양이 시간적으로 진퇴소장하는 가운데 또한 공간적으로 음양이 오르락내리락 하는 과정에 있고(50衍卦), 그러한 과정은 시작도 끝도 없는 연속성을 지니고 있다. 즉 세계는 시간적으로나 공간적으로 부단한 변화의 과정 그 자체라고 할 수 있다. 이러한 과정에서 음은 그 극단에서 반대의 것 즉 양으로 전화하고, 양 역시 그 극단에서 음으로 전화한다(爻變). 음 또는 양은 자기 속에 자기를 부정하는 모순되는 힘을 지니고 끝없이 변하고 있는 것이다. 그런데 한 괘를 구성하는 6획 가운데 어느 한 획이 효변하면 괘 전체가 변화한다. 즉 부분의 변화는 전체의 성격을 변화시킨다. 이때 X괘에서 Y괘로 변화했다고 해서 X괘의 성질이 완전히 사라지는 것은 결코 아니다. 오히려 X괘의 본성은 Y괘의 성질에 잠복되어 영향을 미친다.

　또한 하나의 현상은 고정되어 있는 것이 아니라, 어떠한 틀을 가지고 보느냐에 따라 여러 가지로 해석될 수 있는 여지를 가지고 있다. 단순히 겉으로 보기에 X의 형상을 하고 있는 것만이 X는 아니다. 구조는 동일하나 양적으로 확대된 X, 뒤집어 보아야 나타나는 X, 위치를 바꾸어서 나타나는 X 등 X는 여러 모습으로 숨어 있을 수 있다. 우리는 단순히 겉으로 드러난 X만 X라고 규정해서는 안 된다(互體).

252

鄭玄은 易은 이름은 하나이나, 의미는 簡易와 變易과 不易의 뜻을 복합적으로 함축하고 있다고 하였다. 다산은 역의 세 가지 의미 가운데 간이와 불역은 부정하고 오직 변역만을 인정함으로써 역의 본질이 변화에 있음을 강조한다. 변화의 구체적 형식은 괘변·효변·교역·변역을 비롯하여 호체·복체·반대·반합 등으로 다양하며 오직 마땅히 갈 바에 따라 변함(唯變所適) 이후에 說卦傳의 방위(方位)와 물상이 계사와 일치하게 된다. 성인의 情은 계사에 나타나 있고, 역의 오묘한 이치는 바로 이러한 (음양의) 부단한 다양하고 복합적인 변화에 있다고 다산은 언명한다.[57]

다산역학의 역리사법(易理四法)은 실재를 영원한 생성의 과정으로 변증법적으로 이해하고 있으며, 인식에 있어서도 역동적 인지를 중시한다. 이러한 변증법적 세계관은 그의 사회인식의 형이상학적 기반이 되고 있다. 역동적 변화의 역철학의 연장선에서 우리는 다산 실학사상의 논리적 당위성을 이해할 수 있다. 다산의 경학사상은 일반적으로 경세사상과 직간접적인 연관성을 맺고 있다. 다산의 역학사상은 그의 경세학과 어떻게 관련이 있을까? 겉으로 드러난 진술만 보면 사실 별 연관성이 없어 보인다. 그러나 보다 근본적인 측면에 주목해 보면 상호 연관성을 찾을 수 있다. 다산의 역학사상에 나타난 실재관에 따르면 만물은 상호 연관된 체계 속에서 쉼없이 역동적 생성의 과정 속에 있다. 생성 그 자체가 자연과 인간사의 보편적 현상이라면 인간이 만든 어떤 제도와 법도 초시대적으로 영원한 타당성을 지닐 수 없다. "역사세계의 도리는 강물의 흐름과 같으니,

---

57) 《易學緖言》 권1, 28면: "論曰: 易之所以爲易者, 一曰: 卦變: 二曰: 爻變: 三曰: 交易: 四曰: 變易, 而互體伏體反對牉合之等唯變所適, 而後說卦之方位物象與之契合, 而聖人之情見乎辭, 易之妙理委在於此" 참조.

한번 성해서 영원히 변화하지 않는다는 것은 이치가 능히 그럴 수
있는 것이 아니다."58) 그러므로 인간은 시대의 변화에 대응하여 부
단히 제도를 개혁하지 않으면 안 된다. 비록 성인이 성인을 계승한
다고 하더라도 개혁이 없을 수 없다. 하물며 성인이 아닌 사람이 만
든 법은 더 말할 나위가 없다. 일찍이 殷나라 사람들은 堯·舜·禹·
稷·契·益·皐陶 등이 지혜와 정성을 다해서 만든 제도를 자기들에
게 맞게 개혁하였고, 주나라 역시 은의 제도를 시대에 맞게 변화시
켰다. 그러나 후대에 와서는 현실의 제도가 실정에 맞지 않을 경우
에도 전통을 묵수하려고만 하였지 시대에 맞게 과감하게 개혁을 할
줄 몰랐다고 나산은 비판한다.59)

  아무리 좋은 제도라고 하더라도 그것이 장기화되면 반드시 모순
이 발생하므로 개혁을 통해 이를 개선하지 않으면 안 된다는 것이
다산의 논리이다. 殷나라가 장구한 국운을 누릴 수 있었던 것도 부
단히 천도(遷都)를 통해 天命을 維新했기 때문이다. 나라를 건국하고
도읍을 건설하여 평화스런 날이 지속되면 명문귀족들이 기세를 믿
고 영화를 제멋대로 하고 간사한 서리들이 법을 희롱하고 군주도
역시 즐기고 나태하고 오만해지기 마련이다. 그러므로 개혁을 해서
천하의 이목을 일신시켜야 퇴락한 기강이 바로 세워질 수 있는 것
이다. 이러한 까닭에 殷은 천도를 통해 國政을 부단히 개혁함으로써
천명을 오래 유지할 수 있었다고 다산은 설명한다.60)

  殷과는 달리 周나라 사람들은 편안함에 젖어 쇠미하고 떨치지 못
해서 殷처럼 장구하지 못했다고 본다. 역의 원리에 근거해 볼 때 모

---

58) 《茶山詩文集》 권12, 40면 〈邦禮艸本序〉: "世道如江河之推移, 一定而萬世
   不動, 非理之所能然也."
59) 《茶山詩文集》 권12, 〈邦禮艸本序〉 참조.
60) 《尙書古訓》 권4, 5면 참조.

든 체제는 부단한 개혁을 통해서만 자기동일성을 유지할 수 있음을 강조함으로써 다산은 자신의 강력한 현실 개혁의지를 역학적으로 정당화한다.

제5절 맺음말

清代의 역학자들은 송역(宋易)의 도서학(圖書學)이 유가의 전통이 아닌 도가적 전통에 기원을 두고 있음을 입증하고, 소옹의 선천역학의 모순을 파헤치며 궁극적으로는 주자의 역학에 대한 비판으로 나아가게 된다. 그리고 한대역학으로 회귀하려는 경향이 강하다. 다산역시 송대 도서역과 소옹의 선천역학에 대해 매우 비판적이다. 그러나 다산은 한대 역학으로의 단순한 복귀나 회복을 시도한 것은 아니었다. 송대 도서역이나 의리역의 한계는 물론 한대 상수역학에 깃들어 있는 일체의 불합리한 요소마저 과감하게 비판하고, 의리의 이념이나 도가의 사상에 의해 영향받기 이전의 儒家易의 본래적 의미를 재구성하기 위해서 노력하였다. 다산은 역의 근본 원리로서 추이·물상·호체·효변의 네 가지 법칙과 그 상호관계를 해명하고, 이것을 실제로 《주역》 전반의 해석에 적용하여 검증함으로써 역해석에 새로운 이정표를 제시하였다. 그리고 《주역》 연구를 통해 태극과 음양을 비롯한 주요 개념들을 주희와는 전혀 다르게 해석함으로써 주자학의 형이상학적 근거를 부정하는 결과를 가져왔다.

다산은 역학에 대한 일체의 불합리하거나 신비적 해석을 탈피하여 상수학적 법칙의 엄격한 적용에 의한 객관적 의미를 추구한다. 그리고 역의 기원을 역사적으로 고찰하여 생활세계적 기반과 의미를 강조한다. 다산은 실재의 근본적 성격을 역동적인 변증법적 변화과정으로 포착하고, 이러한 인식에 근거하여 개혁을 통해 변화에 대해 능동적, 적극적으로 대처함으로써 개인적으로나 사회적으로 위기를 해소하고 체제를 유지발전시킬 수 있다고 보았다. 다산은 역학사상에 있어서도 강한 실학적 성향을 보여주고 있으며, 이 점에서 그의 다른 경학 또는 경세학과 내적인 논리적 일관성을 유지하고 있다.

제5부 다산의 실천 철학과 한국 철학의 정립

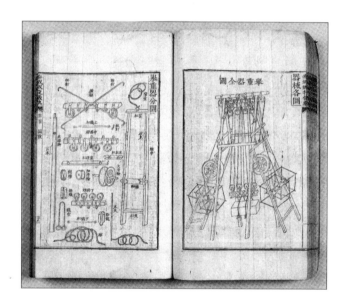

거중기(규장각 소장, 《화성성역의궤》 중에서)
다산은 화성 신도시 건설 때 기중기(起重架)를 설계하여
정조로부터 예산 4만 냥을 절약했다는 칭찬을 받았다.

제1장 조선후기 실학의 철학적 특성
— 정약용, 홍대용, 최한기를 중심으로 —

제1절 들어가는 말

모든 혁명은 그 성공과 함께 자기 붕괴의 새로운 모순을 잉태하게 된다. 철학이나 사상도 마찬가지이다. 일단 어떤 철학이 학계의 주류로 부상하는 순간 그 철학은 내부에 자기 부정의 모순을 키우게 된다. 주자학 또는 성리학 역시 그러한 운명의 예외일 수는 없다. 어떤 학문도 그것이 현실적 적합성이 없다면 한 사회에서 주류적 학문으로 결코 자리할 수 없는 것이다. 일단 한 사회의 주요한 주목을 받았다면 그것은 나름대로 어떤 의미에서 일정한 현실 적합성을 지니고 있기에 가능한 것이다. 이런 의미에서 성리학도 그것이 처음부터 현실 적합성이 전혀 없었다면 학계의 주류가 되는 것이 불가능하였을 것이다. 성리학이 실학과 필연적으로 모순된다거나, 성리학의 철학이 현실개혁 문제에 대해서 진보적 태도를 취하는 실학적 경세론과 반드시 양립 불가능하다고 단언할 수는 없다. 그러나 실학이 발전할수록 성리학적 철학과의 공존에 한계를 맞게 된다. 비록 성리학이 논리적으로 실학과 필연적으로 모순된다고 보기는 어렵지만, 조선 후기 사회에서 현실적으로 좋은 관계를 유지하는 것이 쉽지 않았던 것도 사실이다.

실학의 철학적 기초를 탐구하려는 노력은 지난 70년대부터 있어 왔지만, 특히 근래 많은 학자들이 이 문제에 대해 관심을 경주하고 있다.[1] 과연 실학의 철학이라고 할 만한 그 무엇이 있는 것인가? 아니면 있어야 한다고 미리 전제하고 그것을 찾기 위해서 노력하는 것인가? 실학자들이 공유하는 고유한 존재론, 인식론, 자연관, 인간관, 윤리관, 사회정치철학 등이 과연 존재하는 것인가? 어떤 학자는 실학은 역사적 실체가 있는 사상이 아니라, 후대에 지어낸 허구라고 단언하기도 한다. 과연 실학은 실체가 없는 개념적 허구에 지나지 않는가? 모든 실학자들이 공유하는 일정한 공통된 세계관이 있다고 말하기는 어려울 것이다. 그러나 세부적인 차이에도 불구하고 거시적으로 보면 18세기 중엽 이후 대표적 실학자들 사이에는 사상적 경향성에 있어서 일정한 공통된 방향성이 있다는 것을 부정하기는 어렵다.

실학의 철학적 특성을 주기론으로 해석하는 시도가 있어 왔다. 이 경우 성리학적 주기론과 실학적 주기론 사이에 개념적 혼란이 발생하기 쉽다. 성리학적 주기론이 실학적 주기론보다는 오히려 성리학적 주리론과 그 철학적 본질에 있어서 합치되는 부분이 더 많다는 것은 널리 알려진 사실이다. 실학의 철학적 특성을 주기론으로 설명

---

1) 실학의 철학적 기반에 대한 최근의 연구 성과들은 《實學의 哲學》(한국사상사연구회 편저, 예문서원, 1996)에 집약되어 있다.

하는 것은, 실학이 궁극적으로 벗어나고자 하는 이기(理氣)패러다임을 다시 적용시키는 것으로서, 성리학의 연장선에서 그 한 부분의 확장으로서 실학의 철학이 전개되고 있다는 관념을 주기 쉽다.

실학은 조선 후기의 사상적 운동이지 어떤 닫힌 관념의 체계가 아니다. 성리학을 대신해 가는 사상적 운동으로서의 실학이 역사적 전개 과정에서 조금씩 발전해 가는 것은 당연하다. 실학자들 사이에는 직간접적인 교류가 있었지만, 설사 교류가 없었다고 하더라도 시대정신을 구현하려는 그들의 지적 고뇌 속에는 공통점이 없을 수가 없는 것이다. 실학자 중에서도 특히 철학적으로 의미 있는 역할을 하였던 담헌 홍대용(1731~1783)과 다산 정약용(1762~1836)과 혜강 최한기(1803~1877)를 중심으로, 그들의 사상 중에서도 가장 전형적으로 실학적인 부분을 중심으로 하여 실학의 철학적 특성이 무엇인지를 살펴보기로 한다.

담헌과 혜강은 자연의 관점에서 인간을 설명하려 하고, 자연과 인간의 통일적 설명을 중시한다. 이에 비해 다산은 인간과 자연을 대립시키고 자연을 인간 중심적으로 지배하려는 경향이 강하다. 여기서 실학의 철학을 인간과 자연의 관계를 기준으로 볼 때 茶山型과 湛軒-惠岡型으로 유형을 나눌 수 있겠지만, 담헌과 혜강의 사상도 반드시 일치하는 것은 아니다. 세 실학자의 경우를 중심으로 이들 철학의 차이점과 공통점을 논의하면서 실학의 철학적 특성이 어떠한지를 탐색해 보기로 한다.

이들 세 실학자는 우선 당대의 학문에 대해 철저한 비판의식을 지니고 있었으며, 학문의 목적과 방법론에 대한 새로운 자각을 하고 있었다. 담헌은 《醫山問答》에서 당시의 학자들이 학문을 하면서 모두 正學을 지키고 邪說을 물리친다고 하고 仁으로써 세상을 구제하며 밝은 지혜로써 몸을 지킨다고 표방하지만, 그 이면에서는 학문을 통해 자신의 사적 이익과 욕심을 추구하기에 급급하다고 비판한다. 즉 정학을 지킨다는 것은 자랑하는 마음(矜心)에서 나오고, 사설을 물리친다는 것은 이기려는 마음(勝心)에서 비롯되며, 인으로 세상을 구하겠다는 마음은 실은 권력을 추구하는 마음(權心)과 다르지 않고, 밝은 지혜로써 몸을 지킨다는 것은 이기심(利心)에서 비롯되었다는 것이다. 담헌은 진실한 마음(實心)으로 실제적 효과가 있고 객관적으로 검증할 수 있는 학문을 추구하고자 하였다.

다산도 〈五學論〉을 써서 성리학·훈고학·문장학·과거학·술수학 등 당시의 대표적 학문들의 병폐를 통렬히 지적하고, 진정한 학문은 실천성과 유용성 및 합리성과 객관성이 있어야 함을 주장한다.

혜강은 전통적 학문이 無形之理와 無形之神을 근본으로 삼아 이것을 높고 고상하게 여기며, 有形之物과 有證之事에 대해서는 천박하고 용렬한 것으로 간주하였다고 날카롭게 비판한다.[2] 그리고 자신이 추구하는 새로운 학문인 氣學은 유형하고 검증이 가능한 運化之氣를 탐구하는 것으로서 결과적으로 유용한 학문임을 강조한다. 혜강은 참된 학문의 조건으로서 무형에 대한 유형, 검증 가능성, 유용성을 제시한다.

담헌과 다산과 혜강은 각론에서는 다소 다르지만, 경험적이고 검증 가능하며 유용성과 실천성이 있는 학문을 참된 학문으로 인식하는 점에 있어서는 공통점을 보여준다.

---

2) 최한기, 《氣學》〈氣學序〉: "中古之學, 多宗無形之理無形之神, 以爲上乘高致. 若宗有形之物有證之事, 以爲下乘庸品."

제2절 이기철학을 넘어서
― 자연주의적 실학과 휴머니즘적 실학 ―

理氣哲學은 본체와 현상, 원리와 사실, 이념과 현실, 사회와 자연, 인간과 동물, 신성과 물질성, 하나와 여럿, 같음과 다름, 존재와 당위를 통일적으로 설명하는 매우 복잡한 패러다임이다. 논리적 맥락이 서로 다른 상호 구분되는 개념들을 하나로 묶어서 포괄적으로 파악하는 유기적 전체적 사고의 체계는 동양적 사유 기질에 친근한 것이다. 그러나 너무나 다양한 원리들을 단일한 개념으로 묶는 작업은 엄격한 논리의 잣대로 보면 많은 모순을 내포하게 된다. 따라서 이론으로서의 이기철학은 학자의 성향에 따라 서로 다른 방식으로 개념을 이해하도록 만든다. 이기의 개념적 복합성에 유래하는 개념을 둘러싼 논쟁은 어떤 최종적인 합의나 생산적인 결론에 도달하기가 어렵다. 성리학자들이 이기 개념에 대해 이해를 같이 하는 여러 집단으로 분기하는 것은 어쩔 수 없는 현상이다. 성리학에 대한 이론적 탐구가 심화되면 될수록 개념을 둘러싼 논쟁은 더욱 끊임없이 가열되기 마련이다.

실학자들에게 있어서 모든 이론은 현실을 설명함에 있어서 검증 가능성이 있거나 아니면 생활상에 유용성이 있어야 한다. 검증될 수 없고 생활에 유용하지도 못한 형이상학적 논쟁은 그들에게 흥미를 유발하지 못한다. 담헌과 다산과 혜강은 이기철학의 한계를 자각하고, 이기를 주희와는 다른 의미의 맥락에서 사용함으로써 사실상 성리학적 패러다임으로부터 스스로를 해방시킨다.

이들도 이기라는 용어를 사용하지만 그것의 의미는 이미 주희의 정의와는 동떨어져 변질되어 있다. 주희에 있어서 이는 기와 분리될 수 없는 측면도 있지만, 동시에 기의 변화를 초월하는 불변적 이념

내지 원리로서의 차원도 있다. 그리고 이는 기에 내재하는 단순한 법칙의 뜻만이 아니라, 기의 현상을 바른 방향으로 통제하는 주재성 (主宰性)의 의미도 함께 지니고 있다. 그러나 실학자들은 理를 기의 현상에 내재하는 條理의 뜻으로 한정하여 사용하는 경우가 많다.

담헌에 있어서 우주는 기의 운동으로 설명된다. 理는 단지 기 가운데 있을 뿐이다.[3] 기에 의존해서 존재하는 이가 기에 대해 주재성을 행사할 수는 없다.

"이른바 理란 기가 선하면 역시 선하고, 기가 악하면 역시 악한 것이니, 이것은 이가 주재함이 없이 기의 작위에 따를 뿐이다."[4]

담헌에 있어서 이는 독립적 실재성과 주재성이 부정되고 氣中之理로 인식된다.[5] 담헌은 이기이원론에 기초한 성리학적 주기론자와는 구별되는 기일원론의 철학에 근거하고 있다.

다산은 독립적 실체(自有之物)는 오직 氣일 뿐이고, 理는 기에 붙어 있는 속성(依附之品)에 지나지 않는 것으로 본다.[6] 그리고 다산은 天을 주희가 많은 경우 비인격적 理로 이해하는 것을 비판하고, 上帝라는 유인격적 존재로 해석한다. 다산은 주희의 理 개념 속에 함축된 신학적·도덕적 의미와 자연법칙적 의미를 분리하여 전자는 上帝로, 후자는 物理로 해석한다.

혜강 역시 담헌과 같이 일체 존재를 기의 범주로 설명한다. 혜강

---

3) 홍대용, 《湛軒書 上》 권1, 〈答徐成之論心說〉: "充塞于天地者只是氣而已, 而理在其中." 참조.
4) 홍대용, 《湛軒書 上》 권1, 〈心性問〉: "且所謂理者, 氣善則亦善, 氣惡則亦惡, 是理無所主宰, 而隨氣之所爲而已."
5) 한국사상사연구회 편저, 《실학의 철학》(예문서원, 1996), 255~256면 참조.
6) 《中庸講義》 권1, 65면: "蓋氣是自有之物, 理是依附之品, 而依附者必依於自有者." 참조.

에 있어서 기는 活動運化하는 본성을 지니고 있다. 활동운화에서 활은 '生氣', 동은 '常動', 운은 '周運', 화는 '大化'로 해석되며,[7] 활동운화란 생생한 기운이 항상 움직여서 두루 운행하여 크게 변화한다는 의미를 지닌다. 즉 혜강은 실재를 역동적인 생성의 과정으로 이해하고 있음을 알 수 있다. 기의 역동적 변화는 그 자체의 내적 활동력 때문이지 결코 외부에서 운동을 가능케 하는 근원적 존재가 따로 있어서 그러한 것은 아니다. 運化하는 기 자체가 神이지, 운화하는 기 밖에 신적 존재가 별도로 있는 것은 아니라는 것이다.[8]

활동운화의 개념은 자연은 물론 인간과 사회의 변화하는 본성을 함께 아우르는 존재론적 개념이다. 활동운화하는 기를 자연과 인간 사회에 초점을 두고 구분하면 大氣運化와 統民運化로, 다시 사회와 개인을 구분하기 위해서는 統民運化와 一身運化로 나누어진다. 대기운화는 天氣運化라고도 하며, 일신운화와 통민운화를 합하여 人氣運化라고 한다. 그리고 천기운화와 인기운화를 합하여서 天人運化라고 한다.[9] 혜강의 기학은 개인과 사회, 인간과 자연을 부단히 활동운화하는 역동적 실재로 파악하는 특성을 선명히 보여주고 있다.

활동운화하는 기에 내재하는 존재론적 법칙을 혜강은 '流行之理'라고 규정한다. 혜강에 있어서 理는 철저하게 기에 내재하여 존재하는 기의 條理에 지나지 않는다. 그러므로 理를 연구하기 위해서는 반드시 기에 나아가지 않으면 안 된다.

---

7) 최한기, 《氣學》 권2, 4면: "活動運化, 統而觀之, 生氣常動而周運大化也."
8) 최한기, 《氣學》 권1, 8면: "神者乃指其運化之能, 故運化之氣卽是神也." 참조.
9) 李賢九, 《崔漢綺 氣學의 成立과 體系에 關한 硏究》(성균관대 대학원 박사학위 논문, 1993), 109~110면 참조.

"理는 氣의 條理이므로 기가 있으면 반드시 이가 있고, 기가 없으면 이도 없다. 기가 움직이면 이도 움직이고, 기가 고요하면 이도 고요하며, 기가 흩어지면 이도 흩어지고, 기가 모이면 이도 모인다. 이는 기보다 앞선 적도 없으며 또한 뒤진 적도 없는데, 이것이 天地流行의 理이다."[10]

담헌과 다산과 혜강은 이기철학을 지탱해 주는 핵심 개념인 음양오행의 의미를 주희와는 전혀 다른 방식으로 해석함으로써 이기철학을 그 밑에서부터 붕괴시킨다. 음양오행론은 주희의 전체 이기철학의 구도에서 우연적인 부분이 아니라 필연적인 요소이다. 따라서 음양오행론의 해체는 곧 이기론의 사실상의 부정을 뜻한다고 보아야 한다.

담헌은 음양을 천지를 생성하는 독립된 실체로서가 아니라, 태양과 지구 사이의 위치 이동에 따른 일조량의 변화와 관련시켜서 과학적으로 이해한다.[11] 오행론 역시 그 의미가 심각하게 변형된다. 오행 가운데 화는 해이고 수토는 땅으로서 근본적인 것이지만, 木과 金은 해와 땅에 의해 만들어진 것이므로 火水土와 같은 위상에서 볼 수 없다고 담헌은 주장한다.[12] 그리고 오행설의 오행은 《상서》의 六府(水·火·木·金·土·穀)와 《周易》의 八象(天·地·水·火·雷·風·山·澤) 그리고 불교의 四大(地水火風)처럼 시대마다 만물을 표상하는 하나의 체계에 불과하다. 오행의 다섯 조목이 덧보탤 수도 뺄 수도 없는 절대적인 것은 아니라고 한다. 담헌은 하늘은 기이고 해는 화이고 지구는 수와 토로 구성되어 있으며 그 밖의 것은 이

10) 최한기, 《推測錄》 권2 〈流行理推測理〉
11) 홍대용, 《湛軒書》, 〈醫山問答〉 참조.
12) 홍대용, 《湛軒書》, 〈醫山問答〉: "夫火者日也, 水土者地也. 若木金者, 日地之所生成, 不當與三者並立爲行也."

셋에 의하여 이루어진 것이라고 함으로써 오행 대신에 오히려 氣火水土를 근원적인 존재로 인식하고 있음을 보여준다.[13]

다산에 있어서도 음양이란 그늘진 것과 햇빛이 비취는 것을 가리킬 뿐 실체가 따로 있는 것은 아니다.[14] 오행 역시 천지만물을 생성하는 근본이 아니라, 단지 다섯 가지 물질적 재료에 불과할 뿐 별다르게 깊은 뜻이 있는 것은 아니다.[15] 그리고 《상서》〈洪範〉의 오행 역시 무슨 심오한 원리가 있는 것이 아니라, 실생활에서의 구체적 쓰임과 관련하여 언급된 것에 지나지 않는다고 다산은 본다.

혜강도 오행이란 백성들이 일상 생활에서 늘상 쓰는 물건으로서 오직 이 다섯 가지는 가상 많이 거론되므로 따로 그렇게 이름하였을 뿐 별다른 뜻이 있는 것은 아니라고 한다.[16]

이처럼 대표적 실학자들은 음양오행론을 천지만물의 존재와 생성을 설명하는 형이상학적 근본 원리로 받아들이기를 거부한다. 이들은 음양오행을 존재론적 맥락이 아닌 과학적 시각에서 설명하거나, 아니면 일상적 삶에서 유용한 물질적 재료로서 실용적으로 파악한다. 동양사상사의 전통에서 음양오행론은 지나치게 교조화되고 절대화됨으로써 자연을 있는 그대로 경험적으로 탐구하는 데 장애물로 작용하는 경우가 많았다. 그리고 온갖 불합리한 억설들이 음양오행

---

13) 위의 책, 〈醫山問答〉: "天者氣而已. 日者火而已. 地者水土而已. 萬物者氣之粕糟, 火之陶鎔, 地之尤贅. 三者闕其一, 不成造化. 復何疑乎?" 참조.

14) 《中庸講義》권1, 1~2면: "今案: 陰陽之名, 起於日光之照掩. 日所隱, 曰陰. 日所映, 曰陽. 本無體質. 只有明闇. 原不可以爲萬物之父母."

15) 《尙書古訓》권4, 31면: "且在虞夏之書或稱五行或稱六府, 總認爲材物. 未嘗云天地生成之理本於此五也."

16) 최한기, 《運化測驗》권2, 〈五行四行〉: "金木火水土五行, 乃民生日用常行之物. 惟此五者, 最多略擧其槪. 以別名目而已. 別無他義."

론을 빙자해서 만들어지기도 하였다. 따라서 음양오행론에 대한 비판과 부정은 새로운 실재관과 자연관을 정립하기 위해서는 피할 수 없는 과제였다.

다산은 성리학의 萬物一體論에 대해 그것을 불교의 萬法歸一說과 같다고 보고 강하게 부정한다. "만물일체라는 말은 古經에는 절대로 없다. 子夏가 '四海 안이 모두 형제이다.' 라고 한 적은 있다. 초목과 금수가 어찌 우리와 일체가 될 수 있는가!"[17]

> "후세의 학문은 천지만물을 유형자와 무형자, 영명한 것과 노둔한 것을 모두 모아 一理로 돌리고, 다시 크고 작은 것과 주와 객의 구분이 없다. 이른바 一理에서 시작하여 가운데서 흩어져 萬殊로 전개되었다가 끝에 다시 一理로 합쳐진다는 것이다. 이것은 趙州의 萬法歸一說과 조금도 다르지 않다. … 萬殊를 묶어서 하나로 귀일시켜 다시 혼돈으로 만들면 무릇 천하의 일이 불가사의해지고 분별할 수 없게 된다. 오직 마음을 그윽하고 조용한 데 두어 寂然不動한 것으로 무상의 묘법으로 여길 뿐이니, 이것이 어찌 유교 본래의 견해이겠는가?"[18]

만물은 각기 존재론적으로 구별되며 서로 다른 본성을 지니고 있다. 그럼에도 불구하고 다양한 차이를 부정하고 하나의 원리로 설명하려는 것은, 검증될 수도 유용하지도 않은 형이상학적 가설이다. 주희의 이기철학은 삼라만상을 하나의 단일한 원리로 꿰뚫어 보려는 강력한 형이상학적 지향을 특성으로 한다. 만일 우주의 만물이 공통된 하나의 원리에서부터 비롯되었다면 우리는 그러한 형이상학

---

17) 《中庸講義》 권1, 8~9면: "萬物一體, 其在古經絶無此語. 子夏曰四海之內皆兄弟, 則有之矣. 草木禽獸安得與吾爲一體乎!"
18) 《孟子要義》 권2, 38면.

적 원리를 깨닫는 순간 더 이상 특수한 사실에 대해 연구할 필요는 없을 것이다. 실학자들은 경험적 현상의 다양성을 그 자체로 받아들이고, 구체적 사물의 원리를 실증적으로 탐구하고자 한다. 따라서 이들에게 있어서 자연탐구의 과정은 결코 끝이 없는 부단한 열린 탐구일 수밖에 없다.

담헌과 다산과 혜강이 모두 기존의 이기철학을 부정하였지만 그들이 정립하려는 철학은 서로 다르다. 담헌과 혜강에 있어서 실재는 氣의 운동과 변화의 과정에 불과하며, 理는 그러한 기 운동의 내재적 조리에 지나지 않는다. 즉 이들은 경험적 기 배후에 어떤 이념적 원리나 관념적 존재를 전제하지 않는다. 이 점에서 이들의 철학은 자연주의(naturalism)라고 보아도 틀리지 않는다. 그러나 다산은 이들과 크게 다르다. 다산에 있어서 실재는 上帝와 상제에 의해 지배되는 세계, 그리고 유형적 물질의 세계와 무형적인 영명한 심체로 나누어져 이원적으로 파악된다. 인간 존재 역시 유형적인 물질적 신체와 상제로부터 부여받은 무형적인 영명한 정신적 존재가 묘합해서 구성된다. 물질성과 존재론적으로 구별되는 영명성을 상제로부터 부여받은 인간은 이 세계에서 매우 특수한 존재로서 영명성을 지니지 못하는 다른 만물을 지배하고 이용할 권리를 갖고 있으며, 또한 자유로운 의지에 따라 스스로 선악을 선택하고 책임지는 도덕적 존재이다.

다산은 인간과 세계를 이원론적으로 해석한다. 이 세계는 한편으로는 물질의 차가운 기계적 법칙에 의해 지배되는가 하면, 다른 한편에서는 상제에 의해 부여된 영명한 심체에 의거한 도덕적 삶이 있다. 인간은 이러한 이원적인 것의 결합으로 존재한다. 성리학적 理 개념 속에 함축되어 있는 초월적인 도덕적 이념과 내재적인 물질적 법칙의 개념이 다산에 와서는 분화된다. 그래서 정신적·도덕적 권위의 원천은 상제가 부여한 영명성에 속하게 되고, 대상의 물질세계는 독립된 자연법칙에 의해 지배되고 있다. 이러한 분화에 의해 자연학은 도덕과 무관하게 그 자체로 탐구될 수 있고, 도덕은 또한 자연과의 연관성에서 벗어나 고유한 내면적 자율성에 근거하여 실천될 수 있게 된 것이다. 상제는 개인 도덕과 사회정의의 근거로서, 그리고 자연에 합리적인 법칙을 부여한 존재법칙의 근거로서 존재하게 된다. 다산은 유인격적 상제와 상제가 부여한 (육체와 구분되는) 영명한 심체의 존재를 인정한다는 점에서 자연주의가 아니다. 다산의 철학은 세계를 인간을 중심으로 이해하고, 자연에 대해 인간의 우위를 인정하며, 자연으로부터 독립된 인간의 자유를 강조하는 점에서 휴머니즘(humanism)의 성격이 강하다. 이기철학의 '一而二'의 존재론은, 실학에 와서 담헌-혜강의 일원론적 자연주의와 다산의 이원론적 휴머니즘으로 크게 분화된다.

제3절 사변적 궁리(窮理)에서 경험적 추측(推測)으로

다산에 따르면 인간은 상제로부터 영명한 정신을 부여받음으로해서 모든 사물의 원리를 탐구하여 깨달을 수 있는 능력(推萬理而盡悟)을 지니고 있다. 그래서 천체의 운행과 자연의 변화, 공간적으로 요원한 곳과 시간적으로 아득한 옛일까지 탐구할 수 있다.[19] 인간은 이러한 위대한 인식능력을 천으로부터 부여받았지만, 사물의 원리는 사물 자체에 있는 것이지 내 마음속에 다 있는 것이 아니므로 사물을 연구할 때는 그 사물에 나아가서 연구하지 않으면 안 된다.[20]

---

19) 《心經密驗》: "心之爲物, 活動神妙, 窮推物理, 即日月星辰之運, 天地水火之變, 遠而萬里之外, 邃而千古之上, 可以放遣." 참조.

20) 《孟子要義》 권1, 39~40면 참조.

지식은 크게 보면 실증적 탐구를 통해서 얻어지는 배움의 지식이 있고, 다른 하나는 이성적 사유에 의해서 합리성이 인정되는 지식이 있다. 다산에 따르면 고증학자들은 너무 전자의 지식에만 의존하고, 성리학자들은 후자의 지식에 치중하여 전자를 소홀히 하는 경향이 있다. 참된 지식은 이성적 사유와 객관적 실증이 상호 보완되어야 가능하다. 전통적으로 성리학은 철학과 윤리학, 정치학과 역사학 분야의 지식을 중시하였지만, 다산은 이들 분야에 국한하지 않고 탐구의 폭을 크게 확대한다. 그래서 인사관리학·경제학·경영학·군사학·법학·농학·의학·약학·천문학·수학·공학 등에 대한 폭넓은 지식의 탐구를 추구하였다.[21]

다산에 있어서 진리탐구는 궁극적으로 현실의 경영에 기여할 수 있어야 한다. 그러기 위해서는 사회경영에 도움이 되는 사회과학적 탐구와 함께 생활을 편리하고 윤택하게 해주는 기술에 대한 지식이 매우 중요하게 된다.

혜강은 주관의 외부에 객관적으로 존재하는 사실 세계의 법칙을 '流行之理'라고 한다. 그리고 이러한 유행지리를 주관의 인식능력에 의해 파악한 것을 '推測之理'라 한다. 추측지리는 유행지리와 부합될 수도 있고 그렇지 못할 수도 있다. 만일 부합되지 않으면 다시 유행지리에 나아가 추측지리를 대상과 부합되도록 수정하지 않으면 안 된다.

혜강에 있어서 인식주관은 육체의 감각기관을 통해 외부의 감각자료를 받아들여 저장하고 그것을 미루어서 사유하고 판단한다. 그렇게 하여 생성된 지식을 다시 객관 세계에 적용하여 검증함으로써

21)《茶山詩文集》권20, 20면〈上仲氏〉: "大抵此道本之以孝弟: 文之以禮樂: 兼之以鑑衡財賦軍旅刑獄: 緯之以農圃醫藥曆象算數工作之技. 庶乎其全德. 凡著書每考之此目, 有外於是者, 便不要著耳." 참조.

추측의 옳고 그름을 확인하고, 만일 옳지 않으면 다시 지식을 수정한다. 주관은 경험을 통해 지식을 얻고 또한 그것을 사실에 비추어 보아서 증험(證驗)하여 일치하지 않으면 계속적으로 수정하는 것이다. 주관이 선험적으로 만물의 이치를 이미 자기 내부에 간직하고 있는 것은 아니다. 이 점에서 혜강은 주희의 궁리설이 객관적 유행 지리와 인식 주관의 추측지리를 구별하지 못하고 있으며, 理의 선험적 본구성(本具性)을 전제한다고 보고 다음과 같이 비판한다.

"오직 窮理라고만 말하면 推測과 流行의 理에 분별이 없어 궁구하는 것에 일정하게 향해갈 목적이 없으나, 추측을 밝히면 미룸에 추측과 유행의 분변이 있어 헤아림도 권선징악과 可否에 대한 증험이 있게 된다. 궁리의 학문이란 본래부터 일정한 본원이 있다고 여겨 나의 지식의 미진한 것을 궁구하는 것이고, 추측의 학문은 찾아갈 수 있는 조리를 가지고 취사(取捨)를 징험하는 활법이다. … 궁리를 힘쓰는 사람은 모든 이치가 모두 내 마음에 갖추어졌다고 여겨 나의 마음의 궁구가 미진한 것만을 걱정하나, 추측을 힘쓰는 사람은 지난날의 보고 듣고 냄새맡고 맛보고 감촉하였던 기를 미루어 可否를 헤아린 다음에, 옳으면 그대로 하고 그렇지 않으면 그 미룬 것을 變通하여 헤아리는 것이 바르기를 기필한다."[22]

혜강은 유교의 고질적인 경문주의(經文主義)를 탈피하여, 주관의 외부에 객관적으로 존재하는 사실 그 자체의 세계와 그 세계의 법칙을 중시한다. 경문(經文)은 그러한 세계의 법칙을 정확하게 기술하는 한에서만 의미가 있고, 만약 그렇지 못하면 우리는 경문이라는

---

22) 최한기, 《推測錄》 권6 〈窮理不如推測〉

텍스트가 아니라 사실의 세계를 직접 바로 읽어야 한다. 이러한 사고는 마치 데카르트가 좁은 스콜라적 학문의 책을 벗어나 세계라는 커다란 책을 직접 읽으려고 했던 것과 유사하다.

> "그 수용에 미쳐서는 눈앞에 닥친 天經과 物理로 제일 먼저 관찰할 기틀을 삼아야 하고 經文의 인용은 다만 증거를 삼는 것일 뿐인데, 만약 경문의 뜻과 事理가 서로 일치하지 않는 곳이 있으면, 이는 곧 경문의 뜻에 결함이 있는 것이라 어찌 事理를 무시하고 덮어 두겠는가? 오직 이 無言의 經은 갖추지 않은 일이 없고 갖추지 않은 물이 없으니, 해가 바뀌어감으로 卷帙을 삼고 자연의 聲色으로 文理를 삼아, 밤낮으로 항상 읽은 것과 動靜 사이에 閱歷한 것을 앞뒤로 참고하면 자연히 많은 증거가 생길 것이다. 聖經도 또한 天經 가운데서 뽑아 책을 이룬 것이니, 만약 뽑아낸 내용 가운데 참고할 바가 없는 것이 있으면 모름지기 온전한 天經에 考證하여야 한다."[23]

성인의 책(성경)보다 자연의 텍스트(천경)를 더 근원적인 것으로 여기는 혜강은, 같은 논리로 성인보다 실제 세계를 더 큰 스승으로 보고 있다.

> "성인을 스승으로 삼는 것이 運化를 스승으로 삼는 것보다 못하다. 성인은 원래 천지운화를 스승으로 삼아 도학을 이루어 교화를 백성에게 베풀고 치안을 할 수 있는 자를 골라 등용하여 태평성대를 가져오는 자이다. 그런데 후세에 성인을 배우는 자는 다만 성인의 행동만을 스승으로 삼고, 용인과 치인의 근본이 되는 운화를 承順하는 것은 스승으로

---

23) 최한기, 《推測錄》 권6, 〈聖經本於天經〉

274

삼지 않는다. 그리하여 經文 해석에 천착하고, 고증을 찾는 데 지리해져
서 끝내는 그 폐단이 천도를 해치고 聖學을 어기는 데까지 이른다."[24]

氣에 내재하는 '유행지리'만을 인정하는 혜강은, 도를 추상적인
이념에서가 아니라 구체적 器 속에서 찾고자 하였다. 혜강에 있어서
器는 단순히 솥이나 술잔과 같은 것만이 전부가 아니고, 天地와 人物
도 하나의 器이다. 작게는 일상생활에서 쓰이는 도구부터 크게는 천
지인물(天地人物)에 이르기까지 모두 器의 범주에 속한다. 형상이 있
는 구체적 器를 따라 형상이 없는 이치를 징험하고, 형상이 없는 이
치를 미루어 형상이 있는 그릇을 제조할 필요가 있다. 우리는 器를
연구함으로써 그 속에 내재하는 깊은 이치를 인식할 수 있고, 그러
한 이치를 활용하여 이 세상에 유용한 이익을 가져다 줄 수 있는
것이다. 그래서 혜강은 크고 작은 器의 이치를 탐구하고 그것을 활
용하는 기용학(器用學)을 매우 중시한다.[25]
혜강은 추상적 원리에 대한 사변적 궁리가 아니라, 구체적으로 경
험가능한 사실의 세계와 사실의 법칙을 합리적 절차와 경험적 방법
을 통하여 지속적으로 탐구함으로써 인간의 대상세계에 대한 인식
은 획기적으로 진보할 수 있다고 보았다. 그리고 그러한 인식을 토
대로 하여 인류는 물질적으로 훨씬 더 풍요롭고, 지적으로 성숙되
고, 도덕으로도 계몽된 진보한 문명국가와 세계를 건설할 수 있다는
희망적 신념을 기철학적으로 정초하였다.

---

24) 최한기, 《人政》 권25, 〈師運化〉
25) 최한기, 《推測錄》 권6 〈器用學〉 참조.

제4절 본체적 敬의 인간관에서 현상적 行事의 인간관으로

성리학의 인간관에 따르면 인간은 다른 만물과 마찬가지로 천지의 보편적인 본체적 성(본연지성)을 부여받으며, 그러한 보편적인 본체적 자아는 현실적으로는 육체의 기질 속에서만 존재할 수 있다. 성리학의 인간관에서 인간은 선험적으로 주어진 본체적 자아를 온전히 발현하는 것이 무엇보다 중요하다. 현상적 자아는 기질에 의해 악에의 충동을 늘 잠재적으로 갖게 된다. 따라서 현상적 자아는 내면의 본체적 자아에 의해 이끌어지지 않으면 안 된다. 본체적 자아에 의한 현상적 자아의 완전한 통제에 의해서만 인간은 비로소 악의 유혹에서 해방되어 진정한 자아의 실현에 이를 수 있다. 성리학의 인간관에서 현상적 자아는 악의 위험에 빠지지 않도록 하기 위해서 늘 자신의 본체적 자아를 함양하고 부단히 성찰을 계속하며 禮라는 갑옷으로 스스로를 무장할 필요가 있다. 성리학의 敬의 인간관에서 인간은 天理를 보존하고 세속적 욕심에 빠지지 않도록 하기 위해 마치 신을 마주하는 것처럼 늘 깨어 있고 조심하지 않으면 안 된다. 경의 인간관은 외면적 행동이나 공리적 가치보다는 내면적·정신적 가치를 더 귀하게 여긴다. 따라서 정적(靜的)인 인간관의 성격을 지니기 쉽다.

실학의 인간론은 본체적 자아와 현상적 자아를 분리시켜 생각하지 않는다. 그리고 현상적·세속적 자아의 욕구와 행위에 대해 적극적으로 인정하는 방향으로 전환된다. 理를 氣中之物로 보는 담헌은 본연지성과 기질지성도 일원적으로 인식한다. "본연과 기질을 논할 것 같으면 이 둘은 본래 하나의 성이다."[26] 담헌에 따르면 인의를

---

26) 홍대용, 《湛軒書 上》 권3, 〈答兪擎汝浩氣問書〉: "如論本然氣質, 本是一性."

말하면 예지는 그 가운데 있고, 인을 말하면 의는 또한 그 가운데 있으며 仁이란 곧 理이다.[27] 담헌은 비와 이슬이 내리고 싹이 틈은 측은지심이고, 서리와 눈이 내리고 가지와 잎이 흔들려 떨어지는 것은 수오지심이라고 한다.[28]

담헌은 인간의 도덕현상을 설명하는 개념틀을 자연 일반의 생명현상에 보편적으로 적용시킴으로써 주자학이 인간에 대해 부여한 우월한 지위를 부정해 버리고 자연주의적 입장을 견지한다. 이것은 결과적으로 인간의 자연성(욕망)을 보다 긍정적으로 바라볼 수 있는 시각을 확보한 것으로 이해할 수 있다.

혜강은 運化之氣가 인간의 내면에 품부된 것을 性과 心으로 이해한다. 혜강의 기학적 인간관에 있어서는 심과 성이 분리되지 아니하며, 기질지성을 떠나 본연지성이 있을 수 없고, 인심을 떠나 도심이 있을 수 없으며, 천리를 떠나 인욕이 따로 존재하는 것이 아니다.[29]

조선 후기 철학계의 중심 논점이었던 人物性同異論에 대하여 실학자들은 어떠한 입장을 취하였고, 이 문제에 대한 시각은 그들의 인간관과 어떠한 관련성을 지니고 있는지를 살펴보자. 담헌이 스승으로 섬긴 渼湖 金元行(1702~1772)과 그 주변 학맥은 잘 알려진 바와 같이 대표적 洛論에 속한다. 낙론은 未發心體를 선하다고 보고, 聖凡心同을 주장하며 人物性同論을 지지한다. 이러한 전통 속에서 수학한 담헌 역시 낙론을 지지한다. 그래서 인의예지는 인간만이 아니라, 동물에까지 있다고 주장한다.

---

27) 홍대용,《湛軒書 上》권1,〈心性問〉: "言仁義則禮智在其中, 言仁則義亦在其中, 仁者理也. 人有人之理, 物有物之理. 所謂理者仁而已矣."

28) 위의 책,〈心性問〉참조.

29) 손병욱, "惠岡 崔漢綺 氣學의 硏究"(고려대 대학원 박사학위 논문, 1993), 305면 참조.

"그 작용을 보면 다르고 그 근본을 믿하면 같으나, 오직 이 본체의 밝음은 성인이라 해서 드러나는 것이 아니요, 우인이라 해서 어두워지는 것이 아니요, 금수라 해서 빠져 없는 것이 아니요, 초목이라 해서 전연 없는 것이 아니다. 이는 다른 까닭이 아니라, 체는 신성하고 또 순수하여 기에 구애되었다고 그 근본을 잃는 것이 아니기 때문이다. … 이세 사람은 사랑하지 않는 일이 있되 범은 반드시 새끼를 사랑하고, 사람은 충성치 않는 일이 있되 벌은 반드시 임금을 공경하고, 사람은 음란함이 있되 비둘기는 반드시 분별이 있으며, 사람은 무턱대고 하는 일이 있되 기러기는 반드시 때를 기다린다. 기린의 仁함과 거북의 靈함과 나무의 連理와 풀의 夜合함이 비 오면 기뻐하고 시리 오면 말라 여위니, 이 모두 그 마음이 靈한 것인가, 영치 않은 것인가? 영치 않다면 말할 것이 없으나 영하다 하면 사람에 비하여 다르지 않을 뿐 아니라, 혹 지나기도 하니 사람과 물의 마음이 과연 같지 않은가?"[30]

　다산의 인물성론은 외면적으로만 보면 담헌을 비롯한 북학파의 인물성론과 상반되는 논리를 펴고 있다. 다산은 철저하게 인간우월주의적 의식을 지니고 있어서, 성리학의 인-물관계에 대한 애매한 통합체계를 휴머니즘의 관점에서 해체한다. 다산에 있어서 존재는 계층을 형성하고 있다. 도덕적 의식을 지니고 있는 인간이 가장 우월하고, 그 다음에는 動覺은 있으되 도덕성이 없는 동물이 위치하고, 그 다음은 생명은 있으되 동각이 없는 식물이, 맨 아래에는 그냥 단순히 기로 이루어진 무생물이 존재한다.[31]
　인물성론에 있어서 담헌은 자연주의적이고 유기체적 입장에서 모

---

30) 홍대용, 《湛軒書 上》 권1, 〈答徐成之論心說〉
31) 정약용, 《孟子要義》 권2, 24면 참조.

278

든 생명 속에 보편적 본질이 있다고 보는 반면, 다산은 인간과 여타 존재를 엄격히 구분한다. 인간만이 자유의지와 그에 따른 도덕적 실천능력을 갖추고 있고, 다른 동물은 단순히 본능에 의해 지배될 따름이다. 인간의 행위는 자유의지(自主之權能)에 의해서 수행되므로 도덕적 책임을 물을 수 있지만, 동물의 경우에는 본능에 따라 움직이므로 결코 도덕적 의미를 지닐 수 없다고 본다. 다산은 도덕 개념을 오직 인간의 행위에만 적용한다. 그래서 담헌이 범에까지 적용한 仁의 덕에 대해서도 다산은 그것을 오직 인간에게만 한정한다. 다산은 주희가 仁을 '天地生物之心'으로 파악하고, 萬物一體의 仁을 말하는 것을 철저하게 비판하고 있다. 왜냐하면 인간 상호 간에만 적용되는 인이라는 규범을 무차별적으로 확대하여 자연에까지 적용시켰기 때문이다.

담헌과 다산의 인물성론을 비교하면, 인간-동물의 연속성 여부, 도덕적 규범의 적용 범위, 성(性)의 정의 등에서 중요한 차이를 발견할 수 있다. 어떻게 같은 실학자 사이에 이처럼 철학적인 입장의 차이가 큰 것일까? 다산의 인물성론이 낙론의 그것과 다르다고 해서 人物性異論을 주장하는 湖論과 일치하는 것은 아니다. 다산이 인물성의 다름을 주장하는 것은 성리학 내부의 논쟁의 맥락과는 다른 차원에서이다. 다산은 인간과 동물의 차별을 인정하는 반면, 같은 인간에 있어서는 평등을 주장한다. 인간은 기질의 차이에도 불구하고 그것이 도덕성을 실천하는 문제와는 별개라고 생각한다. 즉 기질에 따라 현명하고 어리석은 차이가 있는 것은 사실이지만, 그것이 도덕적으로 선악을 실천하는 문제와 논리적으로 직접적 관련이 없다는 것이다. 도덕적 선악은 자유의지에 의한 자유로운 결단에 의해 정해지기 때문이다. 타고난 기질과 관계없이 누구에게나 선을 실천할 기회가 동일하게 주어졌다는 의미에서 인간은 평등한 것이다.

담헌은 상이한 인물성동론(人物性同論)을 통해 결과적으로 인간을 평등하게 보는 관점을 확보하였지만, 다산은 인물의 차이를 긍정하면서도 기질과 도덕성의 관계를 부정함으로써 결과적으로 인간 평등의 근거를 확보하였다. 이 점에서 보면 다산과 담헌의 인물성론은 비록 그 형식에 있어서는 상반되지만, 인간 평등이라는 본질적 문제에 있어서는 별다른 차이가 없다. 인물성동이론의 핵심은 결코 인간과 동물의 성이 같고 다름의 문제가 아니라, 인간 내부에서 서로 다른 기질을 가진 인간들 사이의 관계 문제이기 때문이다.

다산은 性을 '즐겨 좋아하는 것', 즉 嗜好로 해석한다. 다산에 따르면 인간이 즐겨 좋아하는 바의 기호는 선을 좋아하고 악을 부끄러워한다(樂善恥惡). 그래서 설사 악한 짓을 한 사람이라고 하더라도 그것을 모르고서 착하다고 칭찬하면 좋아하고, 악한 짓을 한 사람에게라도 좋게 타이르면 부끄러워한다는 것이다. 그리고 결과적 측면에서 보면 누구나 선을 계속 행하고 나서는 좋은 반응을 몸에서 느낄 수 있고, 반면 악한 행동을 지속한 후에는 나쁜 반응을 몸에서 느낄 수 있다는 것이다. 성리학에서는 인간 본성을 본체적 자아(본연지성)의 차원에서는 선하게 보지만, 현상적 자아(기질지성)의 측면에서는 악으로 흐를 가능성이 높은 위험한 것으로 보아서 경계한다. 다산의 性嗜好說은 현상적 자아의 본성을 그 자체로 선하다고 보고 긍정하는 태도를 보여준다. 이러한 본성에 대한 신뢰를 토대로 하여 덕은 행위를 통하여 성취되는 것임을 강조한다. 인의예지의 사덕은 선험적으로 갖추어진 것이 아니라, 경험적 실천을 통해서 비로소 성취된다고 본다. 성기호설에서는 '樂善恥惡'하는 본성을 따라 行動과 事務를 통한 적극적인 실천을 추구한다. 수양도 행동과 사무(行事)를 떠나서가 아니라, 일하는 가운데 노동과 수양이 통일되어야 한다.

"사람이 쉬면서 기르는 것(休養)은 夜氣에 하는 것이다. 이미 아침이 되고 이미 낮이 되면 급한 것은 行事에 있다. 벼슬하는 사람은 임금에게 나아가서 조회를 하고, 목민관은 백성을 다스리고, 아들은 아버지를 보살피고, 며느리는 시어머니를 보살피고, 농부는 밭을 갈고, 상인은 물건을 진열하고, 빈객은 와서 명을 받들고, 선생은 일어나 과제를 묻는다. 어느 겨를에 고요히 마음을 보존하는 공부(靜存之工)를 하겠는가! … 옛날 학문은 힘쓰는 바가 行事에 있어서 행사로써 마음을 다스렸다. 지금의 학문은 養心에 힘써서 養心하느라 일을 폐하는 데에까지 이르렀다."32)

성리학의 인간관에서는 天理와 人欲 또는 義와 利를 대립적으로 파악하고, 인간의 행동을 선악의 관점에서 인식하려는 경향이 있다. 실학에서는 현상적 자아의 욕구 충족과 실현 그 자체는 인간 존재의 불가피한 요구로 받아들인다. 혜강은 "私利를 추구하는 욕구를 만일 제거할 수 있다면 이는 내가 없음(無我)이다."33)라고 한다. 욕구가 사회적 공리의 실현과 조화될 수 있는지 아니면 특정인만의 이익을 위해서 사회적 공리를 저해하는지 하는 문제를 더욱 중시한다. 혜강은 이익의 추구가, 작은 이익에서 큰 이익으로 그리고 가장된 것에서 참된 이익으로 진보하는 것이 중요하다고 인식한다. 그래서 혜강은 "이익의 추구가 앞으로 나아가지 않는 것을 걱정할 따름이요, 사람이 이익을 추구하는 것을 걱정하지 않는다."34)라고 언명한다.

다산은 동물로부터 인간을 구별시켜 주는 것은 자유의지의 문제

---

32) 《孟子要義》 권2, 27면.

33) 최한기, 《推測錄》 권3, 〈氣質私利〉: "私利之欲如可去, 是無我也."

34) 최한기, 《推測錄》 권5, 〈義利〉: "故惟患趨 利之不進, 不患人之趨利也."

와 함께 기술이라고 본다. 인간은 하늘로부터 기술지 지성(知應와 巧思)을 부여받고 태어나므로 지성에 의해 기술을 익히고 개발할 수 있다.[35] 인간은 기술을 발전시킴으로써 자연을 합목적적으로 관리하고 이용하여 욕구를 만족시키고 삶의 편리를 구가할 수 있다. 비록 도덕적 존재로서의 인간이 진보하는 것은 아니지만, 기술적 존재로서의 인간의 삶은 필연적으로 진보한다. 온전하게 인간다운 삶을 위해서는 도덕적 측면에서의 정진 못지 않게 기술적 차원의 진보가 필수적임을 실학자들은 강조한다.

요컨대 실학에 있어서는 본체적 자아에 대한 내적 명상보다는, 현상적 자아가 사회적 관계 속에서 행동과 구체적 사무를 통해 자신의 경험을 확장하고 성취와 업적을 확대해 나가는 향외적이고 실천적인 인간상이 추구된다.

제5절 실학과 열린 사회의 이념
― 변통의 철학으로서의 실학 ―

사회의 구조는 자연의 법칙과 유사하게 불변적인 지속성을 지니는가? 아니면 인간의 작위의 산물인가? 조선 후기 실학의 사회관의 철학적 원리를 變通과 定理의 관점에서 생각해 보자. 변통의 사상은 일찍이 역학의 중심 관념으로 자리하고 있다. 변화를 통한 적응과 소통 및 조화 그리고 때에 따른 알맞은 변통은 동양철학에서 매우 중시되는 원리이다. 성리학도 예외는 아니다. 그러나 성리학은 그 전체적 본질에 있어서 볼 때 변통보다는 항상적 원리(定理)에 더 중심이 주어져 있는 것 같다. 성리학이 그리는 세계상은 음양오행의

---

35) 《茶山詩文集》 권11, 〈技藝論〉 참조.

원리에 의해 지배되는 순환적이고 자족적이며 조화로운 구조이다. 그리고 세계는 理의 보편성과 氣의 차별성이 조화를 이루고 있다. 현실적으로 사물은 그 기질의 純度에 따라 존재의 질서에 있어서 위계질서적 구조를 구축하고, 그러한 존재의 위계적 질서에 상응하는 가치의 서열을 형성하고 있다. 단순화시켜 말하면 성리학은 이 우주에는 불변의 질서와 절대적인 이념적 가치가 있다고 보고, 인간을 그러한 가치와 질서의 수호자로 이해한다. 우주의 위계는 인간사회에서도 그대로 적용된다. 인간사회의 위계는 우주론적으로 정당화되는 것이다. 華/夷 사이에는 넘지 못할 간극이 가로놓여 있다. 君/臣, 夫/婦, 男/女, 士/農/工/商 사이에 있어서도 그 서열은 자연적인 것으로 파악된다. 이러한 계층적 질서, 안정적 질서는 理의 이름으로 정당화된다. 이러한 理는 초시대적으로 절대적인 보편성을 지닌 것으로 간주되며, 인간에 의해 수호되지 않으면 안 되는 규범이자 가치이다. 이러한 사상에서 하위계열의 존재와 상위계열의 존재 사이에 대등한 만남과 대화와 교류를 생각하기란 쉽지 않다. 기질이 맑고 理에 통한 사람과 그렇지 못한 사람 사이에는 대화와 설득보다는 지도와 복종이 앞서기 쉽다.

定理의 철학이 급격한 사회변화의 와중에서 사회변화를 전향적으로 이끌 수 있는 원리를 제시하기란 쉽지 않다. 여기서 현실과 철학의 괴리는 더욱 커지고 철학은 사회적 생명력을 상실한 나르시시즘으로 변할 가능성이 높다. 이것이 17~19세기의 조선 지식사회의 일면이 아니었을까. 그러나 궁하면 통한다고 그러한 사상적 막힘을 열어 주는 철학의 대두는 불가피한 것이었다. 실학은 열림과 소통과 교류와 변화를 우선시하는 변통의 철학이다.

많은 실학자들은 자연이라는 기의 역동적 변화 과정에 깊은 관심을 가지고 있었다. 담헌은 地圓說, 地轉說, 宇宙無限說을 주장하는 데

까지 나아간다. 실학의 우주관에서 지구는 더 이상 우주의 궁극적 중심이 아니다. 둥근 지구상에서 어떤 지역도 결코 그 자체로 절대적 중심이 될 수가 없다. 여기서 봉건적 화이론이 유지되기는 어렵다. 인간과 동물 사이에도 인간이 반드시 동물보다 우월한 존재라고만 볼 수는 없다. 자연의 관점에서 보면 인간과 동물의 차이가 그리 대단한 것이 아니다. 인간과 동물의 차이가 대단하지 않다면, 같은 인간 속에서 화/이의 차이란 것도 결코 심각하지 않을 뿐 아니라, 군/신, 부/부, 남/여, 사/농/공/상 사이의 관계 역시 절대적일 수 없다. 자연적이라고 생각했던 계층적 질서는 사실은 문화적 편견에 지나지 않는다. 담헌의 '自天視之'의 입장에서, 또는 다산처럼 상제의 입장에서 보면 인간들 사이의 관계는 평등하다. 평등의식으로부터 정당한 관심과 수평적 교류가 가능하다.

다산은 인간 사이의 상호 소통의 원리로 상호 합리성(恕)을 제시한다. 그리고 시대적 변화에 따른 적극적 변법을 추구한다. 그는 《주역》 전체를 변통의 관점에서 재해석한다. 박제가는 해외통상과 상품의 소비촉진 및 상품유통의 활성화를 주장한다. 이러한 경제적 변통은 백성의 이익을 증대시키고, 正德의 기반을 제공할 수 있으리라고 보는 것이다. 변통의 철학은 혜강에 와서 집대성된다. 그는 주관과 대상 사이의 통, 인간과 자연 사이의 통, 인간과 사물 사이의 통, 인간과 인간 사이의 통, 물질의 유통, 나라와 문명 사이의 통 등 인식활동과 人事에 있어서 변통을 매우 중시한다. 人事에 있어서 소통이 잘 이루어지면 이롭고, 그것이 원만하게 이루어지지 못하는 데서 나쁜 결과가 초래된다고 본다.

"사람과 만물이 서로 물리치고 끊겨 통하지 않으면 생명을 지키는 데 큰 방해가 된다. 사람의 일(人事)이 소통되지 않으면 서로의 사정을 알 수가 없고, 물건의 생산이 서로 통하지 않으면 재료를 서로 조달할 수 없고, 재화와 기구와 기계가 소통되지 않으면 그 쓰임을 감당할 수 없고, 교화가 소통되지 않으면 악을 변화시켜 선으로 나아가게 할 수 없다. 생각이 이에 이르면 변통하는 방법은 늦출 수가 없다. 또한 한 사람의 몸에서만 그칠 수가 없다. 이 도를 맡은 자는 부지런히 힘써서 천하가 소통되어 한 몸이 되기를 기약해야 할 것이다."[36]

정리의 철학이 정해진 안정된 불변적 질서의 준수 여부에 따라 천리와 인욕의 척도로 이 세계와 인간의 행위를 평가하는 데 반해, 변통의 철학에서는 주체와 객체 상호간의 교류와 소통이 얼마나 원만히 진행되느냐에 평가의 주안점을 둔다. 전자가 불변적 가치의 수호 정도에 관심을 가진다면 후자는 부단한 변화 그 자체를 긍정적으로 보고, 변화하는 현상에 대한 적응의 융통성을 귀하게 여긴다.

변통의 철학은 열린 사회(the open society)를 추구한다. 열린 사회에서는 인간 이성의 요구 이외에 어떠한 것도 신성불가침한 것으로 여겨질 수 없다. 왕권도 신분질서도 성인의 말씀도 그 자체로 절대적일 수는 없다. 권력의 정당성은 사회적 문제의 해결을 위해 올바른 기능을 수행할 때만 유지될 수 있다. 다산의 〈原牧〉과 〈湯論〉에 따르면 최고통치자는 사회적 문제의 해결을 위해 백성들의 추대에 의해서 결정되며, 따라서 최고 권력의 궁극적 원천은 백성들에게 있다. 그러므로 최고 통치자가 사회적 문제의 해결에 있어서 백성들의 의사와 배치되고 만족스럽지 못할 경우에는 교체할 수도 있다. 최고

---

36) 최한기, 《神氣通》 권1, 〈通天下爲一體〉: "人物之拒絶不通, 實爲衛生之大妨也. 人事不通, 則無以達其情; 物産不通, 則無以達其材; 貨財器械不通, 則無以贍其用; 敎化不通, 則無以化惡趨善. 念到於此, 通之之術不可緩也. 亦不可止於一身也. 任斯道者, 孜孜拮据, 期通天下爲一體."

통치자는 혈연에 의한 세습이 아니라 정치적 능력에 의해 결정되어야 한다. 법도 아래로부터 백성들의 여론에 따라 백성들에게 편리하게 만들어져야 한다. 다산의 정치사상에서 백성은 단순히 위민정치의 대상이 아니라, 최고 통치자를 선택하고 변경하며 자신들에게 편리한 법을 만드는 주체적 권리를 소유한다.

열린 사회에서는 사회·경제적 불평등을 조장하는 제도는 개혁되어야 한다. 신분의 고하를 막론하고 누구나 노동을 하지 않으면 안 된다. 다산이 구상한 '閭田制' 사회에서는 인간은 누구나 어떤 형식으로든 노동을 하지 않으면 살 수가 없다. 그리고 사회적으로 기여한 노동의 양에 비례해서 분배받을 수 있어야 한다. 또한 인간은 각자가 수행한 행위와 그 결과로 성취한 공적에 의해 사회적으로 평가되어야 한다. 이러한 원리에 따라 특히 공직자의 활동은 엄격한 객관적 기준에 의해 평가되어야 하고, 그러한 평가의 결과에 따라 승진되거나 아니면 강등되어야 한다. 즉 경쟁의 원리에 의해 사회는 운영되어야 한다는 것이다. 다산은 考績法을 발전시켜 당시의 관료 조직을 합리적인 경쟁 시스템으로 개혁하고자 하였다.

열린 사회에서는 성인의 말씀도 객관적 진리와 일치하는 한에서만 의미가 있다. 어떤 법과 제도도 절대적으로 불변적 가치를 지니지는 못한다. 시대의 요구와 사회적 변화에 맞게 점진적으로 수정되고 변통되어야 한다. 열린사회에서는 부와 편리에 대한 인간의 물질적 욕망이 긍정되고, 사회의 중요한 목표로 추구된다. 서구의 문물도 그것이 우리 사회를 발전시키고 우리 문명을 진보시키는 데 유용한 한에서 과감하게 수용되어야 한다고 실학자들은 믿었다. 그래서 담헌과 혜강은 서구의 과학기술을 수용하는 데 누구보다 적극적이었으며 그것을 전통적 자연관에 주체적으로 접목시키고자 하였다. 다산은 서구의 과학기술뿐만이 아니라, 사상에 대해서도 과감하게 주체적으로 수용하여 유교사상을 새롭게 혁신하고자 하였다. 동서교류를 발전적 계기로 긍정하고 열린 사회를 지향하는 실학의 이상은 개화사상은 물론 근대사회의 이념과도 맞닿아 있는 것이다.

제6절 맺음말

앞에서 살펴본 바와 같이 실학자들은 음양오행론, 자연관, 인식론, 인간관, 사회관 등 포괄적인 영역에 걸쳐서 성리학과 본질적으로 구별되는 새로운 사유의 탐색을 보여주고 있다. 실학은 궁극적 실재를 활동운화하는 역동적 기로 또는 초월적 상제로 이해한다. 그리고 구체적 현상세계에 대한 높은 관심과 자연세계에 대한 과학적 인식의 중시, 경문에 대한 사변적 궁리보다 대상세계에 대한 경험적·실증적 추측 방법의 정립, 본체적 자아보다 현상적 자아의 인간성 긍정, 인간 평등에 대한 자각, 민의 권리에 대한 각성과 합리적인 열린 사회의 지향을 특징으로 하고 있다.

전통사회를 유지시켜 주던 주자학적 사유에서 실학적 사유로의 전환은 천인관의 관점에서 볼 때 다음과 같이 설명될 수 있다. 성리학에서 천은 도덕철학적 관점에서 파악된 천이고, 그 도덕철학은 계층적 사회구조에 대한 선이해를 반영하는 것이었다. 天卽理와 性卽理의 성리철학은 인간과 자연의 제현상을 범도덕주의의 범주로 해석하는 강한 성향을 내포한다. 이러한 범도덕주의는 그 부정적 측면에서 볼 때 전통사회의 계층적 인간관을 자연법적으로 정당화하는 한편, 자연을 도덕철학의 연장선에서 탐구함으로써 자연을 그 자체로 대상화시켜 연구하는 것을 어렵게 한다. 실학적 사유에서 다산은 천을 상제로 해석함으로써 다같은 상제의 자식으로서의 백성의 권리의 평등성과 복지에의 권리를 강하게 부각시키게 된다. 같은 상제의 자식들은 어떠한 경우리도 사회적으로 평등하고 정의롭게 다루어져야 하며, 그들의 삶은 결코 어떠한 이유로든 권리의 침해가 이루어져서는 안 된다. 상제의 자식으로서의 백성들은 선하게 살아야 할 뿐만 아니라, 현세에서 인간다운 품위를 유지할 수 있도록 물질적으로 복된 삶을 살 수 있어야 한다. 다산에 있어서 상제 개념은 내세의 구원을 보장하는 의미보다는, 현세적 삶에 있어서 실존적으로는 도덕적 실천을 촉구하고, 사회적으로는 민주적이고 정의로운 사회 구조와 풍요로운 물질생활을 가능하게 하는 이념적 구심점이 되고 있다.

담헌과 혜강에 있어서 천은 無形之理로서의 개념보다는 유형지리를 내재하고 있는 물리적 자연으로서의 의미를 강하게 지니고 있다. 物을 좁은 의미의 인간 중심적 도덕과 결부시켜 천하게 여기기보다는 天의 관점에서 물을 바라봄으로써(自天視之) 한편으로는 물을 객관적으로 관찰할 수 있게 되고, 다른 한편으로는 인간 속에 있는 생물학적 자연성을 긍정적으로 이해하는 개방적 도덕이 가능하게 된다. 그리고 물을 천시하지 않고 물을 성스럽게 바라봄으로써 물에 대한 적극적 관심을 갖게 만든다. 그리하여 인간의 성급하고 좁은 주관적 잣대를 벗어나 자연을 그 자체에 있어서 객관적으로 탐구하고, 그러한 자연의 법칙에 대한 인식을 토대로 인간의 앎의 지평을 확대하여 인간의 풍요로운 물질적 삶에 기여하려는 근대적 자연관이 대두하게 된다. 그래서 그 극단에서는 일체의 초자연적 존재를 부정하는 철저한 자연주의적 철학으로 나아가게 된다.

실학은 많은 중요한 점에서 근대성(modernity)과 방향을 같이 하고 있다. 그러나 실학사상이 마치 서구의 근대성과 일치하는 것처럼 견강부회할 필요도 없고, 서구식 근대성의 잣대로만 엄격하게 평가하여 그 한계를 과장할 필요도 없다. 우리는 실학의 철학적 특성을 있는 그 자체로 이해하고 받아들일 필요가 있다. 담헌의 '自天視之' 사상과, 인간은 大氣運化를 承順해야 한다는 혜강의 철학은 서구식 근대성이 초래한 생태계 위기의 문제를 극복할 수 있는 소중한 사유의 씨앗을 담고 있다. 다산이 철저하게 인간 중심적인 합리적 사유를 펼치면서도 그 사상의 한가운데에 상제의 존재를 긍정하는 것은, 극단적 세속화(secularization)와 합리화(rationalization)가 가져오는 허무주의를 극복할 수 있는 계기를 그 속에 내포하고 있다고 적극적으로 해석할 수 있다. 시대정신(Zeitgeist)의 부름에 응답하는 새로운 사유의 운동으로서의 실학은 우리시대에 맞는 21세기의 실학을 기다리고 있다.

제2장 다산의 실용주의적 실천 철학과 한국 철학의 정립

제1절 성리학에서 실학으로

수많은 철학 이론이 서로 다투어 진리를 내세우고 가지각색의 철학서들이 거대한 서가를 메우고 있지만 대중들은 더 이상 철학자의 소리에 귀기울이려 하지 않는다. 범람하는 상품의 파도 속에서 빈곤한 정신은 삶의 의미를 찾아 방황하지만 그 어느 것도 목마르게 찾는 지혜를 시원하게 제공하지 못하고 있다. 사회현실은 개선되기는커녕 끝없는 미로 속에서 탈출구를 잃은 듯하다. 정신의 빈곤과 현실의 어두움에 대해 철학은 과연 무엇인가? 철학자들은 마치 지적 게임을 즐기듯이 이론의 유희에 한층 깊숙이 빠져 들어가는 듯이 보인다. 이러한 문제 상황은 오늘의 한국 사회에만 해당되는 것은

아니다. 조선 후기 사회를 실던 진보적 지식인의 관점에서 볼 때 당
대 주류 철학자 즉 성리학자들의 모습은 오늘의 강단 철학자들의
모습과 별로 다를 것이 없었다.

송대 성리학자들은 '以無爲宗'의 도가와 '以空爲宗'의 불교에 맞서
유교를 새로운 모습으로 재건하면서 實理를 우주의 본체로 하는 유
학을 실학으로 자부하였다. 실학으로서의 유학은, 도가와 불교는 內
(내면세계)만 있고 外(외면세계)가 없으며, 靜(고요한 머묾)만 알고
動(역동적 활동)을 모르며, 體(이념적 본체)만 있고 用(현실적 활용)
이 없다고 비판한다. 이에 비해 유학은 內外·動靜·體用을 겸하여
내와 성과 제를 근본으로 하면서도 외와 동과 용으로 펼쳐지는 '全
體大用'의 중용철학이요, 實事에서 수양하고 실천을 중시하는 實學이
라고 스스로를 여겼다. 그러나 성리학은 그 본래적 취지의 건강함에
도 불구하고 역사적으로 나타나는 현상을 보면 당초의 실학정신을
망각하고 다른 모습으로 변해 갔다. 그래서 理를 氣로부터 또는 本然
之性을 氣質之性으로부터 추상화시켜서 논하거나, 실생활을 떠난 靜
寂主義的 수양(靜坐)에 몰두하거나, 主知主義的 窮理에 빠져서 실천을
소홀히 하거나, 개인적 수양과 탐구에 치중하여 사회의 경영에 필요
한 제도개혁이나 경제적 효율성·기술 발전 등의 문제를 경시하고
이른바 '空談義理'하는 '空疏之弊'를 노출하였다. 이러한 성리학의
모순에 대항하여 나타난 실학자의 입장에서 보면, 성리학자들은 그
들이 즐겨 비판하는 불교나 도가의 문제점을 근본적으로 탈피하지
못한 것으로 보인다.

그래서 명대 중엽 이후 실학자들은 理의 실체화에 반대하여 氣를
우주의 본체로 여기고(元氣實體論으로서의 實學), 사회적 실제를 떠
나 '終日端坐'하거나 이론이 앞서는 도덕이 아니라 실생활에서의 수
양과 실천궁행을 중시하고(實踐道德學으로서의 실학), 수기에만 몰

290

두하지 않고 경세를 무엇보다 강조하고(經世學으로서의 실학), 도덕 규범뿐만이 아니라 자연현상에 대한 과학적 탐구나 기술을 중시하고(實測之學 또는 質測之學으로서의 실학), 송학에서 실증적 경학연구를 소홀히 하는 데 반대하여 경학의 원전으로 돌아가 경학연구를 통해 경세에 기여하고(明經致用으로서의 실학), 송학의 '鑿空附會之弊'에 대하여 실사구시를 내세워 실증적 연구방법을 중시하면서(考證學 또는 漢學으로서의 실학) 각기 자신들의 학문이 진실한 학문임을 내세운다. 이처럼 실학 개념은 다양한 역사적·학문적 맥락에서 사용되고 있다.[37]

성리학과 실학의 관계에 대해서도 학자들의 견해는 대립된다. 혹자는 실학을 성리학과 대립되는 성격의 것으로 보기도 하고, 어떤 학자들은 성리학도 실학이라고 주장하기도 한다. 또는 실학은 성리학의 내재적 전개 과정에서 발전된 것으로서 연속성과 불연속성의 양면성을 공유하는 것으로 변증법적으로 파악하기도 한다. 이 문제는 도가 및 불교의 장점과 유학의 장점을 종합하는 과정에서 성리학 자체가 안고 있는 학문 본질상의 이중성 및 애매성과 관련이 있다. 최근 중국 학계에서는 실학의 기점을 北宋으로 잡고서 程朱의 理學도 실학의 탄생에 중요하게 기여한 것으로 평가하여 실학의 범주에 포함시키고 있다.

이런 관점에서 실학은 '實體達用', '內聖外王', '經國濟民'을 원리로 하지만, 그 가운데 실체와 내성을 우선시하고 '談性命而辟功利'하는 쪽과 達用과 外王을 중시하여 '談功利而辟性命'하는 쪽으로 변별할 수 있는데, 전자를 '內聖型 經世實學'으로 후자를 '外王型 經世實

37) 葛榮晉 主編, 《中國實學思想史》(上), 北京: 首都師範大學出版社, 1994, 1~9면 참조.

學'으로 구분한다.[38] 대체로 사회적으로 급속한 변동기나 국가적으로 위기에 처한 시대에는 외왕형의 실학이 부각되고, 상대적으로 안정기에는 내성형의 실학이 두드러지는 경향이 있다. 이러한 구분에 따르면 광의의 실학에는 내성형의 실학인 송명이학도 포함된다. 그러나 통상적으로 실학하면 좁은 의미의 외왕형의 실학만을 뜻하는 경우가 많다. 이 글에서는 실학의 의미를 협의의 외왕형 경세실학으로 한정하겠다.

조선실학은 17~18세기에 유입된 중국 실학의 영향과 중국을 통해 유입된 서학이 가져다 준 새로운 세계상이 외적 요인이 되었다. 그러나 임진왜란과 병자호란 이후 극에 달한 피폐한 민생과 허물어진 사회기강, 광범위한 사회경제적 구조의 변화 등의 사회적 요인과 함께, 조선 성리학의 전개 과정에서 노정된 성리학의 내재적 모순의 심화라는 학문 내적 요인 등 복합적 계기로 인해 실학은 발생한 것이다. 실학 개념이 역사적으로 학파에 따라 다양한 의미로 사용되었기 때문에 실학의 사상적 특성을 단일한 원리로 추상하기는 매우 어렵다. 그러나 다양한 용법에도 불구하고 그 이면에 어떤 본질적 특성이 없는 것은 아니다. 실학은 경세를 본질로 하고, 과학과 기술은 경세치용의 수단이고, 고증학 역시 명경치용(明經致用)의 도구이다. 이것은 중국이나 한국실학의 이념이라고 할 수 있다. 이러한 실학의 이념에 가장 근접한 실학자로 우리는 다산 정약용을 손꼽을 수 있다.

다산은 학문이 출세의 무기가 되고, 관념의 유희가 되고, 자기 현시의 도구가 되고, 민중을 현혹하는 사술이 되고, 낱말 풀이의 기술이 된 현실을 비판하고 학문의 본질을 새로이 성찰했다.[39] 진정한

---

38) 위의 책, 12~13면 참조.

학문이란 무엇인가? 다산이 찾은 그 본질은 바로 '자기수양'과 '사회(경영)개선'이다. 즉 삶과 현실에 대한 비판적 반성을 통한 향상과 개선의 추구이다. 이러한 학문의 본질에 입각해서 다산은 고전 텍스트를 새롭게 읽고, 텍스트에 대한 해석을 통해 현실개혁의 원리를 탐구하였다.

우리는 다산의 실학사상을 실용주의적 측면에서 분석해 보고 한국 철학의 정립과 관련해서 지니는 의미를 새겨보고자 한다.[40] 실학을 실용주의적 학문으로 이해하는 것은 일반적 통념이다.[41] 성리학에 비해서 실학이 상대적으로 실용주의적 성격이 강한 것은 부인할 수 없을 것이다. 실용주의라고 해서 꼭 듀이나 제임스의 철학과 완전히 일치해야만 되는 것은 아니다. 현대 미국의 실용주의 (pragmatism)도 학자들에 따라서 다양하다. 퍼스와 제임스와 듀이는 공통점 못지 않게 각각의 고유한 특성을 발전시켰다. 그렇다면 다산의 실용주의는 어떠한 특성을 지니고 있으며, 실학의 실용주의 사상

---

39) 《茶山詩文集》 권11, 〈五學論〉 참조.

40) 실학과 실용주의의 연관성에 대한 연구로는 정해창, "실학의 현대적 의미―실학과 실용주의 비교", 《정신문화연구》 65호(한국정신문화연구원, 1996)가 있다. 이 논문은 실학과 실용주의의 공통점으로, 개방적 사유·관념론 반박·이원론의 거부·영원불변성의 거부·시간성의 회복·세계의 주체는 인간, 세계의 미완성을 들고 있다.

41) 예컨대 금장태는 실학의 기본 성격으로서 '열린 정신', '합리적 정신', '실용 정신', '민중의 발견', '민족의 자각'을 들고 있다(금장태, 《유학사상과 유교문화》, 전통문화연구회, 1996, 71~81면 참조.). 실학에 대한 철학적 측면의 연구서로 근간된 것에는 다음과 같은 것이 있다. 금장태, 《한국실학사상연구》(집문당, 1987); 朱七星, 《실학파의 철학사상》(예문서원, 1996); 한국사상사연구회 편저, 《실학의 철학》(예문서원, 1996); 한형조, 《주희에서 정약용으로》(세계사, 1996).

은 한국 철학 성립에 어떤 의미를 지니는가 하는 점을 생각해 보기
로 한다.

제2절 다산 실학에서 삶과 진리

현대 미국 실용주의의 선구자 퍼스(Charles S. Peirce, 1839~1914)
는

> "개념의 대상이 가질 것으로 생각되는 결과―실질적으로 영향을 미칠
> 만하다고 생각되는 결과―를 고려하라. 그리고 나면 대상이 갖는 결과
> 에 관한 개념이 바로 그 대상에 관한 개념의 전부이다."

라고 하였다. 즉 개념은 그 대상이 나타내는 일정한 외면적 결과
내지 행동과 관련되어 설명되어야 한다는 것이다. 다산 역시 유가
철학의 주요한 개념들을 이와 같이 구체적 결과 또는 행위와 관련
시켜 설명한다는 의미에서 유가철학에 대한 실용주의적 해석을 시
도했다고 할 수 있다. 예컨대, '明德'이란 것도 애매 모호하고 추상
적인 것이 아니라, 바로 孝·弟·慈란 구체적 실천 덕목을 지칭하는
것이고, '格物致知, 誠意正心'도 행위를 떠나서는 설명될 수 없다고
다산은 주장한다. 격물치지란 '誠意正心 修身齊家 治國平天下'라는 명
제를 실천함에 있어서 실천의 우선 순위를 바르게 헤아려 정확하게
인식하는 것으로 본다.[42] 성의정심 역시 그 자체로 독립적인 그 무
엇이 아니라, 일을 처리하고 행위를 실천하는 태도로 규정한다.[43]

---

42) 《大學公議》 권1, 15면 참조.
43) 《大學公議》 권1, 13면 참조.

'致中和, 天地位焉, 萬物育焉'도 마찬가지이다. 그것은 성인이 방안에
들어앉아 수양한다고 될 일이 아니다. 오직 효율적인 정치적 작위에
의해 자연을 잘 관리하고 이용하여 생물이 번성하게 함으로써 가능
한 것이다.[44]

또한 맹자가 말한 '萬物皆備於我' 역시 신비한 어떤 의미를 품고
있는 것이 아니라, 우리가 자신의 경험을 미루어서 상대방의 기대와
욕구를 읽을 수 있다는 뜻으로 다산은 해석한다.[45]

이처럼 다산은 일견 분명하지 못하고 애매한 추상적인 개념들을
생활에서의 구체적인 행동 양식으로 이해함으로써 유가철학 개념의
의미에 대한 실용주의적 해석을 일관되게 수행한다.

다음은 진리란 행동을 성공적으로 이끄는 유용한 것이라고 보는
제임스(William James, 1842~1910)의 견해와 다산의 진리관을 비교
해 보자. 다산이 어떤 철학적·윤리적 이론을 비판하거나 수용하는
논리를 분석해 보면, 궁극적으로는 이론 그 자체가 아니라 어떤 이
론을 받아들이는 결과로 무엇이 달라지고 그것이 현실적으로 삶에
어떠한 영향을 미치는가 하는 점을 문제삼는다. 이는 전형적인 실용
주의적 태도이다. 몇 가지 예를 들어보자.

첫째로 '氣質之性'에 대한 비판. 성리학자들의 기질지성론을 받아
들이게 되면 실제적 효과의 측면에서 볼 때 사람들은 도덕적 실천
을 선천적 기질과 관련시켜 생각함으로써, 기질이 맑은 사람은 자만
하여 노력하지 않게 되고, 기질이 흐린 사람은 미리 자포자기하는
쪽으로 기울어지게 될 수 있으므로 성리학의 '기질지성' 이론은 잘
못되었다고 다산은 주장한다.[46]

---

44) 《中庸講義》 권1, 7~9면 참조.
45) 《孟子要義》 권1, 40면 참조.
46) 《孟子要義》 권2, 22면 및 25면 참조.

둘째로 '四端'의 端 채서 및 四德本具論 문제. 수자학에서는 인간이 仁義禮智라는 四德을 선험적으로 구비하고 있고, 四端의 端은 덕의 성취를 위한 시작(首)의 뜻이 아니라, 四德의 드러난 끄트머리(尾)라고 해석한다. 그런데 만일 이처럼 주자학적으로 四德과 四端의 개념을 이해하게 되면 사람들은 밖으로 행동적 실천에 힘쓰기보다는 안으로 내면적 명상에 기울어지기 쉽다고 다산은 비판한다. 이러한 실제적인 부정적 문제점이 四德本具論을 비판하고 德이란 行事의 실천 이후에 얻어지는 것임을 다산이 강조하는 중요한 이유이다.[47]

셋째로 理氣論 등 형이상하적 문제. 다산이 이기론의 문제에 대해서 비판적인 이유는, 그것이 개념의 정의에 따라서 다양한 해석이 가능하기 때문에, 개념에 대해 서로 다른 이해를 가진 사람들 사이의 이기론을 둘러싼 형이상학적 논쟁은 명확한 결론에 도달할 수 없기 때문이다.

> "理氣說은 이렇게 말할 수도 있고 저렇게 말할 수도 있으며, 희다고 할수도 있고 검다고 할 수도 있어서, 왼쪽으로 당기면 왼쪽으로 기울고오른쪽으로 당기면 오른쪽으로 기울어, 평생 동안 서로 논쟁하고 자손에까지 전하며 논쟁하더라도 끝이 없는 것입니다. 인생에 할 일이 많은데 형과 나는 한가하게 이런 (형이상학적) 문제를 따지고 있을 겨를이없습니다."[48]

뿐만 아니라 설사 어느 쪽이 타당한 것으로 밝혀진다고 하더라도 현실문제에 어떠한 (본질적) 변화도 가져올 수 없다면 그러한 논의

---

47) 《孟子要義》 권1, 21~23면 참조.
48) 《茶山詩文集》 권19, 30면 〈答李汝弘〉

는 별 의미가 없다고 다산은 생각한다.[49)]

이상의 몇 가지 예에서 볼 수 있듯이 다산이 어떤 철학적 이론을 대하는 기본 태도는 그것이 우리의 삶에 어떤 실제적인 의미를 지니고 있고 어떤 유효한 영향을 주느냐 하는 문제와 깊은 관련성을 지닌다. 만일 어떤 방향으로 결론이 나든 간에 실제적인 영향이 별로 없다면 심각하게 논의할 만한 의미가 없고, 만일 실제적 영향이 크다면 어느 쪽의 선택이 실제적 행동과 생활에 더욱 유용하겠는가 하는 실용주의적 입장을 견지하는 경우가 많다. 이러한 태도는 진리를 삶에 있어서의 유용성과 분리시키지 않는 실용주의적 진리관의 표출이라고 하겠다.

실용주의를 정치·사회적 지평으로 확장시킨 듀이(John Dewey, 1859~1952)와 다산의 사상 사이에도 관심의 지향에 있어서 공통점이 발견된다. 듀이와 마찬가지로 다산 역시 사회·정치적 문제에 대해 깊은 관심을 가지고, 철학이 현실 개선의 문제에 관여해야 한다는 소신을 견지하였다. 정약용에 있어서 진정한 학문은 실존적 자기 수양은 물론이고, 사회 전체의 구조적 병리에 대해서 외면해서는 안 된다. 학문의 생명은 삶의 현실을 규범적으로 비판하고, 현실개선의 원리와 방법론을 제공하는 데 기여해야 한다고 본다. 俗儒들은 현실 문제를 방기하고 산림에 은거하여 일신의 깨끗함만을 도모하거나, 설사 현실 참여를 한다고 하더라도 가장 고상한 역할 즉 이념적인 문제만 맡으려고 할 뿐이고, 경제적 현실이나 법제적·행정적 문제와 관련된 구체적 과제에 대해서 무능하고 무책임하다고 다산은 비판한다.

현실을 올바르고 효율적으로 경영하기 위해서는 도덕철학만 가지

---

49) 《茶山詩文集》권18, 27면 참조.

고는 결코 온전할 수가 없다. 이 점에서 다산은 현실경영에 직접적
실용성을 발휘할 수 있는 사회과학과 자연과학 및 기술적 지식의
중요성을 강조한다. 그리하여 학문의 체계에 있어서 윤리학으로 근
본을 삼되 예악으로 장식을 해야 하며, 인사관리학·경제 경영학·
군사학·법학 등을 겸해야 하며, 농학·의학·약학·천문학·수
학·공학 등이 뒷받침되어야 한다고 주장한다.[50]

　요컨대 다산의 사상에 있어서 진리는 삶에 유용한 그 무엇이다.
가정의 화목을 다지고, 국가를 부강하게 만들고, 자연을 합목적적으
로 관리하여 이용하고, 사회를 합리적으로 개혁해 함께 잘사는 공동
체 만들기를 떠나서 그 자체로 독립적이고 영원한 진리란 없다. 다
산에 있어서는 요순이나 공자와 같은 성인 역시 사회적 현실 개선
을 위해 분투한 인물의 전형으로 인식된다. 또한 다산에게 있어서
고증학은 고전 텍스트에 대한 실증적 연구를 통해 성리학의 공허한
형이상학적 체계의 근거 없음을 폭로하고 현실 경세에 필요한 실용
주의적 진리를 탐구하기 위한 지적 무기였다.

제3절 다산의 실용주의적 존재관과 윤리학

　성리학은 존재를 '理一分殊'의 원리로 설명한다. 존재는 외형적 다
양성에도 불구하고 하나의 공통된 보편적 원리에 의해 근거지어져
있다. 사람과 동물, 인간과 자연, 사물과 사물 사이에는 하나의 보편
적 원리가 관통하고 있다. 존재자들 사이는 근본적으로 단절되기보
다는 연속되어 있으며, 만물은 궁극적으로 원리상 일체로 존재한다

---

50)《茶山詩文集》권20, 20면〈上仲氏〉: "大抵此道本之以孝弟: 文之以禮樂:
　　兼之以鑑衡財賦軍旅刑獄: 緯之以農圃醫藥曆象算數工作之技, 庶乎其全德.
　　凡著書每考之此目, 有外於是者, 便不要著耳."

298

(天地萬物一體). 단지 기질의 차이로 인해 본질 실현 가능성에 있어서 현실적 차이가 인정되고 있지만, 원리상 만물은 하나의 존재의 대가족 속에 그 일원으로서 사랑의 우주를 구현하고 있다. 당위와 존재, 도덕규범과 자연법칙, 사회현상과 물리현상이 모두 理에 의해 포괄적으로 설명되고 있다. 이 점에서 존재는 하나이며, 존재는 그 개별적 특성보다는 보편적 본질이 우선이다.

다산의 실용주의적 입장에서 보면 이러한 '理一分殊'와 '萬物一理'의 존재관은 현실적인 존재의 다양한 양상과 층차 그리고 개별자의 고유한 존재방식을 간과하는 것이다. 다산에 따르면 존재는 크게 보면 다른 무엇에 의존하지 않고 스스로 독립적인 실체인 自有者('自有之物')와 다른 무엇에 의존해서만 존재할 수 있는 依附者('依附之品')가 있는데, 理는 依附者로서 自有者인 氣에 의존해서만 존재할 수 있다.[51] 自有者에는 다시 영적 존재자와 물질적 존재자가 있다. 존재의 질서는 상제와 그를 보좌하는 귀신, 그리고 이성적 능력을 부여받은 인간, 지각능력을 지닌 동물, 생장능력을 지닌 식물들 그리고 기타 무기물로 계층적 위계를 형성한다.[52] 크게 보면 존재는 상제와 인간과 자연으로 이루어져 있다.

상제는 우주론적으로는 인간과 세계를 주재하는 존재이다. 인간과의 관계에서 보면 선을 행하고 악을 억제하며 타자를 널리 사랑하고 바르게 살며 사회와 역사가 정의로운 구조와 방향으로 나가도록 이끌어 주는 이념적 구심점이다. 자연 역시 그 자체로 의미를 지니기보다는 인간의 삶을 위한 공간이자, 생존과 번영을 가능하게 해주

---

51) 《中庸講義》 권1, 65면: "盖氣是自有之物, 理是依附之品, 而依附者必依於自有者".

52) 《孟子要義》 권2, 24면: "物之品有四等. 荀子曰: 水火有氣而無生, 艸木有生而無知, 禽獸有知而無義, 人有氣有生有知有義, 斯其所以爲尊品也." 참조.

는 재료로서의 도구적 의미를 지닌다, 즉 자연은 천인합일의 대상이 아니라, 인류의 생존과 복지를 위해 이용되고 관리되어야 할 대상으로서의 의미를 지닌다.[53] 인간의 자연 지배의 정당한 권리는 상제로부터 나온다. 상제는 인간에게만 무형의 영명성을 부여하였으므로, 우월한 영명성을 소유하는 인간은 그것을 소유하지 못한 다른 동식물을 포함한 자연을 지배할 정당한 권리를 보장받는다고 보는 것이다.

다산에 있어서 상제는 합리성의 근거이다. 영명한 상제에 의해 창조된 자연세계는 합법칙적 구조를 가질 수밖에 없고, 상제에 의해 주재되는 역사 역시 합리적 방향으로 발전해 가지 않으면 안 된다. 여기서 합리적 방향이란, 민이 주체가 된 평등하고 합리성이 존중되며 경제적 풍요 및 기술적 발달과 함께 도덕적 기강이 확립된 사회로의 성숙을 뜻한다.

다산은 존재를 하나의 추상적인 일원적 논리로 환원시키기보다는 개체의 다양한 사실성을 있는 그대로 인정하려는 다원주의적 경향이 강하다. 그는 모든 존재가 음양과 오행으로 수렴되는 것이 아니라고 보며, 다양한 사물의 본성 속에 형이상학적인 보편적 理一을 찾으려는 것에 대해서 비판적이다.[54] 특히 인간과 동물을 동일한 범주로 설명하는 것에 대해서는 매우 비판적이다. 왜냐하면 인간은 이성과 자유의지를 지니고 있으며 따라서 자기 행위에 대해 도덕적 책임이 있지만, 동물은 전혀 그렇지 못하기 때문이다. 성리학의 형이상학적 理氣 존재론 내지 음양오행의 존재론은 경험적 사실의 다

---

53) 《春秋考徵》 권1, 37면: "吾人者萬物之靈, 彼穹天厚地日月星辰山川草木無一而非吾人之物. 天吾屋也, 地吾食也, 日月星辰吾所明也, 山川草木吾所養也. 彼皆有氣有質無情無靈, 豈吾人所能事哉?" 참조.

54) 《論語古今注》 권7, 44면 참조.

300

양성이나 객관성과 일치하지 않을 뿐더러, 사물의 원리에 대한 실증적 인식에 그다지 도움이 되지 않는 공허한 논리로 간주된다.

다산의 윤리사상은 내면적 명상이나 동기의 순수함보다는 외면적 행위와 결과의 유용성을 강조하는 점에서 실용주의적 성격을 지닌다. 성리학에서는 행위의 결과보다는 동기의 순수성이 강조된다. 모든 행위는 그것이 도리에 대한 존중으로부터 이루어질 때만이 선한 것으로 인정된다. 또한 올바른 윤리적 행위를 위해서는 내면적인 인격의 수양이 필요하다. 즉 이를 위해서는 '靜坐'를 통해 일이 없는 無事時에는 안으로 마음을 고요하게 무념무상의 상태로 모아서 본체를 잘 지키고 길러 주며, 일이 있는 有事時에는 성찰을 통해서 선악을 올바르게 판단하는 작업이 중요하다.

이에 비해 다산은 행위에 있어서 내면의 동기보다는 드러난 결과와 업적을 중시한다. 개인의 양심의 문제도 중요하지만 보다 중요한 것은 사회적 관계의 장에서 구체적 인간의 삶에 얼마나 유익한 효용을 산출하느냐가 문제이다. "仁이란 본래적 마음에 선천적으로 구비되어 있는 온전한 덕성이 아니라, 事功을 통해 성취한 바를 뜻한다."[55]

윤리 이론도 궁극적으로는 얼마나 실천에 긍정적인 효과를 산출할 수 있는가 하는 문제를 떠나서 생각할 수 없다. 실천적 생활양식과의 관계를 떠난 이론적 논변은 다산의 실용주의에서는 불필요한 공론으로밖에 보이지 않는다. 성리학적 윤리학이 "正其誼不謀其利, 明其道不計其功"의 명제를 중시하는 신념윤리(Gesinnungsethik)에 속한다면, 다산의 윤리학은 責任倫理(Verantwortungsethik)에 가깝다. 책임윤리를 따르는 사람은 어떤 행동이 의무이거나 옳기 때문에 곧 수

55)《論語古今注》권7, 20면: "仁者非本心之全德, 亦事功之所成耳."

행해야 한다고 보기보다는, 사기 행동이 가져올 수 있는 결과와 영
향을 충분히 고려한다. 만일 좋은 동기라고 하더라도 결과가 바람직
하지 않을 경우에는 그것을 삼간다. 그리고 보다 더 큰 악을 피하기
위해서 작은 악이 불가피할 경우 그것을 수행할 수도 있다. 정약용
에 따르면 최고의 성인인 공자 역시 옳기 때문에 행동하는 것이 아
니라 결과를 신중하게 고려하여 합리적으로 행동한 인물이고,[56] 齊
의 관중이 도덕적 순수성에 있어서 하자가 있음에도 불구하고 桓公
을 도와 많은 실제적 공을 남긴 행위에 대해서 어진 일로 높은 평
가를 하였다. 다산은 도덕적 수양도 구체적 行事를 통해서 생활 속
에서 이루어져야지 만일 그것이 현실적 행사와 유리되어서 그 자체
로 독립된 공부가 되어서는 안 됨을 역설하여 수양론에까지 일관되
게 실용주의를 적용하였다.[57]

제4절 다산의 실용주의적 정치사상

  서구 근대 정치학의 문을 연 마키아벨리와 홉스는 플라톤, 아리스
토텔레스, 토마스 아퀴나스와 같은 전통적 정치철학자들에 대해 매
우 비판적이었다. 이들은 모두 인간 본성과 정치철학 간의 밀접한
관계를 인정하는 점에서는 공통적이지만, 전통적 정치 철학자들은
인간의 본성을 너무 추상적이고 이상적인 관점에서 보고 있을 뿐만
아니라 사회에 대해서는 유토피아적 전망을 크게 벗어나지 못하였
기 때문이다. 이에 비해 마키아벨리와 홉스는 인간 본성에 있어서
이성에 대한 정념의 우선성을 강조하고, 정치적 리얼리즘에 입각한

---

56)《論語古今注》권7, 25~26면 참조.
57)《孟子要義》권2, 22면 참조.

302

새로운 정치사상을 제시하였다. 비슷한 현상을 우리는 실학자 특히 정약용의 정치사상에서 발견할 수 있다.

성리학적 정치사상의 주요한 특징은, 군주의 도덕심과 사대부의 이성적인 도덕적 지도력과 같은 주관적 요인을 중시하고, 정치의 본질적 목적으로 도덕적 이념을 강조하는 대신, 현실적으로는 민생의 개선을 위한 구체적인 방법론적 문제를 소홀히 하는 경향이다. 그리고 治者가 성인과 같은 덕을 쌓아서 성인의 덕을 행함으로써 자연스런 교화에 의한 '無爲而治'를 이상으로 한다.[58]

성리학적 정치사상의 문제점은 정치현상에 대한 구조적 접근이 취약하고, 객관적 법의 중요성과 정치의 물적 토대를 소홀히 함으로써 이상적 정치 이념과 그것을 실현하기 위한 방법적 수단 사이에 괴리가 크다는 점이다. 그래서 결과적으로 현실정치는 명분론에 의해 지배되고 구체적 민생문제는 이차적으로 밀려남으로써 현실의 빈곤을 가중시키기 쉽다. '無爲而治'의 이상은 현실 인간의 욕망과 이기심에 의해 무참하게 무너진다. 정치적 현실주의자인 다산에게 '무위이치'란 현실정치에서 있어 본 적도 있을 수도 없는 공상이고 허구에 지나지 않는다. 이른바 태평성대라는 요순시대도 사실은 후세의 어떤 다른 시대보다 치밀한 법과 제도와 작위적 통제에 의해서 가능했다.[59] 요순시대가 '무위이치'라고 보는 것은 《상서》에 나오는 엄연한 역사적 사실을 무시하는 것이다.

다산은 인간이 도덕적 측면에서 본성적으로 선하다고 보지만, 사회적 관점에서 현실적으로는 선은 행하기 어렵고 악은 행하기 쉽다고 본다. 인간은 누구나 육체적으로는 식과 색과 안일을 탐하고 정

---

58) 《論語》, 〈爲政〉: "子曰: 爲政以德. 譬如北辰居其所, 而衆星共之."에 대한 朱子의 《論語集註》 주석을 참조.
59) 《尙書古訓》 권2, 16면 참조.

신적으로는 남을 억누르고 명예를 차지하려고 한다. 이익은 물이 아래로 내려가듯이 추구하고 손해는 불이 습기를 피하듯이 하는 것이 현실적 인간이다. 따라서 이러한 현실적 인간들이 모여 사는 사회는 도덕만으로는 한계가 있고, 불가피하게 법을 중시하지 않을 수 없으며, 인간들을 행동으로 내몰기 위해서는 순수한 도덕적 동기보다는 현실적 이익에 호소하지 않을 수 없다. 인간의 욕망 가운데 가장 크고 기본적인 것은 부와 권력에 대한 것인데, 보통 사람들은 부에 대한 욕망이 강하고 엘리트들은 권력에 대한 욕망이 강하다고 분석한다.[60]

정치는 이러한 인간의 기본적 욕망을 적절히 충족시켜 주지 않으면 안 된다. 만일 보통 사람들의 민생을 풍부하고 고르게 하지 못하거나, 엘리트들이 권력에 접근할 수 있는 통로가 개방적이고 합리적이지 못하면 그러한 체제는 민의 저항을 유발시킬 수밖에 없다.[61]

정치는 현실적 인간의 욕망과 이기적 본성을 고려하지 않으면 안 된다. 단순히 도덕적 교화와 양심에의 호소만으로는 되지 않는다. 욕심이나 이기심은 한편으로는 도덕적으로 순화되어야 하지만, 다른 한편으로는 그것을 행위의 추진력으로 적절하게 활용하는 제도적 장치가 마련되지 않으면 현실정치의 개선은 기대하기 어렵다.

인간 본성에 대한 현실주의적 인식으로부터 다산은 정치의 목적과 과제를 무엇으로 이해하는가? 다산은 정치(政)란 재물과 부세를 거두고 쓰는 경제문제가 본질이라고 주장한다.[62] 예컨대 《상서》의 洪範九疇 가운데 하나인 八政(食, 貨, 祀, 司空, 司徒, 司寇, 賓, 師)도 모

---

60) 《尙書古訓》 권2, 32~33면: "原夫生民有欲其大欲有二 … 不出此二者之外." 참조.

61) 위의 책, 같은 곳 참조.

62) 《尙書古訓》 권1, 28면: "自古及今, 凡以政爲名者, 皆財賦斂散之類" 참조.

두 재물과 부세를 거두고 사용하는 경제문제와 관련된 것으로 해석한다.[63] 하늘은 인간에게 다섯 가지 물질(五行)을 주어 財用의 근본이 되게 했으니, 사람은 八政을 닦아 오행을 잘 이용해 경제를 윤택하게 해야 한다는 것이다.

다산은 《상서》〈堯典〉의 "在璿璣玉衡以齊七政"의 해석에 있어서 선기옥형을 일종의 혼천의로, 칠정을 北斗七星 내지 日月과 五星으로 보는 기존의 해석을 부정한다. 그 대신 선기옥형을 옥으로 만든 자와 저울 즉 도량형으로 보고, 칠정을 홍범 구주의 八政과 같은 것으로 해석하여, 도량형을 통일하여 경제적 활동이 공정한 기준에 의해 합리적으로 원활하게 되도록 했다는 뜻으로 풀이한다.[64] 즉 舜이 堯로부터 대권을 선양 받아서 제일 먼저 착수한 일이 바로 도량형을 통일하여 합리적 경제질서의 기틀을 다지는 작업이었다는 것이다. 이는 그가 정치의 본질문제를 경제에 두고 있음을 잘 보여주는 것이다.

다산은 "政者正也"를 정치란 위정자의 주관적 태도를 바르게 하는 것이라고 생각하기보다는 사회의 객관적 구조를 바르게 하는 것으로 인식한다. 그래서 〈原政〉에서 바르게 해야 할 정치의 과제로 토지제도를 개혁하여 경제구조를 바로잡기, 유통의 활성화로 지역에 따른 경제적 격차를 줄이기, 강포한 세력가를 규제하고 약한 백성을 보호하기, 능력에 따른 공정한 인사관리, 功過에 따른 신상필벌로 사회적 기강 확립, 자연의 효율적 관리와 이용으로 경제적 번영 추구 등을 거론하고 있다.[65] 여기서도 경제문제가 가장 강조되고 있음을

---

63) 《尙書古訓》 권4, 34면 참조.
64) 《尙書古訓》 권1, 26~29면 참조.
65) 《茶山詩文集》 권10, 〈原政〉 참조.

확인할 수 있다.

이처럼 다산에 있어서 정치의 본질은 거창한 도덕이념을 지향하는 것이 아니라, 사회의 구조를 부단히 합리화시키고 국민의 생활을 부유하고 편리하게 하는 실용주의적 성격을 지닌다. 또한 국가 권력의 정당성의 원천도 실용주의적으로 해석한다. 국가 권력은 天이나 거룩한 聖人에 의해 정당화되는 신비한 실체가 아니라, 민이 자신들의 사회생활에서 발생하는 문제와 갈등을 해결하는 과정에서 자신들의 이익을 위해 아래로부터 만들어진 것에 지나지 않는다.[66]

따라서 정치의 근본 주체는 민이고, 위정자의 권력은 민으로부터 나오는 것이므로 정치는 민의 이익을 위해 존재히지 않으면 안 된다. 민은 더 이상 위정자의 시혜를 입고 보호를 받아야 하는 어린이와 같은 존재가 아니라, 스스로의 이익을 위해 위정자를 선택하고 교체할 수 있는 주권자이다.[67]

이러한 실용주의적 정치사상은 민주주의와 그 본질을 함께 하고, 민주주의는 다양성의 존중에서 비롯된다. 정치에서 진정한 조화는 특정한 사람의 목소리에 의한 획일적 동일성이 아니라, 서로 다른 이질적 목소리가 함께 어울려서 만들어 내는 다양성 속의 조화(和)임을 정약용은 강조한다.[68]

실용주의적 정치사상에 따르면 국제 관계에서도 문화국가(華)와 야만집단(夷)은 고정되어 불변적인 것이 아니고, 문화의 성쇠에 따라 부단히 변화할 수 있다. 우리 나라도 노력하면 중심 문화국가가 될 수도 있다. 그러기 위해서는 시대에 맞지 않는 정치사회 제도와 구조를 부단히 개혁하지 않으면 안 된다. 다산에 따르면 事物은 오

---

66) 《茶山詩文集》 권10, 〈原牧〉 참조.
67) 《茶山詩文集》 권11, 〈湯論〉 참조.
68) 《論語古今注》 권6, 45면 참조.

래 되면 해어지고 파괴되는데 이를 弊라고 부른다. 폐단이 발생하는 것은 천지의 자연스런 경향성이므로 오래 되어도 폐단이 발생하지 않는 사물이란 존재하지 않는다.[69] 아무리 좋은 법과 제도라고 하더라도 그것이 오래 되면 반드시 모순이 발생하므로 부단한 개혁을 통해 이를 개선해 가지 않으면 안 된다는 것이 정약용의 실용주의적 정치개혁 논리이다.[70]

제5절 다산의 실용주의적 실천 철학과 한국 철학의 정립

철학이란 무엇인가? 현대 한국사회에서 철학의 과제는 무엇인가? 이 문제는 최소한 철학에 전문적 관심을 두고 있는 한국에서 철학하는 사람들에게는 중차대하고 절실한 문제이다. 오늘날 전문화된 철학은 대중들이 일상생활에서 사용하는 '철학'의 의미로부터 너무 멀어져 있다. 일상적으로 '철학'이라는 말은 '인간은 무엇을 위해 어떻게 살아야 하는가', '참으로 선한 삶이란 어떤 것인가', '우리가 몸담고 있는 공동체는 어떤 이념을 어떤 방법을 통해 추구해야 할 것인가', '우리 시대의 역사와 문화의 근본 원리는 무엇이며, 그것은 어떤 구조적 문제를 안고 있는가', '우리가 지니고 살아야 할 바람직한 세계관은 무엇인가' 등등 인간 삶의 실존적 고민에 대해 무엇인가 말해 줄 수 있는 학문으로 기대된다. 그러나 금세기에 들어와서 과학의 막대한 영향력에 굴복한 철학은 세계에 대한 직접적 탐구나 삶의 의미와 규범에 대한 문제를 포기하였다. 그 대신 의미 있

---

69) 《茶山詩文集》 권9, 5면 〈弊策〉: "問物久而敗壞者謂之弊. 弊者天地自然之 勢, 物未有久而不弊者也."

70) 정약용의 개혁논리에 대해서는 졸고, "丁茶山의 改革的 歷史觀", 《東洋 哲學硏究》 제16집, 동양철학연구회, 1996, 참조.

는 명제와 무의미한 명제의 구분, 언어와 대상 간의 관계에 내한 문제, 송교적 · 도덕적 · 예술적 · 정치적 담론이나 어휘의 의미와 용법을 분석하는 작업이 주류가 되었다. 그래서 직면한 시대적 위기에 대한 이성적 진단이나 실존적 문제의식은 철학의 핵심적 과제로부터 밀려나게 되었다. 철학이 현실과 거리를 두는 만큼 현실 역시 철학과는 점차 남을 쌓을 되고, 그 대신 철학자가 차지하던 자리는 문화비평가나 시사 평론가나 기자나 수필가 등이 차지해 버렸다.

정약용의 철학은 그 시대의 학술의 모순과 사회 정치적 비리와 문화의 구조적 병리와 도덕적 구심점의 공백화 사태에 대한 반성이며, 건강한 국가 체제와 새로운 문명 구조 그리고 건실한 삶의 규범에 대한 이성적 모색이었다. 다산의 실용주의적 철학은 우리가 한국 철학의 바른 모습을 정립함에 있어서 참고해야 할 소중한 모델로서의 의미를 충분히 지니고 있다고 생각된다. 한국에서의 철학을 한국의 지적 토양 위에 뿌리 깊이 착근시키고, 현실의 대지 위에 철학의 생명력을 부활시키기 위해서 우리는 전통사상의 기반을 현대적으로 반추하여 새롭게 발전시킬 필요가 있다. 이러한 관점에서 우리는 다산 실학의 실용주의적 본질에 대한 검토를 기초로 그것이 미래 한국 철학의 방향 정립과 관련하여 지니는 의미를 성찰해 보자.

다산을 비롯한 실학자들의 특징적인 철학적 태도 중 하나는 다양한 사조와 이론들에 대한 폭넓은 관심과 개방성 그리고 이단에 대한 관용과 도그마의 배척이다. 양명학이나 고증학의 성과와 방법을 비판적으로 수용함은 물론, 불교와 노장 사상에 대해서도 폭넓은 관심을 지녔을 뿐만 아니라 당대의 불온한 이단이라고 할 수 있는 서학에 대해서까지도 정약용의 철학은 열려 있었다.

새롭고 이질적인 것에 대한 적극적 개방성과 수용은 철학적 자산을 풍성하게 하여 학문의 집대성을 위한 기반이 되었다. 다양한 사조에 대한 광범위한 관심이, 단순한 소극적 수용에 그치거나 평면적 나열에 안주하거나 이론적 관심에 머무는 것은 아니다. 다양한 이론과 학설을 실용주의적 논리에 의해 정합적으로 종합하고 현실의 실천 문제와 연관시켜 선택적으로 수용한다. 그래서 궁극적으로는 현실 적합성을 갖는 새로운 이론을 창출하는 창조적 지성의 모습을 보여주고 있다.

다산을 비롯한 실학자들의 철학을 지배하는 다른 강력한 특성 중 하나는 현실에 대한 적극적 관심이다. 다산에 있어서 철학이란 생활 세계의 현실적인 갈등구조에 대한 진단과 처방을 떠나서 존재하지 않는다. 그는 무엇이 시대의 근본 문제이고, 그러한 근본 문제의 지적·문화적 뿌리가 무엇인지에 대한 철학적 진단과 처방에 예리한 관심을 보여주고 있다. 진리의 탐구는 문화적 컨텍스트와 현실의 모태를 떠날 수 없는 것이다. 우리는 실학을 통해 자칫 잘못하면 공허한 관념의 유희로 빠지기 쉬운 철학자의 병폐를 반성하는 거울을 발견할 수 있다.

다산 정약용은 데카르트적인 방법적 회의를 통해서 무로부터 철학을 시작하는 것이 아니라, 4서 6경이라는 가장 전통적인 고전에 대한 탐구를 통해서 새로운 철학의 모색을 시도하였다. 그에게 있어서 전통은 새로운 사고의 지적 원천이었다. 사상적 전통을 현실적 문제의식과 새로운 경험의 관점에서 새로이 반추함으로써 부정적 전통을 비판하는 동시에, 전통의 긍정적 측면을 재발전시켜서 전통과 매개된 구체적인 사유를 시도하였다. 전통에 뿌리를 두면서도 당대의 다른 사조를 받아들여 현실적 문제를 해결하는 방향으로 가장 전통적이면서도 동시에 미래지향적인 철학적 사유를 전개한 것이다. 이 점은 전통과 유리된 채로 수입 이론에만 매달리거나, 아니면 현실적 문제의식 없이 고전 텍스트에 대한 고증학적 관심에만 골몰하기 쉬운 우리 학계의 현실에 시사하는 바가 실로 크다.

실학자들은 특정한 사상의 패러다임을 교조적으로 수용하기보다는 주체적인 문제의식을 가지고 각자의 고유한 방법에 따라 사유를 발전시켰다. 철학자들은 어떤 공유하는 개념의 체계를 가지고 있지만, 때로는 기존의 패러다임이 새로운 경험을 설명하지 못하거나 진리를 밝히는 데 도리어 걸림돌이 될 수도 있다. 실학은 특정한 보편적 사상체계의 충실한 우등생으로 만족하기보다는, 새로운 원리와 방법을 향해 부단히 새로운 길을 탐색하는 개척자적 철학의 전형을 보여주고 있다. 비록 그것이 철학적 체계의 완성도와 방법의 엄밀성에 있어서 다소 거칠고 시툴다 할지라도 자기 시대의 위기에 정면으로 맞서 창조적으로 주체적 철학을 하려는 지적 용기를 높이 평가하는 풍토가 조성되지 않는 한 한국 철학은 선진국 철학의 영원한 아류 신세를 탈피할 수 없을 것이다.

실학자들은 상대적으로 과학적 지식과 기술에 대해 높은 관심을 지니고 있었고, 西學에 대한 호기심도 이러한 동기에서 촉발되었다. 철학적 세계관의 형성에 있어서 실학자들은 서양과 중국으로부터 들어온 선진 과학적 지식을 비판적으로 수용하였다. 만일 그 시대의 지배적 과학의 흐름을 무시하거나 그것과 역행해서 세워지는 철학적 세계관은 보편적 설득력을 유지하기 어려울 것이다. 다른 한편으로 철학은 과학적 지식과 기술의 효용성이 가져다주는 엄청난 편의 못지 않게 그것에 의해 야기되는 광범위한 부정적인 문화적 파장과 구조적 문제를 비판적으로 숙고해야 한다. 이러한 관점에서 한국 철학은 과학 기술의 인지적 도구적 합리성을 가치 합리성과 적절하게 연결시키는 매개의 역할을 수행하지 않으면 안 된다.

전근대 사회에서의 철학은 참된 존재와 삶의 의미 문제에 깊은 관심을 두는 반면, 도구적 이성(instrumental reason)의 효율성을 소홀히 했다. 반면 현대 사회에서 발달된 도구적 이성은 주어진 목표 달성을 위한 효율성의 측면에서는 뛰어난 힘을 발휘하지만, 상호 이해를 통해 사회적 갈등을 극복하고 지혜롭게 함께 사는 데 요구되는 의사소통적 합리성(communicative rationality)을 은폐시키는 경향이 있다. 정약용의 실용주의 철학은, 인간 삶의 도덕적·종교적 차원과 사회적·정치적 차원 그리고 주어진 목적 달성을 위한 기술적 효용성의 차원을 포괄적으로 아울러 반성하는 '창조적 중용의 이성'을 발휘하고 있다. '기술적 합리성'과 '사회과학적 지성'과 '형이상학적 이성'이 균형을 이루면서 현실의 총체적 갈등 구조에 맞서 새로운 비전을 모색하는 것이 실학적 철학의 중요한 본질이다. 정약용은 孝·弟·慈의 도덕적 공동체를 지향했지만, 동시에 그 이상으로 그가 강렬하게 추구하였던 것은 합리화된 부국강병의 현실적 근대국가였다. 부강한 현실국가의 틀을 떠난 추상적 도덕이나 인간성이 얼마나 자기 기만적이고 순진한 것인가 하는 점을 그는 누구보다 깊이 통찰하였다.

다산은 유가의 도덕적 이상 자체가 비현실적이므로 무의미하다고 여기기보다는 그것을 구체적 현실에 보다 가까이 접목시키고자 새로운 해석을 시도하였다. 엄격한 방법과 논리적 정합성을 중시하는 합리주의적 사변철학의 입장에서 보면 다산의 실학은 다소 산만하고 체계성을 결여한 듯이 보일 수도 있다. 다산은 논리적 통일성의 웅장함보다는 사실의 구체적 객관성과 현실적 실용성을 중시하면서, 시대의 아픔에 공감하고 실존의 의미를 추구했던 실천적 철학자였다.

보편 타당하고 절대적인 영원한 진리를 추구하는 형이상학적 사변이 의미 있는 작업으로 간주되지 않고, 확실한 지식의 기초를 정립하려는 근대 토대주의 인식론(foundationalist epistemology)이 실패로 돌아간 현 시대에 있어 철학, 그 가운데서도 한국 철학의 과제와 방향은 무엇인가? 특히 다양한 민족과 언어와 종교가 뒤섞여 공존하는 지구촌 시대에 있어서 한국 철학의 방향은 무엇인가? 우리가 정립해야 할 한국 철학의 방향은, 하나의 원리를 신봉하고 하나의 고유한 가치만을 절대화하여 차이와 타자를 배척하는 절대주의적 철학이 아니라 다양한 가치관을 포용하면서도 그 가운데 민주적으로 상호주의적 합의를 모색하는 다원주의적 공존과 융화의 철학; 민족분단·환경파괴·핵문제를 비롯한 위기에 처한 민족현실과 지구촌의 근본 문제를 외면하지 않고 그것의 해법을 세계관의 차원에서 모색하며 현실 문제에 정면으로 맞서는 실용적 철학; 학문과 문화의 발전에 따른 새로운 진리와 경험을 향해 열려 있는 개방적 철학이 되어야 하리라고 생각된다. 이 점에서 우리는 실천을 위주로 하는 실용주의적 철학의 가치를 재평가해야 한다. 그리고 이러한 실용주의적 진리관을 발전시켜 온 정약용을 비롯한 조선후기 실학자의 실학정신을 오늘날 한국 철학의 정립에 있어서 우리 시대에 맞게 창조적으로 발전시킬 필요가 있다. 만일 그렇게 하지 못한다면 우리는 공허하고 무용한 학문(虛學)을 한 사람들로 후대에 비판받을 운명에 처하게 될지 모른다.

제3장 다산 철학과 근대성

막스 베버는 서구문명의 근대적 과정의 본질을 '합리화' (rationalization)라는 개념으로 규정한다. 이는 곧 전근대적 전통사회에서의 呪術性으로부터의 탈피 즉 '脫呪術化'라고도 할 수 있다. 근대인은 이성의 능력으로 과학적 지식과 기술을 탐구하고 발전시켜서 그러한 과학기술의 힘에 의하여 대상을 합리적으로 설명하고 능동적으로 지배함으로써 문명의 '합리화'를 추진할 수 있었던 것이다.

합리화 과정으로서의 근대화에 있어서 근대성의 핵심은 주관성(subjectivity)의 확립에서부터 비롯된다. 데카르트적 '생각하는 나'의 각성에 의한 주관성의 정립은 인간과 자연, 정신과 물질, 개인과 공동체, 의식과 존재, 주관과 객관의 이원적 대립관계를 형성했다. 이러한 이원론의 철학은 대상을 객관법칙으로 정립하여 과학기술의 발전을 가져왔으며, 개인의 도덕적 자율성을 확보하게 하였으며, 개인주의에 기초한 민주주의와 개인의 자본주의적 (이윤) 욕망추구를 정당화한다. 이러한 주관성의 정립은 궁극적으로 이성에 아르키메데스의 포인트를 두고 있다. 그러나 근대적 이성의 본질은 고대 그리스의 신적 능력이나 형이상학적 세계의 인식능력 또는 실재계에 대한 관조(觀照)를 즐기는 수동적 이성이 아니다. 현실의 자연세계와 사회세계에 대한 구체적인 과학적 인식을 추구하는 실증적·과학적 이성이고, 동시에 대상에 대한 적극적 지배를 노리는 장악적 이성이고, 목적의 정당성을 묻기보다는 주어진 과제의 효율적 달성을 위해 효과적 수단을 신중히 고려하고 계산하는 도구적·합목적적 이성이다.

근대 자본주의가 어떻게 서구에서만 발생할 수 있었는가 하는 문제를 설명하는 과정에서 막스 베버는 프로테스탄트 윤리가 자본주의 정신 형성에 기여한 것을 밝혔다. 프로테스탄트 윤리는 금욕주의적 자세를 견지하면서도 내세지향적 또는 명상적인 방향으로 기울지 않고, 오히려 현세의 직업활동에 헌신함으로써 구원을 확인하려한다. 이러한 현세적 금욕주의는 근대적 자본주의 경제활동에 요구된 합리적 사고를 촉진시켰다.

다산의 윤리 역시 내면적 명상에 칠저히 반대하고, 上帝에 대한 신앙을 유지하면서도 그러한 신앙이 내면적 명상이나 관조 또는 내세주의로 기울지 않고, 도리어 현세에서 '行事'를 통한 행동적 실천에 의해서 가치를 창출함으로써 그 업적에 의해서 仁을 성취하려는 적극적·합리적 윤리를 낳는다. 또한 노동을 천시하지 않고 양반을 포함하여 누구나 노동해야 함을 주장함으로써, 그리고 직업에 대한 귀천의식을 탈피하여 다양한 직업활동에 대해 그 자체로서 의의를 부여하고, 다양한 직업을 통한 경제활동의 전문화를 강조함으로써 근대적 경제윤리의 확립에 기여하였다. 뿐만 아니라 다산 철학에 있어서 上帝로부터 영명성을 부여받은 개인은, 그 자체로서 자율적인 도덕적 주체이고, 대상을 객관화하여 인식할 수 있는 능력을 가지고 있으며, 자연에 대해서 우월한 지배자로서의 위상을 차지한다.

다산의 철학사상은 서구의 근대적 사상과 비교할 때 많은 측면에서 본질적 유사성을 공유한다. 예컨대, 존재론에 있어서 수평적 물심이원론, 개별자 우위론, 천인분리론; 진리관에 있어서 진리의 도구적 실용성 내지 장악성 강조; 인간관에 있어서 합리적 사고와 노동의 중시, 욕망의 부분적 인정; 공리주의적 윤리관; 민주적 정치사상, 정치와 도덕의 상대적 분리, 정치의 기술적 합리화; 기계적 대상적 자연관, 인간 중심적인 정복적 자연관, 이윤추구의 긍정, 경제우선주의 등등의 이러한 사상들은 내적 연관성을 유지하면서 하나의 체계를 형성하고 있다. 이 점에서 우리는 다산의 철학사상에서 근대성의 단초를 확인할 수 있다. 이러한 사실들을 종합적으로 고려할 때 우리는 실학사상이 최소한 다산에 와서는 근대성의 기초가 놓여졌다고 보아도 좋을 것이다.

물론 이러한 해석은 막스 베버의 이념형의 방법론에 따라 다산 사상의 적극적 측면을 중심으로 보았을 경우이고, 반대의 입장에서 그의 사상을 보수적 관점에서 조명할 경우 전근대적 잔재가 散見되는 것도 사실이다. 그러나 이러한 문제는 과도기적 시대를 살아가는 지성에게 흔히 나타나는 현상이다. 문제는 그의 사상에서 그 시대의 일상적 사고를 초월하는 새로운 시대정신의 변별성을 확인할 수 있느냐 하는 것이 중요하다. 서구 근대 철학의 개조인 데카르트 역시 스콜라 철학의 잔재를 완전히 벗어난 것은 아니지만, 그럼에도 불구하고 그는 동시대의 다른 철학자들이 미처 생각지 못했던 새로운 철학의 방법론을 정립하여 철학사에서 새로운 시대의 문을 열었다. 다산 역시 전통적 성리학의 세계관이 보편화된 사회 속에서 살면서 그것과 근본적으로 대립되는 새로운 세계관의 지평을 제시한 점에서 한국사상사에서 근대성의 이념을 정초한 인물로 평가할 수 있다.

그러면 다산은 어떻게 이와 같은 근대적인 사유를 할 수 있었겠는가? 이 문제는 역사적 배경에 대한 검토를 요한다. 서구에서 근대는 국제정치적으로 Pax Romana의 보편적 질서체계로부터 개별 민족국가들이 원심적으로 이탈해 가는 민족국가적 자각의 확대와 함께 비롯되며, 국내적으로는 왕권이 신흥 부르주아와 결탁하여 봉건귀족의 세력을 약화시켜 가는 왕권강화와 연관된다. 경제적으로는 상비군과 관료제의 정비를 위해 중상주의 정책이 실시되며 산업혁명이 촉진된다. 사회적으로는 부르주아, 즉 시민계급의 권리가 성장하여 마침내 시민 민주주의 혁명을 유발한다.

조선사회에 있어서도 18세기로 오면 만주족에 의해 지배되는 중국의 권위가 약화되어 가며, 淸을 통해 입수된 서양에 대한 지식의 증대는 광대한 세계질서 속에서 중국의 의미를 상대화시킴으로써 Pax Sinica의 보편적 질서체계에 균열이 오게 된다. 이와 비례하여 조선의 민족국가적 자각과 민족문화의 특수성에 대한 긍정적 관심이 고조된다. 정치적으로도 正祖의 진취적 정치의식은 왕권강화를 통한 구질서 개혁에의 열망을 가능하게 하였다. 경제적 측면에 있어서도 급속하게 진행된 상품경제와 상공업의 발전은 전통적 농업경제의 정태적 틀을 붕괴시켜 나가게 된다. 사회적으로도 신분질서의 광범위한 동요와 해체현상은 새로운 사회질서의 모색을 요구한다. 이러한 광범위한 역사적 변동의 맥락 속에서 다산의 근대적 사유가 가능하였다.

다산 사상의 근대성은 결코 한 고독한 천재의 우연한 상상의 산물이 아니다. 사상사적으로는 실학적 사유의 발전과정 위에서, 정치적으로는 正祖의 집권시에 있었던 정치개혁의 비전, 그리고 급격한 사회경제적인 변동 등의 역사적 조건 속에서 다산 사상의 진보성은 정당하게 이해될 수 있을 깃이나.

참고 문헌

1. 전적

《與猶堂全書》, 驪江出版社 영인, 전 20책.

《陶山全書》, 韓國精神文化硏究院, 전 4책.

《大學說》, 《中庸說》, 《論語集說》, 《孟子定本》, 漢文大系 1, 東京: 富山房, 昭和 47年.

《荀子集解》, 漢文大系 15.

《春秋繁露》, 四部叢刊正編 3, 法人文化社 영인.

《論衡》, 四部叢刊正編 22, 法人文化社 영인.

《臨川文集》, 文淵閣 四庫全書 제1105책.

《朱子大全》, 大化書局, 서광학술자료사 영인.

《四書或問》, 보경문화사 영인, 1990.

《心經》, 《近思錄》, 보경문화사 영인, 1990.

《天學初函》, 아세아문화사 영인, 1976.

318

홍대용, 《湛軒書》

최한기, 《氣測體義》

───, 《氣學》

───, 《人政》

2. 논저

1) 저서

① 서양서

Brennan, R. E. *Thomistic Psychology*. New York: The Macmillan Company, 1948.

Chan, Wing-tsit, ed. *Chu Hsi and Neo-Confucianism*. Honolulu: Univ. of Hawaii Press, 1986.

De Bary, William Theodore, ed. *Principle and Practicality: Essays in Neo-Confucianism and Practical Learning*. New York: Columbia Univ. Press, 1979.

Elman, Benjamin A. *From Philosophy to Philology*. Cambridge, Massachusetts: Harvard Univ. Press, 1984.

Fordham, F. *An Introduction to Jung's Psychology*. Penguin Books, 1973.

Freund, J. *The Sociology of Max Weber*. tr. Mary I. New York: Vintage Books, 1969.

Habermas, Jürgen. *The Theory of Communicative Action* (Vol 1) : *Reason and the Rationalization of Society*. tr. Thomas McCarthy. Boston: Beacon Press, 1984.

───. *The Philosophical Discourse of Modernity*. tr. Frederick Lawrence. Cambridge: Polity Press, 1987.

Henderson, John B. *The Development and Decline of Chinese Cosmology.* New York: Columbia Univ. Press, 1984.

James, W. *Pragmatism.* Indianapolis: Hackett Publishing Company, 1981.

Jung, C. G. *Psychological Types.* Princeton: Princeton Univ. Press, 1976.

Maruyama, M. *Studies in the Intellectual History of Tokugawa Japan.* tr. Mikiso Hane. Tokyo: Univ. of Toyko Press, 1974.

Schwartz, B. *The World of thought in Ancient China.* Cambridge, Massachusetts: Harvard Univ. Press, 1985.

Setton M. *Chong Yagyong: Korea's Challenge to Orthodox Neo-Confucianism.* Albany: State University of New York Press, 1997.

Suckiel, Ellen K. *The Pragmatic Philosophy of William James.* Notre Dame: Univ. of Notre Dame Press, 1982.

Tillman, Hoyt C. *Utilitarian Confucianism: Ch'eng Liang's Challenge to Chu Hsi.* Cambridge Massachusetts: Harvard Univ. Press, 1982.

Tu, wei-ming. *Way, Learning, and Politics.* Honolulu: The Institute of East Asian Philosophies, 1988.

② 중국, 일본

蒙培元, 《理學範疇系統》, 北京: 人民出版社, 1989.

熊琬, 《宋代理學與佛學之探討》, 臺北: 文津出版社, 1991.

劉述先, 《朱子哲學思想的發展與完成》, 臺北: 學生書局, 1982.

張立文, 《朱熹思想研究》(上.下), 中和: 風谷出版社, 1986.

────── 編, 《退溪書節要》, 北京: 人民大學出版社, 1989.

────── 主編, 《道》, 北京: 人民大學出版社, 1989.

陳來, 《朱熹哲學研究》, 臺北: 文津出版社, 1990.

陳榮捷, 《朱子新探索》, 臺北: 學生書局, 1988.

320

候外廬 外,《宋明理學史》(上), 北京: 人民出版社, 1984.

李甦平,《中國·日本·朝鮮實學比較》, 合肥市: 安徽人民出版社, 1995.

菊川忠夫 編譯,《自然の哲學》, 御茶の水書房, 1981.

堀池信夫,《漢魏思想史硏究》, 東京: 明治書院, 1988.

大濱 皓,《朱子の哲學》, 東京: 東京大學 出版會, 1983.

山根三芳,《朱子倫理思想硏究》, 東海大學出版部, 1983.

山下龍二 外,《中國思想史》(下), 東京: 高文堂出版社, 1986.

③ 국내서(역서 포함)

강만길 외,《丁茶山과 그 시대》, 민음사, 1985.

───── 외,《茶山學의 탐구》, 민음사, 1990.

───── 외,《茶山의 政治經濟思想》, 창작과 비평사, 1990.

고승제,《다산을 찾아서》, 중앙일보사, 1995.

곽신환,《주역의 이해》, 서광사, 1990.

금장태,《동서교섭과 근대한국사상》, 성균관대 출판부, 1984.

─────,《한국실학사상연구》, 집문당, 1987.

금장태,《정약용- 실학의 세계》, 성균관대 출판부, 1984.

김문식,《조선후기 경학사상연구》, 일조각, 1996.

김상홍,《다산 정약용 문학연구》, 단대출판부, 1985.

김성윤,《조선후기 탕평정치 연구》, 지식산업사, 1997.

김승혜,《원시유교》, 민음사, 1990.

김용옥,《讀氣學說》, 통나무, 1990.

김형효,《構造主義의 思惟體系와 思想》, 인간사랑, 1989.

─────,《가브리엘 마르셀의 具體哲學과 旅程의 形而上學》, 인간사랑, 1990.

─────,《孟子와 荀子의 哲學思想》, 三知院, 1990.

─────,《베르그송의 철학》, 민음사, 1991.

김형효 외,《茶山의 사상과 그 현대적 의미》, 한국정신문화연구원, 1998.

노사광,《중국철학사》(고대편)(한당편)(송명편), 정인재 역, 탐구당.

다산연구회,《역주 목민심서》(1~6), 창작과 비평사, 1985.

다산학술문화재단,《茶山學》(창간호), 전통과 현대, 2000.

島田虔次,《朱子學과 陽明學》, 김석근, 이근우 역, 까치, 1992.

라벨,《영원한 현존 나 세계》, 최창성 편역, 가톨릭 출판사, 1989.

루너 편저,《자연 그 동서양적 이해》, 이정배, 이은선 역, 종로서적, 1989.

마테오 리치,《天主實義》, 이수웅 역, 분도출판사, 1984.

민족문화추진회,《국역 다산시문집》(1~10), 솔출판사, 1996.

민족문화추진회,《국역 다산시문집》4~9.

민족문화추진회,《국역 기측체의 I · II》, 1989.

박광용,《영조와 정조의 나라》, 푸른역사, 1998.

박석무,《茶山紀行》, 한길사, 1996.

박석무 역,《茶山 散文選》, 창작과 비평사, 1985.

박종홍,《철학개론》, 박영사, 1992.

───,《인식논리》, 박영사, 1985.

볼노오(Bollnow, O.F.),《진리의 양면성》, 백승균 역, 서광사, 1994.

山田慶兒,《朱子의 自然學》, 김석근 역, 통나무, 1992.

小川晴久,《한국실학과 일본》, 하우봉 옮김, 한울, 1995.

송재소 역주,《茶山詩選》, 창작과 비평사, 1981.

신오현,《자아의 철학》, 문학과 지성사, 1987.

신용하,《조선후기 실학파의 사회사상 연구》, 지식산업사, 1997.

심경호,《茶山과 春川》, 강원대출판부, 1996.

양계초 외,《음양오행설의 연구》, 김홍경 편역, 신지서원, 1993.

王處輝 편저,《中國社會思想史》, 심귀득, 신하령 역, 까치, 1992.

유봉학,《燕巖一派 北學思想 研究》, 일지사, 1995.

윤사순,《퇴계철학연구》, 고려대출판부, 1993.

윤사순,《한국의 성리학과 실학》, 삼인, 1998.

윤사순,《한국유학사상론》, 예문서원, 1997.

이기상,《하이데거의 實存과 言語》, 문예출판사, 1991.

이원순,《朝鮮 西學史硏究》, 일지사, 1986.

이을호,《茶山의 易學》, 민음사, 1993.

이을호,《茶山經學思想硏究》, 을유문화사, 1966.

────── 외,《丁茶山의 經學》, 민음사, 1989.

────── 외,《다산학보》9집, 다산학연구원, 1987.

이익성 역,《경세유표》(I~III), 한길사, 1993.

이지형 역주,《譯註 茶山 孟子要義》, 현대실학사, 1994.

任繼愈 編著,《中國哲學史》, 전택원 역, 까치, 1990.

전주대 호남학연구소 역,《국역 여유당전서》 경집 1 대학·중용, 여강출판사,
  1986.

──────,《국역 여유당전서》 경집 2~4 논어고금주, 여강출판사, 1989.

전두하,《韓國思想과 獨逸哲學》, 정훈출판사, 1992.

정규영편,《俟庵先生年譜》, 正文社, 1984.

정병연,《茶山 四書學硏究》, 경인문화사, 1994.

정석종,《조선후기의 정치와 사상》, 한길사, 1994.

정성철,《실학파의 철학사상과 사회정치적 견해》, 한마당, 1989.

정옥자,《조선후기문화운동사》, 일조각, 1988.

정일균,《茶山四書經學硏究》, 일지사, 2000.

정해창 편역,《현대영미철학입문》, 철학과 현실사, 1993.

曹街京,《實存哲學》, 박영사, 1993.

주칠성,《실학파의 철학사상》, 예문서원, 1996.

주홍성, 이홍순, 주칠성,《한국철학사상사》, 예문서원, 1993.

지두환, 《조선시대 사상사의 재주명》, 여시문회, 1998.

질송(Gilson, E.), 《존재란 무엇인가》, 정은해 역, 서광사, 1992.

蔡茂松, 《退溪, 栗谷哲學의 比較硏究》, 성균관대 출판부, 1985.

최석우 외, 《다산 정약용의 서학사상》, 다섯수레, 1993.

칼 R. 포퍼, 《열린 사회와 그 적들 I》, 이한구 역, 민음사, 1990.

퇴계학연구원, 《국역 퇴계전서》 1~10.

馮寓, 《천인관계론》, 김갑수 역, 신지서원, 1993.

하우봉, 《조선후기 실학자의 일본관 연구》, 일지사, 1989.

하이데거, 《존재와 시간》, 전양범 역, 시간과 공간사, 1989.

──── , 《기술과 전향》, 이기상 역, 서광사, 1993.

──── , 《사유란 무엇인가》, 권순홍 역, 고려원, 1993.

한국사상사연구회(편저), 《실학의 철학》, 예문서원, 1996.

한국사상사연구회(편저), 《조선유학의 학파들》, 예문서원, 1997.

한국실학연구회, 《韓中實學史硏究》, 민음사, 1998.

한국정신문화연구원, 《한국사상사대계》 5 -근세후기편-, 1992.

──── , 《현대사상의 경향》, 1992.

──── , 《철학사상의 제문제》(4), 1986.

──── , 《철학사상의 제문제》(6), 1990.

──── , 《한국학대학원논문집》 8집 -茶山과 茶山學-, 1993.

한우근 외, 《정다산 연구의 현황》, 민음사, 1985.

한형조, 《朱熹에서 丁若鏞으로》, 세계사, 1996.

戶川芳郎 外, 《儒敎史》, 조성을, 이동철 역, 이론과 실천사, 1990.

候外廬 外, 《宋明理學史》(1), 박완식 역, 이론과 실천, 1993.

힐쉬베르거(Hirschberger, J.), 《서양철학사》 상권, 하권, 강성위 역, 이문출판
　사, 1991.

2) 논문

高橋進, "聖學十圖의 思想體系", 《퇴계학연구》 1집, 단국대 퇴계학연구소, 1987.

곽신환, "한국 유교철학의 원류와 전개—性理學派의 致知說을 中心으로—", 《철학 종교사상의 제문제》(4), 한국정신문화연구원, 1986.

금장태, "茶山의 天槪念과 天人關係論", 《철학》 25, 한국철학회, 1986.

———, "退溪와 寒洲의 心槪念", 《퇴계학보》 54집, 퇴계학연구원, 1987.

———, "실학의 성숙", 《한국사상사대계》 5, 한국정신문화연구원, 1992.

김경일, "한국철학의 특성—다산의 인간학을 중심으로", 《정신문화연구》 51호, 한국정신문화연구원, 1993.

김기현, "退溪哲學의 人間學的 理解", 고려대 대학원 박사학위논문, 1988.

김봉건, "董仲舒 天人感應思想의 研究", 동아대 대학원 박사학위논문, 1990.

김상홍, "茶山의 退溪私淑攷", 《퇴계학연구》 2집, 단국대 퇴계학연구소, 1988.

김영호, "茶山實學에 있어서 倫理와 經濟", 《동방학지》 54, 55, 56합본, 1987.

———, "정다산의 과학기술사상", 《동양학》 19집, 단국대 동양학연구소, 1989.

김형효, "현대 프랑스철학과 한국적 의미", 《현대사상의 경향》, 한국정신문화연구원, 1992.

———, "'孟子的인 것'과 '荀子的인 것'", 《정신문화연구》 51호, 한국정신문화연구원, 1993.

———, "茶山 實學의 독법과 양면성의 이해", 《茶山의 사상과 그 현대적 의미》, 한국정신문화연구원, 1998.

노태천, "丁若鏞의 技術觀", 《한국학대학원논문집》 8집, 한국정신문화연구원 한국학대학원, 1993.

陶月華, "從荀子的 天人相分 到董仲舒的 天人合一", 《中國文化與中國哲學》, 北京: 深견大學 國學研究所, 1989.

박병호, "다산의 법사상", 《정다산 연구의 현황》 민음사, 1985.

빙인, "茶山易學에 있어서 기호와 의미", 한국정신문화연구원 제6차 국제학술 회의논문집, 1990.

배병삼, "茶山 丁若鏞의 政治思想에 관한 硏究", 경희대 대학원 박사학위 논 문, 1993.

배종호, "退溪의 哲學과 그 展開", 《전통과 사상》(4), 한국정신문화연구원, 1990.

徐遠和, "李退溪與心經", 《퇴계학보》 58・59집, 퇴계학연구원, 1988.

소흥렬, "도덕질서의 형이상학적 기초", 《철학종교사상의 제문제》(6), 한국정 신문화연구원, 1990.

손병욱, "惠岡 崔漢綺 氣學의 硏究", 고려대 대학원 박사학위 논문, 1993.

손영식, "송대 신유학에서 철학적 쟁점의 연구", 서울대 대학원 박사학위 논 문, 1992.

송영배, "동중서의 역사철학", 《철학》 23집, 한국철학회, 1985.

신오현, "自由의 現象學: 老子와 Heidegger를 중심으로", 《東洋學》 19집, 단 국대 동양학 연구소, 1989.

심경호, "다산의 문학에 나타난 우환의식과 구세적 열정", 《茶山의 사상과 그 현대적 의미》, 한국정신문화연구원, 1998.

안병주, "퇴계의 학문관―心經後論을 중심으로―", 《퇴계학연구》 1집, 단국 대 퇴계학 연구소, 1987.

안병걸, "17세기 조선조 유학의 경전 해석에 관한 연구", 성균관대 대학원 박 사학위 논문, 1991.

안상진, "M. Heidegger에 있어서의 存在의 眞理", 《哲學論究》 7집, 서울대 철학과, 1979.

유권종, "茶山禮學硏究", 고려대 대학원 박사학위 논문, 1991.

유인희, "朱熹의 歷史哲學", 《철학》 23집, 한국철학회, 1985.

유초하, "정약용의 우주관", 고려대 대학원 박사학위 논문, 1990.

윤사순, "性理學과 社會思想", 《儒教思想硏究》 제2집, 유교학회, 1987.

이남영, "茶山의 經世思想", 《哲學》 25, 한국철학회, 1986.

이성춘, "茶山 丁若鏞의 天 思想 硏究", 원광대 대학원 박사학위 논문, 1991.

이유진, "丁若鏞 全 著作에서 발견되는 周禮的 요소와 관련된 몇 가지 문제제기", 《철학사상》 13집, 동국대학교 철학회, 1992.

이영훈, "다산 경세론과 그 경학적 기초", 《다산 경학과 경세학의 교류와 접점》, 다산 학술 문화재단 창립기념 학술대회논문집, 1999.

이재봉, "中國哲學에 있어서의 天人合一論에 관한 연구", 부산대 대학원 박사학위 논문, 1991.

이현구, "崔漢綺 氣學의 成立과 體系에 關한 硏究", 성균관대 대학원 박사학위 논문, 1993.

이혜순, "退溪詩에 나타난 歷史意識", 《퇴계학연구》 3집, 단국대 퇴계학 연구소, 1989.

張立文, "李退溪 理動論探析", 《퇴계학보》 54집, 퇴계학 연구원, 1987.

장승구, "退溪의 向內的 哲學과 茶山의 向外的 哲學의 比較", 한국학대학원 박사학위 논문, 1995.

———, "茶山의 近代的 作爲性의 世界觀 硏究 序說", 《한국학대학원논문집》 5집, 한국정신문화연구원, 1990.

———, "정약용의 향외적 철학과 그 근대적 성격", 《동방학지》 89·90합집, 연세대 국학연구원, 1995.

———, "丁茶山의 개혁적 역사관", 《동양철학연구》 16집, 동양철학연구회, 1996.

———, "정약용의 인간관", 《오늘의 철학적 인간학》, 경문사, 1997.

———, "정약용의 역사에 관한 전망", 《韓中哲學》 3집, 한중철학회, 1997.

장승구, "茶山 丁若鏞의 易學思想과 그 實學的 의미", 《茶山의 사상과 그 현
　　대적 의미》, 한국정신문화연구원, 1998.

──── , "실학의 철학적 특성", 《동양철학연구》 19, 동양철학연구회, 1998.

──── , "丁若鏞의 實用主義 思想과 韓國哲學의 定立", 《韓中哲學》 4집, 한중
　　철학회, 1998.

장승희, "다산 정약용의 윤리사상에 관한 연구", 《동양철학연구》 19, 동양철
　　학연구회, 1998.

장회익, "정약용의 과학사상─이기관과 주역관을 중심으로", 《한국사 시민강
　　좌》 16, 일조각, 1995.

정병련, "실학연구의 문제점과 그 전개과정", 《동양철학연구》 19, 동양철학연
　　구회, 1998.

정순우, "茶山의 形而上學", 《다산학보》 5, 다산학연구원, 1983.

정창열, "실학의 역사관─이익과 정약용을 중심으로", 《다산의 정치경제 사
　　상》, 창작과 비평사, 1990.

조규철, "하이데거의 진리론 연구", 연세대 대학원 박사학위논문, 1991.

조성을, "정약용의 상서연구문헌의 검토", 《동방학지》 54 · 55 · 56합집, 연세
　　대 국학연구원, 1987.

──── , "정약용의 尙書今古文 硏究", 《동방학지》 61, 연세대 국학연구원,
　　1989.

──── , "정약용의 정치경제 개혁사상 연구", 연세대 대학원 박사학위
　　논문, 1991.

조재억, "退溪의 詩와 閑靖性", 《퇴계학연구》 5집, 단국대 퇴계학 연구소,
　　1991.

차기진, "茶山의 西學 인식의 배경과 西學觀", 《한국학대학원논문집》 8집,
　　한국정신문화연구원 한국학대학원, 1993.

최석우, "丁茶山의 西學思想", 《丁茶山과 그 時代》, 민음사, 1986.

최진덕, "茶山 實學의 構造와 그의 喪服制度論",《茶山의 사상과 그 현대적 의미》, 한국정신문화연구원, 1998.

한영우, "다산 정약용의 역사관",《정다산 연구의 현황》, 민음사, 1985.

─────, "다산 정약용의 史論과 對外觀",《김철준박사 회갑 기념 사학논총》, 1983.

한형조, "주희에서 정약용에로의 철학적 사유의 전환", 한국학대학원 박사학위 논문, 1993.

황준걸, "東亞近世 儒學思想의 思潮의 新動向-戴東原, 伊藤仁齊와 茶山의 孟學에 대한 解釋",《다산학보》6, 다산학연구원, 1984.

다산에 관한 박사학위 논문 목록

강대섭, 《茶山의 官僚制改革論에 관한 연구》, 경성대 대학원 박사학위 논문, 1994.

고창훈, 《한국행정의 실천사상에 관한 연구―조광조·정약용·전봉준을 중심으로》, 고려대 대학원 박사학위 논문, 1990.

금장태, 《동서교섭과 근대한국사상의 추이에 관한 연구》, 성균관대 대학원 박사학위 논문, 1978.

김경태, 《茶山 人性論의 敎育的 意味》, 한양대 대학원 박사학위 논문, 1997.

김남형, 《조선후기 근기실학파의 예술론―李萬敷,李瀷,丁若鏞을 중심으로》, 고려대 대학원 박사학위 논문, 1988.

김문식, 《19세기 전반 京畿學人의 經學思想과 經世論》, 서울대 대학원 박사학위 논문, 1995.

김상홍, 《다산 정약용 문학연구》, 고려대 대학원 박사학위 논문, 1985.

김언종, 《丁茶山論語古今注原義總括考徵》, 대만사범대학 박사학위 논문, 民國 76.

김영우,《丁若鏞의 易學 思想 研究》, 서울대 대학원 박사학위 논문, 2000.

김영일,《다산의 상제사상 연구: 그의『중용』해석을 중심으로》, 건국대 대학원 박사학위 논문 2000.

김영호,《丁茶山의『논어』해석에 관한 연구:『論語古今注』를 중심으로》, 성균관대 대학원 박사학위 논문, 1994.

김왕연,《茶山 易學의 연구》, 고려대 대학원 박사학위 논문, 1990.

김의순,《조선후기 실학사상의 경영윤리에 관한 연구—성호 이익에서 다산 정약용까지》, 연세대 대학원 박사학위 논문, 1991.

김인철,《다산의『주역』해석체계에 대한 연구》, 고려대 대학원 박사학위 논문, 1999.

김재섭,《다산 정약용의 교육사상 연구》, 인하대 대학원 박사학위 논문, 1999.

김지용,《丁茶山の文學研究》, 일본 천리대 박사학위 논문, 1977.

나만기,《朱子與丁茶山學·庸詮釋與基教觀之比較, 대만사범대 박사학위 논문, 民國 77.

남명진,《清初學術與韓儒丁茶山實學思想》, 중화민국 문화대 박사학위 논문, 民國 74.

박무영,《丁若鏞 詩文學의 研究: 思惟方式과의 關係를 중심으로》, 이화여대 대학원, 박사학위 논문, 1993.

박홍식,《조선조 후기유학의 실학적 변용과 그 특성에 관한 연구—성호·담헌·다산·혜강의 철학사상을 중심으로》, 성균관대 대학원 박사학위 논문, 1993.

배병삼,《茶山 丁若鏞의 政治思想에 관한 研究: 그의 經學 解釋을 중심으로》, 경희대 대학원 박사학위 논문, 1993.

서병종,《茶山 丁若鏞의 공직윤리사상에 관한 연구》, 건국대 대학원 박사학위 논문, 1993.

송재소,《茶山文學 研究—詩를 中心으로—》, 서울대 대학원 박사학위 논문,

1984.

뉴권송, 《茶山 禮學 硏究: 喪儀說을 중심으로》, 고려대 대학원 박사학위 논문, 1991.

유초하, 《丁若鏞의 宇宙觀》, 고려대 대학원 박사학위 논문, 1991.

이성춘, 《茶山 丁若鏞의 天 思想 연구》, 원광대 대학원 박사학위 논문, 1992.

이용형, 《다산 정약용의 교육사상 연구》, 동국대 대학원 박사학위 논문, 1999.

이유진, 《丁若鏞 周禮論의 연구》, 동국대 대학원 박사학위 논문, 1996.

임재윤, 《茶山 丁若鏞의 敎育改革思想 硏究》, 한국교원대 대학원 박사학위 논문, 1999.

장동우, 《茶山 禮學의 硏究: 『儀禮』「喪服」과 『喪禮四箋』「喪期別」의 比較를 中心으로》, 연세대 대학원 박시학위 논문, 1998.

장동희, 《茶山 丁若鏞의 行政思想 硏究》, 중앙대 대학원 박사학위 논문, 1986.

장승구, 《퇴계의 向內的 철학과 다산의 向外的 철학의 비교》, 한국정신문화연구원 한국학대학원 박사학위 논문, 1995.

장승희, 《다산 정약용의 도덕적 자율성에 관한 연구》, 서울대 대학원 박사학위 논문, 1998.

전도웅, 《茶山의 敎育思想 연구: 西敎와의 接觸을 중심으로》, 연세대 대학원 박사학위 논문, 1991.

전준우, 《丁若鏞의 社會改革 및 福祉觀에 관한 硏究》, 대구대 대학원 박사학위 논문, 1982.

정병연, 《茶山 『中庸』註의 經學的 硏究》, 성균관대 대학원 박사학위 논문, 1989.

정일균, 《다산 정약용의 세계관에 대한 사회학적 연구》, 서울대 대학원 박사학위 논문, 1996.

정해왕, 《周易의 解釋方法에 관한 연구: 丁若鏞의 易學을 중심으로》, 부산대 대학원 박사학위 논문, 1990.

조성을, 《丁若鏞의 政治經濟 改革思想 硏究》, 연세대 대학원 박사학위 논문, 1992.

지영숙, 《丁若鏞의 家庭敎育觀에 관한 硏究》, 중앙대 대학원 박사학위 논문, 1988.

차기진, 《성호학파의 서학인식과 척사론에 대한 연구》, 한국정신문화연구원 한국학대학원 박사학위 논문, 1995.

최기복, 《유교와 서학의 사상적 갈등과 相和的 이해에 관한 연구―근세의 祭禮問題와 茶山의 종교사상에 관련하여》, 성균관대 대학원 박사학위 논문, 1989.

최대우, 《다산의 성기호설적 인간이해에 관한 연구》, 충남대 대학원 박사학위 논문, 1999.

한형조, 《朱熹에서 정약용에로의 철학적 사유의 전환》, 한국정신문화연구원 한국학대학원 박사학위 논문, 1993.

홍덕기, 《茶山 丁若鏞의 土地改革思想 硏究: 閭田論을 중심으로》, 전남대 대학원 박사학위 논문, 1990.

다산의 사상 관련 주요 저작 목록

1784년(甲辰, 다산 23세): 《中庸講義》

1789년(己酉, 다산 28세): 《熙政堂大學講義》

1790년(庚戌, 다산 29세): 《熙政堂中庸講義》

1791년(辛亥, 다산 30세): 《論語對策》, 《詩經講義》

1805년(乙丑, 다산 44세): 《正體傳重辨》

1808년(戊辰, 다산 47세): 《周易四箋》

1810년(庚午, 다산 49세): 《詩經講義補》, 《古訓蒐略》, 《梅氏書平》

1811년(辛未, 다산 50세): 《尚書知遠錄》, 《喪禮四箋》

1812년(壬申, 다산 51세): 《春秋考徵》

1813년(癸酉, 다산 52세): 《論語古今注》

1814년(甲戌, 다산 53세): 《大學公議》, 《中庸自箴》, 《中庸講義補》, 《孟子要義》

1815년(乙亥, 다산 54세): 《小學枝言》, 《心經密驗》

1816년(丙子, 다산 55세): 《樂書孤存》

1817년(丁丑, 다산 56세): 《喪儀節要》, 《經世遺表》

1818년(戊寅, 다산 57세): 《國朝典禮考》, 《牧民心書》

1819년(己卯, 다산 58세): 《欽欽新書》

1821년(辛巳, 다산 60세): 《易學緒言》

1834년(甲午, 다산 73세): 《尚書古訓序例》, 《尚書古訓》, 《梅氏書平》

찾아보기

338

Strauss) 208

[ㅁ]

마르크스 151

마리땡(J. Maritain) 158, 193

마재 26, 41, 47

막스 베버(Max Weber) 173, 198, 205, 311~313

만물개비어아(萬物皆備於我) 121, 122

만물일체(萬物一體) 182, 268

만물일체론(萬物一體論) 268

매씨서평(梅氏書平) 48, 150, 216, 217, 221, 231, 232, 234, 333

매색(梅賾) 61, 216

맹자(孟子) 44, 74, 82, 89, 90, 109, 112, 121, 125, 134, 135, 138, 139, 151, 156, 178, 198, 203, 214, 219, 228, 229, 294

맹자요의 44, 45

명경지수(明鏡止水) 122, 124, 188

목만중 34

목민심서(牧民心書) 45, 51, 160, 162, 215, 333

목적합리성(Zweckrationalität) 198, 199

목하지탐락(目下之耽樂) 110

무위이치(無爲而治) 131, 132, 137, 138, 161, 172, 220, 221, 224,

문왕(文王) 234, 242, 243, 245

문화의 나라 191

물심이원론 60~62, 184, 313

밀(Mill) 213

[ㅂ]

박장설 35

박지원(朴趾源) 82

범도덕주의 286

변통(變通) 281~285

보편성의 원리 59

복희 244~246

본연지성(本然之性) 61, 83, 87, 89, 109, 185, 189, 275, 276,

342

344

346